高级财务管理

周 静 主编

中国财经出版传媒集团
经济科学出版社
Economic Science Press

图书在版编目（CIP）数据

高级财务管理/周静主编．—北京：经济科学出版社，2018.4
ISBN 978-7-5141-9279-7

Ⅰ.①高… Ⅱ.①周… Ⅲ.①财务管理 Ⅳ.①F275

中国版本图书馆 CIP 数据核字（2018）第 092685 号

责任编辑：王柳松
责任校对：杨　海
责任印制：邱　天

高级财务管理

周　静　主　编

经济科学出版社出版、发行　新华书店经销
社址：北京市海淀区阜成路甲 28 号　邮编：100142
总编部电话：010-88191217　发行部电话：010-88191522
网址：www.esp.com.cn
电子邮箱：esp_bj@163.com
天猫网店：经济科学出版社旗舰店
网址：http://jjkxcbs.tmall.com
固安华明印业有限公司印装
710×1000　16 开　13.5 印张　270000 字
2018 年 4 月第 1 版　2018 年 4 月第 1 次印刷
ISBN 978-7-5141-9279-7　定价：32.00 元
（图书出现印装问题，本社负责调换。电话：010-88191502）
（版权所有　翻印必究　举报电话：010-88191586
电子邮箱：dbts@esp.com.cn）

前　言

财务管理是一门有自己独特的研究对象、理论和方法体系的学科，它融企业资金运动及所体现的财务关系于一体。随着企业管理的创新、资本市场的发展，财务管理工作如何更好地适应新环境的变化，正是这本书试图表达的内容。

本书的理论架构是以价值评估作为贯穿整个财务管理活动的主线。现在，对企业价值的衡量和管理，已成为企业投资者和管理者的一项十分重要的经常性工作。投资者通过价值评估可以正确分析企业价值，合理预测其发展前景，从而作出并购、出售等有关资本运营的重要决策。管理者通过价值评估，可以用价值提升作为管理的目标，增强企业价值管理意识，从而提升企业市场价值。企业财务管理人员在追求价值最大化的进程中应具有未来的视角，制定符合企业长远发展的财务战略。在未来信息处理中，应重视以预测现金流为目的的财务预算，以及正确认识企业财务风险并对其进行控制的财务预警及财务风险管理。同时，在当前的创新时代，企业财务活动的各个环节也会增加一些新的内容。于是，本书按照这个思路依次安排了概论、企业价值评估、战略财务管理、财务预警分析与财务风险管理、财务预算、融资管理、项目投资管理、营运资金管理、分配管理九章，尽量让学员对财务管理有一个较全面的认识。

本书参考国内外专家、教授编著的高级财务管理学的教材和专著，结合自身一线教师十余年教学成果的总结，在财务管理基本理论和方法上对各知识点做了较系统性地阐述。并且，本书结构清晰、特色鲜明。每一章前都有学习目标，为进一步学习明确了方向、明确了重点；各章后都有本章小结，概括了各知识点，便于复习总结；设计了思考题，便于进一步理解和巩固本章知识。这一系列的安排都有利于学员在财务管理基本原理和方法的基础上，进一步学习、理解财务管理在实践中的一些特殊问题和综合性问题，不断提升财务管理方面的专业意识、专业能力。

本书既可作为高等院校管理类本科以及会计专业硕士研究生的教材，也可作为实际从事财务工作者的参考资料。

本教材由周静主编，负责全书总纂、修改和定稿。周轶英、刘秀兰、赵正强、左珺、唐菊霞参与本书的编写。本教材的撰写还得到了刘晓红教授、仁孜泽仁老师、刘毅教授、姚珣副教授和徐雪红老师提出的宝贵意见，使教材在编写过程中日趋完善。同时，本教材从立项、建设到出版，始终得到西南民族大学管理学院和经济科学出版社的大力支持，特此表示感谢！

鉴于编者学识有限，本书无论在结构、写法上都有不尽如人意之处，如有不当之处，敬请各位读者批评指正。

周　静

2018年1月

目　录

第一章　概论 ·· 1

　　第一节　财务与财务经理 ··· 1
　　第二节　财务管理的目标 ··· 4
　　第三节　财务管理的环境 ··· 7

第二章　企业价值评估 ·· 13

　　第一节　企业价值的属性与形式 ···································· 13
　　第二节　企业价值评估的相关内容 ································· 16
　　第三节　基于价格比率的企业价值评估 ··························· 21
　　第四节　基于现金流量的企业价值评估 ··························· 25
　　第五节　基于期权定价理论的企业价值评估 ···················· 36

第三章　战略财务管理 ·· 40

　　第一节　战略财务管理概述 ··· 40
　　第二节　筹资战略管理 ·· 48
　　第三节　投资战略管理 ·· 56
　　第四节　股利分配战略管理 ·· 61

第四章　财务预警分析与财务风险管理 ····························· 64

　　第一节　风险与财务风险 ··· 64
　　第二节　企业财务预警方法 ·· 66
　　第三节　财务风险管理 ·· 75

第五章　财务预算 ·· 87

　　第一节　全面预算及预算管理 ····································· 87
　　第二节　财务预算的编制方法 ····································· 91

第三节　现金预算 ………………………………………………………… 93
　　第四节　预计财务报表 …………………………………………………… 97

第六章　融资管理 …………………………………………………………… 100
　　第一节　融资管理概述 …………………………………………………… 100
　　第二节　资金需求量的预测 ……………………………………………… 106
　　第三节　股权融资 ………………………………………………………… 111
　　第四节　债权融资 ………………………………………………………… 117
　　第五节　其他方式融资 …………………………………………………… 129

第七章　项目投资管理 ……………………………………………………… 135
　　第一节　项目投资概述 …………………………………………………… 135
　　第二节　项目现金流量的构成及其确定 ………………………………… 143
　　第三节　项目投资决策方法 ……………………………………………… 151
　　第四节　项目投资的敏感性及风险分析 ………………………………… 162

第八章　营运资金管理 ……………………………………………………… 168
　　第一节　营运资金管理概述 ……………………………………………… 168
　　第二节　流动资产管理 …………………………………………………… 173
　　第三节　流动负债管理 …………………………………………………… 188

第九章　分配管理 …………………………………………………………… 193
　　第一节　净利润分配概述 ………………………………………………… 193
　　第二节　上市公司的股利支付程序及支付方式 ………………………… 196
　　第三节　股利分配理论及股利分配政策 ………………………………… 199

参考文献 ……………………………………………………………………… 205

第一章 概 论

 学习目标

1. 掌握财务管理的主要内容。
2. 了解财务经理职责的变迁。
3. 掌握财务管理目标的主要形式。
4. 掌握财务管理的环境,重点掌握金融环境。

第一节 财务与财务经理

一、财务

财务管理是企业组织资金运动,处理经济关系的一项综合性管理工作,它以资金周转为对象,研究企业如何筹资,如何将筹集到的资金有效使用,以及如何将实现的利润进行合理分配,以制定合理的财务政策。同时,将资金周转过程中所涉及的经济关系协调处理好。

理财人员通过对影响企业的财务战略的微观因素和宏观因素的分析,顺应理财环境的变化,采用科学的理财方法,树立新的理财观念,合理地选择适合于企业的资本结构、投资决策、股利政策以及营运资本政策,以实现企业价值最大化或股东财富最大化的理财目标。

图 1-1 列示了资产负债表的一般表达式,反映了企业的财务活动。从结构上看,可将财务管理分为长期投资管理、长期融资管理和营运资金管理三部分。长期投资管理(资本预算)主要侧重于企业资本的投向、规模、构成及使用效果管理,即对列示在资产负债表左下方有关项目的管理;长期融资管理主要侧重于资本的来源渠道、筹资方式、资本成本及资本结构管理,即对列示在资产负债表右下方有关项目的管理;营运资金管理主要侧重于流动资产管理和为维持流动

资产而进行的融资管理，即对列示在资产负债表上方有关项目的管理，或对经营活动现金流量进行管理。投资、融资及营运资金管理的结果使资本的使用效益大于资本的取得成本，从而实现企业价值最大化。

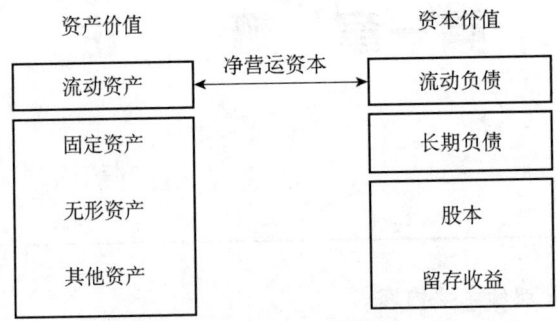

图1-1 资产负债表模式

需要说明的是，股利政策是确定企业利润如何在股利和再投资两方面进行分配。尽管分配股利会增加股东财富，但若不将利润作为股利分配给股东，它便成为企业的一项资本来源，将其进行再投资可为股东创造更多的财富。因此，在投资既定的情况下，企业的股利政策可以看作融资活动的一个组成部分。

二、财务经理的职责

在工作实务中，公司财务通常与公司高层管理人员有关，如财务副总经理（vice president of finance，VP）或财务经理（或称首席财务官，chief financial officer，CFO）。财务经理的大部分工作在于，通过财务和会计工作为企业创造价值。图1-2描述了财务经理的主要职责。

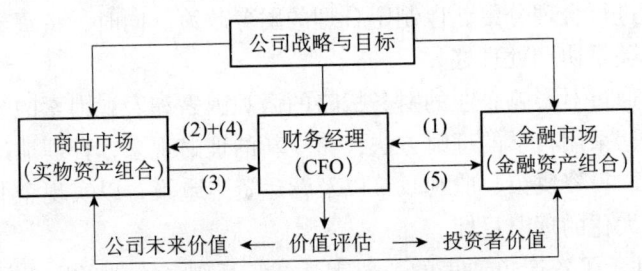

图1-2 财务经理的职责

资料来源：刘淑莲主编．高级财务管理理论与实务．东北财经大学出版社，2012．

图1-1从静态角度描述了公司财务的基本内容，图1-2则从动态角度描述了现金从投资者流向公司并最终返回投资者的过程。其中：

（1）融资，在资本市场向投资者出售金融资产；

（2）投资，在商品市场进行实物资产投资；

（3）分析，将融资的现金流量与投资的现金流量进行对比分析；

（4）再投资，将投资或经营产生的现金流量的一部分用于再投资；

（5）分红付息，将投资收益的一部分以利息、股息或红利的形式分配给投资者。

在财务经理的工作中，财务经理需要回答两个问题：一是如何在商品市场上进行实物资产投资，为公司未来创造价值；二是如何在金融市场上筹措资本，为投资者创造价值。对第一个问题的回答是公司的投资决策，即根据公司的战略规划确定公司资本预算，参与投资方案的财务评估；对第二个问题的回答是公司的融资决策，即根据公司融资需要与商业银行或投资银行一起选择或设计各种金融工具、估算资本成本；设置资本结构和股利政策等。

在工业发达国家，CFO 负责公司的财务管理工作，其下设立会计部门和财务部门，分别由主计长（controller）和司库（treasurer）负责，其下再根据工作内容设置若干科室。主计长的职责，主要是通过各种会计核算工作向外部投资者和公司管理当局提供各种数量化的财务信息。司库的职责主要是负责公司的现金管理、资本筹措及与银行、股东和其他投资者保持联系。公司 CFO 的主要职责不仅是监管主计长和司库的工作，更重要的是根据公司战略规划和经营目标编制和调整财务计划，制定公司的财务政策等。

20 世纪末，信息技术进步和金融市场全球化，改变了公司的商业运作模式和价值创造过程。在一个复杂多变的管理世界中，公司不仅期待着 CFO 们能够具备扎实的专业技能并坚守职业操守，还应能有效地筹集资本、参与部署公司战略并沟通市场。战略视野和沟通能力被视为 CFO 重要的技能，甚至超过财务专业技能。

国际会计师联盟（IFAC）下属的财务与管理会计委员会（FMAC）于 2002 年 1 月发表的一份题为 "2010 年首席财务主管的任务"（*The Role of the Chief Financial Officer in 2010*）的研究报告中对财务主管未来职责的展望，主要有以下 8 个方面：

（1）战略规划已成为 CFO 工作中的关键部分；

（2）在电子商务蓬勃发展、公司数字化生存的环境下，对信息进行流程化管理；

（3）以价值为基础的财务运营管理（包括税务、现金流量管理、业绩评估和风险管理等方面）是 CFO 工作的重心；

（4）CFO 在构建公司治理结构中将更有所作为，结构简单、坚守诚信将成为主流选择；

（5）CFO 的关注点将从财务监控与信息加工中解脱出来，成为沟通企业内外的信息桥梁；

（6）在高层经营班子中，CFO 将与 CEO（首席执行官，chief executive officer）结为伙伴关系；

（7）资本全球化的大趋势下，在不同国家面对不同的投资者，为公司营造良好的投资者关系是 CFO 面临的重大挑战；

（8）如果能够创建一套全球统一的会计准则和财务报告标准，将大大简化企业的披露成本。

第二节　财务管理的目标

一、研究财务管理目标的重要意义

财务管理目标又称理财目标，是指企业进行财务管理活动所期望达到的目的，它是企业财务管理活动的努力方向，是评价企业财务活动是否合理的标准。

正确的目标是系统良性循环的前提条件，企业财务管理的目标对财务管理系统的运行也具有同样的意义。为了完善财务管理的理论结构，有效指导财务管理实践，必须对财务管理目标进行认真研究。因为财务管理目标直接反映理财环境的变化，并根据环境的变化做适当调整，它是财务管理理论结构中的基本要素和行为导向，是财务管理实践中进行财务决策的出发点和归宿。因此，不研究财务管理的目标，就无法正确确定财务管理的理论结构。

科学地设置财务管理的目标，有利于企业搞好财务活动，有利于企业处理好各种财务关系，有利于企业分析财务成果，正确评价财务管理的有效性，有利于国家进行宏观调控。

二、对财务管理目标主要观点的评述

由于财务管理是企业管理的一个重要组成部分，财务管理的目标既取决于企业的总目标，又受财务管理本身特点的制约。财务管理的目标有一个不断深化和完善的过程，主要有以下三种主要观点：利润最大化、股东财富最大化、企业价值最大化。

（一）利润最大化

利润最大化是指，企业在预定的时间内实现最大的利润。这种观点的意义在于，可以促使企业讲求经济效益，有利于资源的合理配置和社会经济效益的提

高，并使社会财富快速增长。但是，它的局限性也十分明显。第一，没有考虑项目收益的时间价值；第二，忽略了企业经营的不确定性和风险；第三，没有考虑利润和投入资本的关系；第四，会使企业财务决策带有短期行为的倾向；第五，不能准确反映真正实现的企业价值。所以，利润最大化并不是财务管理的最优目标。

（二）股东财富最大化

股东财富最大化是指，通过企业的合理经营，为股东带来更多的财富。股东财富由其所拥有的股票数量和股票市场价格两方面来决定，在股票数量一定时，当股票价格达到最高时，则股东财富也达到最大。所以，股东财富最大化，又演变为股票价格最大化。与利润最大化相比，股东财富最大化有积极的方面，主要表现为：它考虑了现金流量的时间价值因素；考虑了风险因素；反映了资本与报酬之间的关系；在一定程度上，能够克服企业在追求利润上的短期行为。但应看到，股东财富最大化也存在一些缺点：它只适用于上市公司；它只强调了股东的利益，而对企业其他相关者的利益重视不够；股票市场价格受多因素影响，并非都是公司所能控制的，把不可控因素引入理财目标是不合理的。

（三）企业价值最大化

由于现代企业是多边契约关系的总和，财务管理目标应该与企业多个利益集团相关，是这些利益集团共同作用和相互妥协的结果，所以，企业财务管理目标定位为企业价值最大化更为科学。

企业价值最大化是指，通过企业财务上的合理经营，采用最优的财务政策，充分考虑资金的时间价值和风险报酬的关系，在保证企业长期发展的基础上使企业总价值达到最大化。这一定义看似简单，实际上包括丰富的内涵，其基本思路是将企业的长期稳定发展摆在首位，强调在企业价值增长中满足各方利益关系，具体包括以下几个方面：

（1）强调风险与报酬的均衡，将风险限制在企业可以承担的范围之内；

（2）创造与股东之间的利益协调关系，努力培养安定型股东；

（3）关心本企业职工利益，创造优美和谐的工作环境；

（4）不断加强与债权人的联系，重大财务决策请债权人参加讨论，培养可靠的资金供应者；

（5）关心客户的利益，在新产品的研制和开发上有较高投入，不断推出新产品来满足顾客的要求，以便保持销售收入的长期稳定增长；

（6）讲求信誉，注重企业形象的宣传。

企业价值最大化强调企业价值的增加，是以企业各种利益主体的共同价值最大化为目标。从理论上讲，企业价值是企业未来报酬（通常用现金流量来表示）的贴现值。企业价值最大化的优点表现在，考虑了时间价值；考虑了风险和报酬的关系；企业价值最大化能克服企业在追求利润上的短期行为；考虑了各种财务关系。但是，如何衡量企业价值是一个十分困难的问题。

三、影响财务管理目标的各种利益集团

确立科学的财务管理目标，必须研究哪些利益关系人会对企业理财产生重要影响。与企业有关的利益集团很多，但不一定都对企业理财产生重大影响，那么，究竟哪些集团对企业理财进而会对财务管理目标产生影响呢？一般而言，影响企业财务管理目标的利益集团应当符合以下三条标准：必须对企业有投入，即对企业有资金、劳动或服务的投入；必须分享企业收益，即从企业取得诸如工资、奖金、利息、股利或税收等各种报酬；必须承担企业风险，即当企业失败时，会承担一定损失。根据这三个标准，影响财务管理目标的利益集团有以下四个：

（一）企业所有者

企业所有者对企业理财的影响，主要是通过股东大会和董事会来进行的。从理论上来讲，企业重大的财务决策必须经过股东大会或董事会的表决，企业经理和财务经理的任免也由董事会决定，因此，企业所有者对企业财务管理有重大影响。

（二）企业债权人

企业债权人把资金借给企业后，一般会采取一定的保护措施，以便按时收取利息，到期收回本金。因此，债权人必须要求企业按照借款合同规定的用途使用资金，并要求企业保持良好的资本结构和适当的偿债能力。当然，债权人权利的大小在各个国家有所不同，在日本，债权人尤其是银行对企业财务决策会产生重大影响。

（三）企业职工

企业职工包括一般的企业员工和企业经理人员，他们为企业提供了智力和体力的劳动，必须要求取得合理报酬。职工是企业财富的创造者，他们有权分享企业收益；职工的利益与企业的利益紧密相连，当企业失败时，他们要承担重大风险，有时甚至比股东承担的风险还大。因此，在确立财务管理目标时，必须考虑职工的利益。

（四）政府

政府为企业提供了各种公共方面的服务，因此要分享企业收益，要求企业依法纳税，对企业财务决策也会产生影响。当然，在计划经济条件下，政府对企业财务管理的影响很大，而在市场经济条件下，因为实行政企分开，政府对企业财务管理的影响力要弱些，经常通过颁布政策的方式影响企业财务管理的目标。

四、财务管理目标的选择

从上述分析可以看出，财务管理目标应与企业多个利益集团有关，在一定时期和一定环境下，某一利益集团可能会起主导作用，但从企业长远发展来看，不能只强调某一利益集团的利益，而置其他利益集团的利益于不顾。也就是说，不能将财务管理目标仅仅归结为某一利益集团的目标，从这一意义上说，股东财富最大化不是财务管理的最优目标。从理论上讲，各个利益集团的目标都可以折中为企业长期稳定发展和企业总价值的不断增长，各个利益集团都可以借此来实现它们的最终目的。为此，以企业价值最大化作为财务管理的目标，比以股东财富最大化作为财务管理目标更科学。

以企业价值最大化作为财务管理的目标，避免了利润最大化的主要缺陷，同时，也避免了股东财富最大化可能导致的利益不均衡弊端。进行企业财务管理，就是要正确权衡报酬增加与风险增加的得与失，努力实现二者之间的最佳平衡，使企业价值达到最大。因此，企业价值最大化的观点，体现了对经济效益的深层次认识，它是现代财务管理的最优目标。

第三节 财务管理的环境

财务管理环境也称理财环境，是对企业财务活动产生影响作用的外部条件。理财环境是企业财务管理赖以生存的土壤，也是进行财务决策时难以改变的约束条件。财务管理环境是实施财务管理的基础条件，没有良好的财务管理环境，企业的各项财务管理职能就不能很好地进行。财务管理环境涉及的范围十分广泛，包括法律、经济、税收、社会文化、自然资源环境、宏观经济状况等；财务管理环境又是一个动态的过程，它随着各个时期的政治、法律、文化、管理体制的变化而变化，只有认识并掌握财务管理环境的变化规律，才能相应地制定企业的发展策略。对企业财务活动有重大影响的环境因素，主要有法律环境、经济环境和金融环境。

一、法律环境

法律环境是对企业财务管理活动产生影响的各种法律因素。市场经济是法治经济，通常需要一个完善的法律体系来维护市场秩序。对企业来说，法律为企业经营活动规定了活动空间，也为企业在一定的空间内自由经营提供了法律上的保护。这个法律体系包括企业和外部发生经济关系时所应遵守的各种法律、法规和规章，涉及企业设立、运转、合并和分立以及企业破产清算等各方面，也涉及企业筹资活动、投资活动和分配活动等财务活动的各个环节。

对企业而言，规范企业行为的法律、法规主要分成三大类：

（一）企业组织法规

企业组织法规是对企业成立过程以及成立以后的经营活动、理财活动做出的规定。企业组织法规包括《中华人民共和国公司法》《中华人民共和国全民所有制工业企业法》《中华人民共和国中外合资经营企业法》《中华人民共和国中外合作经营企业法》《中华人民共和国外资企业法》《中华人民共和国合伙企业法》等。

（二）税务法规

税务法规是规定企业纳税义务与责任的法律文本。有关税收立法可分为三大类：

（1）所得税的法规；
（2）流转税的法规；
（3）其他地方税的法规。

（三）财务法规

财务法规是财务管理工作必须遵守的行为准则。中国的财务法规有国务院批准、财政部发布的《企业财务通则》和财政部制定的行业财务制度。

《企业财务通则》于1994年7月1日起施行，它规定了以下财务管理问题：

（1）建立资本金制度；
（2）固定资产的折旧；
（3）成本开支的范围；
（4）利润的分配。

行业财务制度是针对不同行业对《企业财务通则》的具体化，是各行业具体执行的规范。企业为了贯彻执行财务法规，应根据《企业财务通则》、行业财务制度，制定企业内部财务管理制度，使企业财务管理依法行事。

除上述法规外，与企业财务管理有关的法规还有许多。包括《中华人民共和国票据法》《中华人民共和国银行法》《中华人民共和国会计法》等。财务人员要熟悉这些法规，把握财务法律环境，实现财务管理目标。

二、经济环境

经济环境是影响企业财务管理的各种经济因素的总和，包括国民经济发展总体形势、经济政策、经济管理体制、社会总供求情况以及由此决定的通货膨胀等。

国民经济发展总体形势是指，国家在一定时期内的经济发展水平和各个时期所处的发展阶段。从经济发展水平来看，如果国民经济发展处于落后状态，生产力水平不高，财务管理就不会被重视，更谈不上更好地实现财务管理的职能了；而如果国民经济发展水平较高，生产力的高水平需要高素质的管理，财务管理水平的高低会直接影响生产力能否最大限度地释放，企业就会重视财务管理工作，这样就会有一个很好的财务管理环境。从经济发展阶段来看，如果经济处于上升阶段，经济增长速度较快，人民收入水平大幅度提高，企业内部的资金流转不容易出现问题，即使出现资金短缺也容易利用外部资金来弥补；相反，如果经济处于下降、停滞阶段、市场萎缩、萧条，购买力水平下降，社会资金供应紧张，则企业内部的资金流转也容易出现问题，出现资金短缺问题后常常导致企业陷入困境。

国家的经济发展规划、产业政策、经济管理体制对企业的生产经营和财务活动也有极为重要的影响。国家对不同地区、不同行业规定不同的倾斜政策、优惠措施，体现着国家的宏观指导。国家的经济管理体制对企业财务管理也有直接的影响。例如，在计划经济条件下，国家对企业直接管理，企业财务自主权很小；在市场经济条件下，国家进行宏观调控，企业经营及财务自主权增大，从而使企业财务管理在内容、职能、目标和手段等方面都有很大变化。

社会的总需求与总供给决定社会通货膨胀水平。由于通货膨胀造成物价上涨，使企业资金供应紧张；同时，通货膨胀会使名义利率上涨，而利率又是影响企业投资预期和企业股票价格、债券价格的重要指标，因此，社会资金的供求状况对财务管理工作影响非常大。企业在进行财务管理时，要认真研究国家经济政策，按照政策导向行事，才能趋利除弊。

经济周期也是影响财务管理的经济因素。在市场经济条件下，经济发展与运行带有一定的波动性，大体上经历复苏、繁荣、衰退和萧条几个阶段的循环，这种循环形成经济周期。企业的筹资、投资和资产运营等理财活动，都要受这种经济波动的影响。比如,在治理紧缩时期,社会资金十分短缺、利率上涨,会使企业的筹资产生困难,甚至影响企业的正常生产经营活动;而企业的投资方向也会因为市场利率的上涨而转向。此外,由于国家经济交流与合作的发展,其他国家的经济周期也会不同程度地波及和影响中国。

三、金融环境

影响企业财务管理的金融环境,主要有金融机构、金融市场和利息率。

(一)金融机构

金融机构主要包括银行与非银行金融机构。中国的银行体系包括中国人民银行、政策性银行和商业银行。中国人民银行是中国的中央银行,它代表政府管理全国的金融机构和金融活动,从事国库业务;政策性银行是由政府设立,以贯彻国家产业政策、区域发展政策为目的,而不是以盈利为目的的金融机构;商业银行是以经营存款、贷款,办理转账结算为主要业务,以盈利为主要经营目标的金融企业。非银行金融机构包括保险公司、信托投资公司、证券公司、财务公司、金融租赁公司等机构。

(二)金融市场

金融市场是资金供应者和资金需求者双方通过某种形式融通资金达到交易的场所。金融市场是企业投资和筹资的场所,其环境对企业财务活动影响极大。金融市场的发育程度,各种融资方式的开放和利用情况,承兑、抵押、转让、贴现等各种票据业务的开展程度,直接决定企业在需要资金时能否便利地选择适合自己的方式筹资,在资金剩余时能否灵活地选择投资方式,为其资金寻找出路。

金融市场按交易的期限,分为资金市场和资本市场。资金市场又称为货币市场,是期限不超过一年的短期资金交易市场,其包括银行短期信贷市场业务、短期证券市场业务和贴现市场业务。资本市场是期限在一年以上的长期资金交易市场,其包括长期信贷市场业务、长期证券市场业务。金融市场按交割的时间分为现货市场和期货市场。现货市场是指,买卖双方成交后,当场或者在随后几天内买方付款、卖方交出证券的交易市场;期货市场是指,买卖双方成交后,在双方约定的未来某一特定的时日进行交割的交易市场。金融市场按交易的性质分为发行市场和流通市场,发行市场是从事证券和票据等金融工具初次买卖的市场,也称为初级市场或一级市场;流通市场是从事已发行、上市的各种证券和票据等金融工具的市场,也称为次级市场或二级市场。金融市场按交易的对象分为同业拆借市场、国债市场、企业债券市场、股票市场、金融期货市场等。

（三）利息率

利息率简称利率，是衡量资金增值的基本单位，是资金增值额同投入的资金的价值比，也是资金使用权的价格。

$$利率 = 无风险利率 + 风险溢价$$
$$= 实际利率 + 通货膨胀溢价$$
$$= 纯粹利率 + 通货膨胀溢价 + 违约风险溢价 +$$
$$变现能力溢价 + 期限溢价$$

其中：

（1）纯粹利率是指，无通货膨胀、无风险时的均衡利率。

（2）通货膨胀溢价是指，为了弥补通货膨胀造成的购买力损失而做出的通货膨胀补偿率。

（3）违约风险溢价是指，借款人无法按时支付利息或偿还本金而给投资人带来的风险，违约风险的大小与借款人信用等级的高低成反比。如企业信誉良好，违约可能性小，资金供应者要求的额外报酬就低；相反，资金供应者则要求较高的违约风险报酬。

（4）变现能力溢价是指，某项资产迅速转化为现金的可能性。衡量标准是资产出售时可实现的价格和变现时所需要的时间长短。金融资产的流动性越低，为吸引投资者所需要的收益率就越高。

（5）期限溢价是指，负债的到期日越长，债权人承受的不肯定因素就越多，承受的风险也越大，为弥补这种风险而增加的利率水平。

本章小结

1. 公司财务是研究公司经营活动所需财务资源的取得与使用的一种管理活动。前者是融资活动；后者是投资活动。

2. 财务管理的目标是企业理财活动所希望实现的结果，是评价企业理财活动是否合理的基本标准。利润最大化、股东财富最大化、企业价值最大化是三种最具代表性的观点。

3. 财务管理环境也称理财环境，是对企业财务活动产生影响作用的外部条件。财务管理环境涉及的范围十分广泛，财务管理环境又是一个动态的过程，只有认识并掌握财务管理环境的变化规律，才能相应地制定企业的发展策略。对企业财务活动有重大影响的环境因素，主要有法律环境、经济环境和金融环境。

4. 利息率简称利率，是衡量资金增值的基本单位，是资金增值额同投入资金的价值比，也是资金使用权的价格。影响利率的因素，包括纯粹利率、通货膨胀溢价以及风险溢价。

讨论思考题：

1. 关于CFO的职责，有一种说法很生动："CFO＝增值高手（价值链管理）＋消防队长（危机和风险管理）＋网钱大师（融贷策划）＋领袖人物（组织协调）＋大玩家（收购兼并）＋铁公鸡（预算与成本控制）＋算计师（纳税策划）＋吹鼓手（内外财务沟通）＋替罪羊（财务丑闻受过者）"。你认为一个合格的财务人员应具备的基本素质是什么？你认为总会计师、财务总监的职责是否相同？

2. 针对下列说法，说出你的观点：

（1）在股东与经营者的委托代理关系中，股东是通过支付工资、奖金等货币资本方式交换经营者的经营能力，因此，经营者应以实现股东财富最大化这一目标作为财务决策的标准。

（2）公司价值只是理论而已，与实际操作无关，我们就是要最大化公司利润，这才是股东真正需要的。

（3）债权人对公司收益的索取是固定的，因此，他们不享有公司的控制权，无法对公司进行管理或控制。

第二章 企业价值评估

 学习目标

1. 了解企业价值的主要形式。
2. 掌握市盈率模型的价值评估方法。
3. 掌握贴现现金流的价值评估方法。
4. 了解期权定价模型的价值评估方法。

第一节 企业价值的属性与形式

一、企业价值的属性

企业通常被定义为具有能力生产产品或提供服务并能获取利润的实体。一方面,投资者通过出资实现对企业的资产及其未来获利的控制,并能实现预期盈利回报,这种对资源的利用与获利能力既是企业存在的基础,也是企业价值的首要基础;另一方面,在市场经济环境下,企业也可以作为商品,作为交易对象通过上市、并购等多种方式进行买卖,企业也具有交换价值。此时,企业价值变现为企业在市场上应该值多少钱或者能卖多少钱。

投资者是投资企业的未来,并非投资企业的过去,也就不太关注企业过去的业绩,所有企业价值来源于企业未来的持续获利能力。

决定企业价值大小的因素,包括生产能力、行业特征、企业盈利模式、新技术开发、管理组织能力、企业文化、客户关系、并购重组、资本市场的成熟程度与波动状况等,每一个因素的变动都会对企业价值大小造成影响,所以,企业价值具有很大的波动性和不确定性。

企业持续的获利能力是由股东、债权人、经营者、员工、顾客等众多利益相关者共同作用的结果,所以,企业价值是股东价值、债权价值、员工价值、顾客价值的集合。当然，财务管理上对企业价值主要定位在股东价值上。财务上主要关注股东价值，而且认为股东价值是包括公司债权人、顾客等其他利益相关者价值的基础。财务上股权价值的估值技术，同样适用于债权价值的估计。

二、企业价值的主要形式

从财务管理的角度讲，企业价值具有多种不同的表现形式，但主要是账面价值、内涵价值、市场价值等。客观地讲，每一种价值形式都有其表现的独立性、合理性与适用性。

（一）账面价值

账面价值是指，以会计的历史成本原则为计量依据确认企业价值。其中，资产负债表能集中反映企业在某一特定时点的价值状况，揭示企业所掌握的资源、所负担的负债及所有者在企业中的权益，资产负债表上各项目的净值，即为公司的账面价值。比如，每股净资产数据就是账面价值的直接反映。

账面价值指标可以直接根据企业的报表资料取得，具有客观性强、计算简单、资料易得到等特点。但由于各企业之间、同一个企业不同会计期间所采用的会计政策的不同，账面价值较容易被企业管理层所操纵，从而使不同企业之间、同一企业不同时期的账面价值缺乏可比性。比如，采用加速折旧法会比采用直线折旧法有较短的折旧年限，会更快地减少固定资产账面价值。因此，在运用账面价值时，必须密切关注企业会计政策的差异。另外，来自财务报表的净值数据代表的是一种历史成本，它与企业创造未来收益的能力之间的相关性很小或者不相关，这与企业价值的内涵不相符合，而且，企业存续的时间越长，市场技术进步越快，这种不相关性就越突出。

（二）内涵价值

内涵价值又称内在价值、投资价值等，一般是指企业预期自由现金流量以其加权平均资本成本为贴现率折现的现值。扩大到管理学领域，企业价值可定义为企业遵循价值规律，通过以价值为核心的管理，使所有与企业利益相关者（包括股东、债权人、管理者、普通员工、政府等）均能获得满意回报的能力。现金流贴现模型是用自由现金流的资本化方式来确定公司的内涵价值的。现金流量贴现模型的基本思路是企业未来产生的自由现金流量就是企业最真实的收益，并在加权资本成本中考虑风险因素，因此，现金流量贴现模型测算的内涵价值综合考虑了企业未来的收益能力与风险水平。一般投资者在对企业债券、股票等进行投资时，使用内涵价值作为决策依据。

（三）市场价值

市场价值或称市场价格，是指当企业在市场上出售时所能取得的价格。市场价值通常不等同于账面价值，其价值大小受制于市场的供需状况，并通过投资者对企业未来获利能力的预期形成市场评价。所以，从本质上看，市场价值亦是由内涵价值所决定的，是内涵价值的表现形式，企业的市场价格围绕其内涵价值上下波动，完美的状况是市场价格等于内涵价值。但由于人们的主观判断或市场信息不完全等诸多因素的影响，企业的市场价值会偏离其内涵价值，这种偏离程度在不成熟市场上往往会非常大。正是由于企业价值被低估或高估的情形存在，才有了通过资本运作等手段来获取企业内涵价值与市场价格之间的价差空间，使得如何准确判断企业内涵价值成为问题的关键。

以上三种价值概念的关系，如图2-1所示。

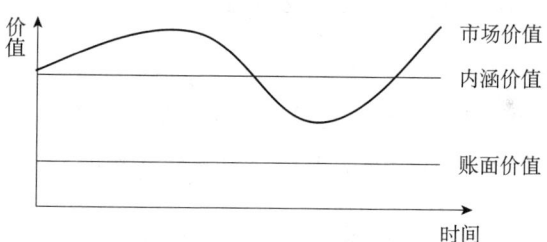

图2-1 账面价值、内涵价值与市场价值的关系

图2-1表示：

（1）一般情况下，公司内涵价值会高于账面价值，因为内涵价值既包括历史成本会计信息验证部分，也包含企业未来获利能力与新增投资收益的折现价值部分。

（2）内涵价值是理论预期概念，是对未来现金收益的贴现，投资者对企业未来盈利与风险信息的预期形成了内涵价值，不仅主观判断色彩浓厚，而且，其价值水平一旦确定就具有一定的稳定性。

（3）市场价值或市值是现实资本市场或产权市场上企业股权（资产）的价格，它是真实的交易价格，代表了这一具体时点的企业财富，它由市场状态与投资者态度所决定，理论上市值应该围绕其内涵价值上下波动并高于账面价值。

第二节 企业价值评估的相关内容

一、企业价值评估的作用

价值最大化是企业财务的终极目标,企业价值评估是企业各项财务管理活动的基础。企业价值评估是指,通过对企业的未来财务状况及资源利用、获利能力作出价值上的判断分析,换言之,也是对持续经营的企业的价值进行估算和计量。企业价值评估实际上是一个综合考虑企业内部因素、外部因素以及投资者的主观预期等多方面条件,对企业持续发展潜力和投资价值的认识和判断过程。所以,企业价值评估是财务理论体系和实践业务的重要组成部分。

企业价值评估被广泛应用于不同的领域,在对外开放和企业改革中的作用越来越突出。

(一) 企业价值评估与投资组合管理

在投资组合管理中,企业价值评估的作用在很大程度上取决于投资者的投资哲学。对于消极的投资者,他们进行投资选择完全凭直觉,基本不进行价值分析与评价。积极的投资者又可分为市场趋势型投资者和证券筛选型投资者两种类型。对于市场趋势型投资者而言,估价并不具有很强的实际意义。他们通过预测整个资本市场和个股价格未来的变化趋势来做出投资决策。对于证券筛选型投资者而言,企业价值评估在投资组合管理中扮演着核心角色。他们在进行投资决策时会通过分析企业的成长预期、风险预测和现金流量等财务指标,利用企业价值评估模型来确定企业的真实价值,并认为任何偏离这个真实价值的价值都是低估或高估的表现。这样,就可以在其投资组合中选择大量"被低估"的股票,从而提高投资者的投资回报。

(二) 企业价值评估与并购决策

企业价值评估在公司并购决策中具有核心作用。企业收购、兼并、剥离,以及公司应该扩张哪些领域或收缩哪些领域,这些都属于战略性方案。而战略性方案的实施一般都是出于经济性的原因,因此,决策应该着眼于企业的价值最大化。所以,在企业并购活动中,对目标公司价值的评估是非常重要的。

通过对企业价值的评估,有助于产权交易者对企业的前景与存在的风险有清醒的认识,并奠定交易价格形成的基础。只有充分分析了企业的价值状况之后,才能准确地把握住交易机会,掌握交易主动权,尽可能地降低由此带来的风险。

(三) 企业价值评估与财务决策

企业价值最大化的管理目标日益为管理界所推崇，企业价值与财务决策密切相关。通过科学合理的企业价值评估，管理者可以将企业经营的环境因素和自己对企业价值的预期结合在一起。环境因素是企业价值赖以形成和增长的外在条件，而管理者预期则是企业价值的内在推动力量。

在企业价值管理中，企业价值与企业的重大决策——投资决策、融资决策、经营决策与股利分配决策是密切相关的。在实践中，企业经营者要知道企业价值是进行财务决策的基础，增加企业价值是进行财务决策的结果，从而树立以价值为取向的企业活动观，并在整个组织内发展一种价值管理的观念，并使之制度化。企业的管理人员，特别是高层管理人员要全程参与企业价值评估，深刻了解现金流动、权益资本成本、加权平均资本成本、经营风险、财务风险等因素对企业价值的影响，理解价值变动对所有的企业要求者的影响及其程度。

(四) 企业价值评估与绩效管理

企业价值是衡量企业绩效的最佳标准。一是因为企业价值评估要求完整信息，为进行价值评估，需要企业长期的利润表、资产负债表和现金流量表的信息。没有这些完整的信息，就无法准确评估企业价值，而其他业绩衡量标准，都不需要完整信息。二是因为价值评估是面向未来的评估，它考虑长期利益，而不是短期利益。因此，企业价值评估在企业业绩管理中具有重要的作用。

对企业进行价值评估，有利于对企业绩效进行管理，从而提高管理效率。以开发企业潜在价值为目的的绩效管理正成为现代企业经营管理的新方向，企业绩效管理更加注重对企业整体获利能力的分析和评估，从而制定和实施合适的经营发展计划，以确保企业的经营决策有利于增加企业价值。在这一趋势下，企业管理人员将不再满足于企业的历史财务数据，而是更多地运用企业价值评估的信息展望企业的未来，提高企业的未来盈利能力。绩效管理以提高企业价值为目标，从战略高度对企业的各项资源进行整合、优化与开发，推动企业整体价值的持续增长。为满足绩效管理的需要，管理者需要评估企业价值，评价管理效果并推行激励计划，最终实现企业价值增值。

二、企业价值评估的架构

公司价值评估的前提是要获取关于整个经济环境、行业和公司本身的背景信息，在此基础上预测与价值评估有关的各种财务变量以及与资本成本有关的资本市场数据，根据价值评估方法，将财务信息、市场信息转化为价值信息。图 2-2 展示了企业价值评估的基本架构。

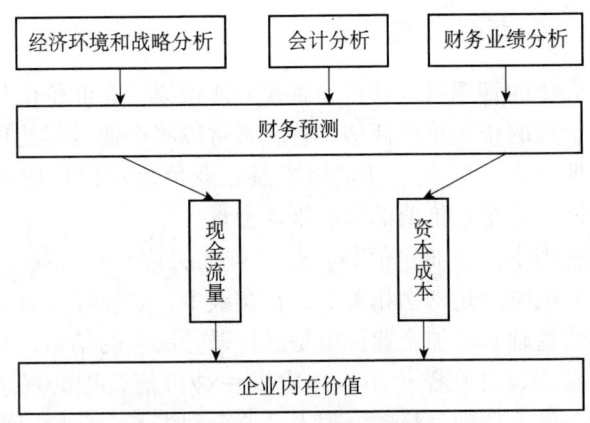

图 2-2　企业价值评估的基本架构

（一）经济环境和战略分析

经济环境和战略分析是财务预测和价值评估的基础，通过经济环境分析可以考察所有公司共同面对的环境以及对公司竞争能力的影响。

1. 行业分析

行业分析的目的在于，考察特定行业的经济特性、竞争状况、关键成功因素等，以便明确公司的竞争优势，正确制定公司战略。在行业分析中，不仅要关注某一行业不同生命周期对公司的影响，还要分析商业周期对特定行业的影响。

2. 竞争分析

竞争分析通常采用 SWOT 分析法。SWOT 分析法是通过自身的强势（strength）、弱势（weakness）、外部面临的机会（opportunity）和威胁（threat）分析，明确公司的竞争优势及在市场中的地位，寻找公司价值创造的核心专长和优势资源（如人力、产品、技术、流程、文化及价值等），选择适合本公司特点的竞争战略。如成本领先战略（low-cost leadership strategy）、产品差异化战略（differentiation strategy）或集中化战略（focus or niche strategy）等。

公司战略分析的资料，主要来自管理者提供的报告、董事长信函、工作报告、财经新闻、相关网站等，以及其他专业性机构（如投资咨询服务机构、行业性协会、证券交易所等）提供的有关资料。

（二）会计分析

会计分析是指，根据公认的会计准则对财务报表的可靠性和相关性进行分析，以便提高会计信息的真实性，准确评价公司的经营业绩和财务状况。

会计分析的内容主要包括：

（1）确认关键因素的会计政策；

（2）评价会计政策的灵活性；
（3）评价会计信息披露策略；
（4）识别和评价危险信号；
（5）调整财务报表。

（三）财务业绩分析

财务业绩分析主要包括，获利能力分析与营运能力分析、现金流量分析和风险分析三个方面。

获利能力分析与营运能力分析以资产负债表和利润表为基础，评价公司的投资收益和经营效率。

财务分析的数据既可以来自专业服务机构提供的数据，如 Wind 数据库、CSMAR 数据库等，又可直接使用公司年报中的财务数据。

（四）财务预测

根据历史资料、预测数据与基本假设（商业环境和经济环境）、财务业绩比率、公司增长率等资料编制预计资产负债表、预计利润表、预计现金流量表，确定公司在计划期内各项投资及生产发展所需的资本数量及其时间安排。

结合公司的股利政策、目标资本结构或债务方针等财务政策，确定资本来源与运用计划。

分析各种因素对预计财务报表的敏感程度，提高预测结果的准确性和可行性。

（五）现金流量与资本成本预测

根据预计财务报表计算股权自由现金流量、公司自由现金流量、经济增加值等指标；根据资本资产定价模型、高登稳定增长模型（gordon growth model）、套利定价模型或多因素模型等确定股权资本成本，根据利率水平确定债务资本成本以及公司加权平均资本成本。在此基础上，采用不同的估价方法，确定公司价值。

三、企业价值评估的方法

企业价值评估的方法，是企业价值评估的中心问题。不同评估方法的选择，直接影响价值评估的结果及市场交易的实施。从总体上看，价值评估方法可以分为收益法、市场法、成本法和期权估价法四种基本类型。评估人员在进行企业价值评估业务时，应当根据评估对象、价值类型、资料收集情况等相关条件，分析基本方法类型的适用性，恰当选择一种或多种基本方法。

（一）收益法

收益法是指，将预期收益资本化或者折现，确定评估对象价值的评估方法。该评估方法遵循的是"现值"规律，即任何资产的价值等于其预期全部收益的现值总和。从收益法的基本思路出发，可知企业的价值取决于预期收益、收益的预测期以及与收益相对应的风险三个因素。

收益法中的预期收益，可以用现金流量、各种形式的利润（包括会计利润和经营利润）或现金红利等口径表示。这样，以预期收益为划分标准，收益法具体又包括现金流量折现法、EVA折现法、股利折现法等类型。

收益法能客观地反映投资者的投资观念，充分地体现企业价值评估的评价能力，但是，难以合理反映经营效益较差或业绩不稳定企业的价值。

（二）市场法

市场法是指，将评估对象与可比上市公司或者可比交易案例进行比较，确定评估对象价值的评估方法。

从理论上说，价格是价值的货币表现。企业股票价格的高低与企业的收益、销售额和资产账面价值等都直接相关，企业价值或股东价值往往可以通过企业股票价格来体现。因此，企业价值可表现为价格比（也可称为价值比率、价格乘数）与相关因素的乘积，可用公式表示：

$$企业价值 = 价格比 \times 相关价格比基数$$

因此，市场法通常被称为基于价格比率的企业价值评估方法。

然而，在实践中，由于企业之间存在个体差异和交易案例的差异，而且，该种方法需要一个较为完善发达的证券市场和产权交易市场，要有足够数量的上市公司，因此，市场法在我国企业价值评估实务中的使用受到了一定限制。

（三）成本法

成本法也称为资产基础法，是指以评估企业评估基准日的资产负债表为基础，合理评估企业表内及表外各项资产价值、负债价值，确定评估对象价值的评估方法。

成本法的理论基础是"替代原则"，即任何一个精明的潜在投资者在购置一项资产时所愿意支付的价格不会超过建造一项与所购资产具有相同用途的替代品所需的成本。其具体做法是，分别求出企业各项资产的评估值并累加求和，再扣减负债评估值，最终得出企业净资产评估值。

由于成本法应用简便，与我国国有企业的现实情况相适应，各项资产的评估结果易于验证，对评估人员财务分析能力的要求不高，评估机构和评估人员承担的风险相对较小,所以,成为我国企业价值评估实践中最主要的评估方法,被大量用于企业改制和股份制改造实务。但是,成本法在企业价值评估中的着眼点是成本,很少考虑企业的收益和支出,这就导致人们忽视了企业的持续获利能力,无法体现企业价值评估的评价功能,从而不利于企业价值评估方法的改进和完善。

(四) 期权估价法

企业在发展过程中由于其拥有一定的人力、物力、财力、技术等资源,从而会面临很多投资机会或选择。这些投资机会或选择是有价值的,其对于准确地估算某一时点的企业价值具有重要意义。然而,众多的价值评估方法都无法反映这些投资机会或选择权的价值,即忽略了企业拥有的期权价值,导致企业价值的低估,但是,我们可以利用期权思想进行识别,找出其中存在的期权,并用期权方法进行评估,从而弥补这一不足。

20世纪70年代以后发展起来的期权估价法是在期权定价理论的基础上,充分考虑企业在未来经营中存在的投资机会或拥有的选择权的价值,进而评估企业价值的一种方法。其实,期权是一个来自金融学的概念,是指其持有人在规定时间内拥有按约定的价格买卖某项财产或物品的权利。按照期权定价理论的观点,期权是有价值的,因此,期权价值的确定是期权估价法的难点,也是核心。

成本法、收益法、市场法不仅得到国际公认,而且在我国也得到了普遍认可。而期权估价法充分考虑了企业在未来经营中存在的投资机会或拥有的选择权的价值,能够有效地弥补传统评估方法的不足,因此,也成为传统评估方法以外的一种重要补充。

下面,重点介绍市场法(基于价格比率的企业价值评估法)、收益法(基于现金流量的企业价值评估法)和基于期权定价理论的企业价值评估法。

第三节 基于价格比率的企业价值评估

一、市净率法

市净率法(P/B),一般以公司的净资产账面价值为基础,利用目标或同行业的市净率进行调整后,确定其价值和价格,又称为账面净值调整法。

$$公司价值 = 公司账面净资产价值 \times 市净率(P/B)$$

市净率指,每股股价与每股净资产的比率。估值使用的账面净资产价值指,资产负债表上总资产减去负债的剩余部分,即账面净值。而市净率既可以直接根据公司或同行业企业的现行市净率确定,也可以根据公司的行业特点、成长性、获利能力、股权交易双方讨价还价等因素确定。一般认为，市价高于账面价值时，企业资产的质量较好、有发展潜力；反之，则质量较差、没有发展前景。市净率侧重于对未来创造价值的期望。

采用市净率估值，强调以会计历史成本原则为计量依据确认企业价值，不关注资产的收益状况。本方法的优点是可以直接根据企业的报表资料获得数据，客观、计算简单。但其缺点也非常明显，包括：

（1）公司的账面净资产价值容易被企业操纵；
（2）净资产数据来自报表，代表的只是历史成本；
（3）忽略了企业内部的价值驱动因素。

所以，该方法不适合于账面价值的重置成本变动较快的公司，固定资产较少的，商誉或知识资本较多的服务行业。而主要适用于需要拥有大量资产、净资产为正值的企业。

二、市盈率法

在财务分析中，市盈率（P/E）作为企业的盈利倍数水平反映了投资者对每股收益所愿支付的价格，反过来可以利用市盈率来估计企业价值，即确定了公司市盈率以及运用此倍数的特定盈利水平，就可以算出企业价值大小，公式如下：

$$公司价值 = 估计收益指标 \times 市盈率（P/E）$$

（一）市盈率

市盈率也称收益倍数，其数值等于每股股票市价/每股盈利，或股票市值/净利润。而利用企业基本数据进行推导计算可以得出理论的市盈率。通过理论市盈率的推导，可以对市盈率的本质有更深入的了解。

处于稳定增长状态的企业一般具有稳定的增长率，根据公式，该类企业的股权价值为：

$$P_0 = \frac{每股股利_1}{股权成本 - 增长率}$$

进一步分析，可得：

$$市盈率 = \frac{P_0}{每股收益_0} = \frac{每股股利_1 / 每股收益_0}{股权成本 - 增长率}$$

$$= \frac{[每股收益_0 \times (1 + 增长率) \times 股利支付率 / 每股收益_0]}{股权成本 - 增长率}$$

$$= \frac{股利支付率 \times (1 + 增长率)}{股权成本 - 增长率}$$

我们可以看出，对于稳定增长的企业来说，其市盈率的影响因素是企业的增长潜力、股利支付率和风险（股权资本成本）。

（二）收益指标

在市盈率模型中，另一个确定企业价值的因素是估计收益指标，估计收益指标有三种：一是可用目标企业最近一年的税后利润；二是可用目标企业最近三年税后利润的平均值；三是在并购中对目标企业的估价，可用并购企业的资本收益率估算出目标企业被并购后的税后利润。

【例2-1】甲企业今年的每股净利是0.5元，分配股利0.35元/股，该企业净利润和股利增长率都是6%，β值为0.75。政府长期债券利率为7%，股票的风险附加率为5.5%。乙企业与甲企业是同类企业，今年实际净利是1元/股，根据甲企业的本期市盈率对乙企业估价，其股票价值是多少？

解：甲企业股利支付率 = 每股股利/每股净利 = 0.35/0.5 = 70%

甲企业资本成本 = 无风险利率 + β × 风险附加率 = 7% + 0.75 × 5.5%
= 11.125%

甲企业本期市盈率 = 70%（1 + 6%）/（11.125% - 6%）= 14.48

乙企业股票价值 = 目标企业本期每股净利 × 可比企业本期市盈率
= 1 × 14.48 = 14.48（元/股）

【例2-2】甲公司经营发展，需要并购乙公司，甲公司目前的资产总额为50 000万元，负债与权益之比为2∶3，息税前利润为8 000万元，股票市价为72元/股，发行在外的股数1 000万股；乙公司的资产总额为30 000万元，息税前利润为3 500万元，负债与权益之比为1∶1，股票市价为12元/股，发行在外的股数为1 000万股，两公司的所得税税率均为40%，两公司的负债均为长期借款，银行借款年利率为10%，预计并购后乙公司能获得与甲公司相同水平的权益净利率和市盈率。

要求：（1）计算甲、乙两家公司并购前各自的权益净利率；

（2）采用市盈率模型计算目标企业每股价值。

解：（1）计算权益净利率。

表2-1 　　　　　　　　计算甲乙公司权益净利率　　　　　　　　单位：万元

	甲公司	乙公司
所有者权益	50 000 × 3/5 = 30 000	30 000 × 1/2 = 15 000
负债	50 000 - 30 000 = 20 000	30 000 - 15 000 = 15 000
利息	20 000 × 10% = 2 000	15 000 × 10% = 1 500
税后净利	(8 000 - 2 000) × (1 - 40%) = 3 600	(3 500 - 1 500) × (1 - 40%) = 1 200
每股收益	3 600/1 000 = 3.6	1 200/1 000 = 1.2
市盈率	72/3.6 = 20	12/1.2 = 10
权益净利率	3 600/30 000 × 100% = 12%	1 200/15 000 × 100% = 8%

(2) 目标企业价值 = 估计收益指标 × 标准市盈率

乙公司的预计净利润 = 乙公司所有者权益 × 预计权益净利率 = 15000 × 12%
= 1800（万元）

每股收益 = 1800/1000 = 1.8（元/股）

乙公司每股价值 = 1.8 × 20 = 36（元/股）

采用市盈率法估算企业价值，以投资为出发点，着眼于未来经营收益，具有如下优点：

(1) 计算市盈率的数据容易获得，计算简单；

(2) 市盈率把价格和收益联系起来，直观反映投入和产出的关系；

(3) 市盈率涵盖了风险补偿率、增长率和股利支付率的影响，具有较高的综合性。

市盈率模型的局限性：

(1) 如果收益是负值，就失去了计算意义；

(2) 市盈率除了受到企业本身基本面的影响以外，还受到整个经济景气程度的影响；

市盈率模型最适合连续盈利，并且 β 值接近 1 的企业。比如，剧烈波动的新兴市场以及网络、电信等新型产业都不适用。

三、市销率法

市销率也称价格营收比，是指普通股每股市价与每股营业收入之间的比率，也可表述为股票市值与销售收入（营业收入）的比率。

公司价值 = 估计销售收入 × 市销率

相对来说，市销率反映的数据更真实，因为销售收入是很难主观上改变的，一般比较稳定，并且营业收入不受公司折旧、存货、非经常性收支的影响，不像利润那样容易操纵。尤其是新设立的、经营处于亏损的企业，或者那些经常在亏损和盈利之间反复的公司，它们的盈亏不确定性很强，使用市销率进行估值更有意义。但要注意不同行业之间的市销率缺乏可比性，因为不同行业之间的收入确认与价值含量、盈利能力大小都不相同。

市销率法的优点主要有：

(1) 与市盈率和市净率不同，市销率不会出现负值，也不会因此出现没有意义的情况，即使对于身处困境的公司，也可以得出一个有意义的比率。

(2) 与利润和账面价值不同，营业收入不会受公司存货、折旧等会计处理方法的影响，因此不容易被人操纵。

(3) 市销率不像市盈率那样频繁剧烈波动，因此，数据都比较稳定。

（4）市销率更能体现公司的价格政策变化以及公司战略的变化。

但是，当公司面临成本控制问题时，优势也会演变为一种劣势。在这种情况下，公司的利润和账面价值会大幅度下降，而营业收入可能会保持不变。因此，对于那些存在问题的公司，尤其是有负的利润和账面价值的公司，在尝试市销率法估值公司时，如果不能很好地考虑公司之间的成本和利润率的差别，评估出的价值可能会严重误导决策。

第四节 基于现金流量的企业价值评估

企业价值评估中的收益法，是指将预期收益资本化或者折现，确定评估对象价值的评估方法。其中，未来收益折现法是企业价值评估的核心，是被最普遍接受的方法。在采用这种方法时，先要明确两个基本问题，一是要明确收益的含义；二是要明确与收益相配比的折现率。由于企业价值最终是由其所能创造的可自由支配的现金流量决定，一个企业的价值就可通过将其预测的未来现金流量折现成现值得到。根据企业预期现金流量作为评价企业的依据这一假设，在该假设基础上采用折现现金流量法进行价值评估。基本原理是，企业的价值应等于该企业在未来所产生的全部现金流的现值总和。

企业价值的评估思路有两种：一种是将企业价值等同于股东权益价值，即对企业的股权资本进行估价；另一种是评估整个企业的价值，企业价值包括股东权益、债权、优先股的价值。

收益法常用的具体方法，包括股利折现法和现金流量折现法。现金流量折现法通常包括企业自由现金流（free cash flow of firm，FCFF）折现模型和股权自由现金流（free cash flow of equity，FCFE）折现模型。

在实际应用中主要采用以下三种折现模型：股利折现模型、股权自由现金流折现模型和企业自由现金流折现模型 。其中，股权自由现金流折现模型和企业自由现金流折现模型，都是在股利折现模型基础上演化得来的。

一、股利折现模型

股利折现模型是用现金流量折现法评估股东权益价值的一种基本模型，该模型以股票的股利作为股权资本唯一产生的现金流。该模型在事先设定折现率的基础上假设未来股利的增长模式是可预计的，其基本原理是：任何资产的价值等于预期的系列现金流量的现值总和，计算现值的贴现率应与现金流的风险相匹配。

股票的未来现金流量包括两种形式：股票持有期内的股利和持有至期末的预期价格。由于持有期期末股票的预期价格是由股票未来股利决定的，所以，股票当前价值应等于无限期股利的现值：

$$P_0 = \frac{D_1}{(1+r)} + \frac{D_2}{(1+r)^2} + \cdots = \sum_{t=1}^{\infty} \frac{D_t}{(1+r)^t}$$

式中：D_t——未来各期的股利（$t=1, 2, \cdots, n\cdots$）；

r——折现率。

当然，股利不可能无限期地预测下去，根据对未来增长率假设的不同，模型就有了多种变形。该模型依据不同的股利特点，可以分为股利不增长、股利固定增长和股利阶段性增长三种情况，下面将具体阐述。

（一）零增长模型

假设未来股利增长率为零，即每期发放股利相等，均为固定值 D，这时公式可简写为：

$$P_0 = D/r$$

该公式主要适用于评价优先股的价值。通常，优先股没有到期日，优先股股东只要不出让优先股股份，就可以永远持有股票并收到股息。

（二）固定增长模型

固定增长模型是高登（Gordon）在1962年提出的。该模型适用于处在稳定增长期的公司。也就是说，在长时期内，股利以某一稳定的增长率保持增长。这一模型的假设条件是：（1）股利支付是永久性的；（2）股利增长率为常数；（3）模型中的折现率大于股利增长率。其公式为：

$$P_0 = \frac{D_1}{r-g}$$

式中：D_1——未来第一期的股利；

r——投资者必要收益率（折现率）；

g——固定的股利增长率。

在公式中，股票价值与预期股利、折现率和股利增长率三个因素的关系如下：股票的预期股利越高，股票价值越大；折现率越小，股票价值越大；股利增长率越大，股票价值越大。

高登增长模型是对股票进行估价的一种简单而快捷的方法，但是，它对选用的增长率特别敏感。当模型选用的增长率趋向于折现率的时候，计算出的价值会变得无穷大。高登增长模型最适合于具有以下特征的公司：公司以一个比较稳定的速度增长；公司已制定好比较完整的股利支付政策，并且这一政策将持续到将来。

（三）两阶段股利折现模型

现实中，许多公司并不保持稳定的增长率，公司股利常常在初始发展阶段保持较高的增长率甚至超高的增长率，但增长到一定年数后就会稳定下来，按比较正常合理的增长率永远稳定地增长下去。这种情况属于两阶段增长模型。这一模型分为两个阶段：初始时期（n年）高速增长阶段和随后（n年以后）的永续稳定增长阶段。其计算公式为：

$$P_0 = \sum_{t=1}^{n} \frac{D_t}{(1+r)^t} + \frac{D_{n+1}}{r_n - g_n} \times \frac{1}{(1+r)^n}$$

式中：r——超常增长阶段公司的必要收益率（股权资本成本）；

r_n——第 n 年以后稳定增长阶段公司的必要收益率（股权资本成本）；

g_n——第 n 年以后的股利增长率。

两阶段模型的局限性主要体现在两个方面：第一，确定超常增长阶段的时间长度。从理论上讲，超常增长阶段持续的时间可以和产品生命周期以及存在的项目机会联系在一起，但把这些定性考虑的因素变成定量化的时间在实践中还是很困难的。第二，它假设的超常增长率很高，而在此阶段结束时突然间就变成较低的稳定增长率。而实际上，从超常增长率到稳定增长率的变化是随时间逐步完成的。

基于模型的特点，该模型最适合具有以下特征的公司：公司当前处于高增长阶段，并预期在今后一段时间内仍将保持这一较高的增长率，而此阶段过后，支持高增长率的因素全部消失，公司进入稳定增长阶段。例如，一家公司拥有某项产品专利权，在这段时期内，预期公司将实现超常增长；一旦专利到期，公司将无法保持超常增长率，从而进入稳定增长阶段。

【例2-3】W企业预期未来3年股利将高速增长，每年增长率为5％，之后转为正常增长，每年的股利支付增长率为2％。假设企业第一年每股支付的股利 D_1 为2元/股，市场利率为10％，则求该企业的价值。

解：
$$V = \frac{2}{1+10\%} + \frac{2(1+5\%)}{(1+10\%)^2} + \frac{2(1+5\%)^2}{(1+10\%)^3} + \frac{2(1+5\%)^2(1+2\%)}{10\% - 2\%} \times \frac{1}{(1+10\%)^3} = 26.33 \text{（元/股）}$$

总的说来，股利折现模型使用的局限条件表现在：

（1）该模型隐含着公司在其全部经营期间虽然可以有一个时期或者多个时期不能支付股利，但必须预期公司能在未来某个时期或某些时期能支付股利。它只是在考虑未来股利支付的基础上简单地反映公司股票投资价值，并没有表达预计股利不分配而对公司进行再投资问题。

（2）它只反映持有股票的价值，而不反映公司的总体价值。

二、股权自由现金流量（free cash flow of equity，FCFE）折现模型

（一）股权自由现金流量

股权自由现金流量体现了普通股股权投资者对企业现金流量的剩余要求权。就是在除去经营费用、本息支付和为保持预定现金流增长所需要的全部资本性支出之后的现金流。其计算公式为：

$$\text{股权自由现金流量} = \text{税后利润} + \text{折旧与摊销} - \text{优先股股利} - \text{净营运资本增加额} - \text{资本支出} - \text{偿还债务本金} + \text{新发行债务收入}$$

对于一家处于理想的财务杠杆比率的公司来说，它的负债比率就是公司未来进一步融资希望达到的水平。由于已经达到最佳资本结构，所以本金偿还是用新债发行所得完成的，而资本支出和营运资本是按照最佳的负债权益组合进行融资的。假设这家公司也没有优先股，这时，公司的股权自由现金流的计算还可以进一步简化：

$$\text{股权自由现金流量} = \text{税后利润} - (\text{资本支出} - \text{折旧与摊销}) \times (1 - \text{负债率}) - \text{净营运资本增加额} \times (1 - \text{负债率})$$

（二）折现率

与股权自由现金流相匹配的折现率，就是股东投资者所要求的最低收益率，即股权资本成本率。估计股权成本的方法有两种：资本资产定价模型和股利增长模型。本书重点介绍的是比较常用的资本资产定价模型。

资本资产定价模型（CAPM），是一种描述风险与期望收益率之间关系的模型。在这一模型中，某种证券的期望收益率就是无风险收益率加上该种证券的系统风险溢价。

1. 资本资产定价模型简介

$$r = R_f + \beta(R_m - R_f)$$

式中：r——投资者要求的收益率；

R_f——无风险收益率；

R_m——市场的期望收益率；

$R_m - R_f$——市场风险溢价。

2. 无风险利率的选择

无风险利率是指，投资者可以任意借入资金或者贷出资金的市场利率。选取

无风险利率最好的做法是使用期望的长期平均政府债券利率,它通过长期政府债券利率减去期限贴水来计算。

3. 市场风险补偿的估算

市场风险补偿是某一时期的股票平均收益率和无风险证券平均收益率之间的差额。在 CAPM 中,市场风险补偿的衡量一般以历史数据为基础。

当然,确定市场风险补偿率的时候还要考虑:政治因素,在政治不稳定的国家,市场风险补偿率较高;经济波动,经济增长较快、风险较高的新兴市场国家的市场风险补偿率就比发达国家高;市场结构,在交易所挂牌的公司规模大,行业多样化而且比较稳定,股票投资风险补偿率会比较低。

4. β(贝塔)系数的估算

资本市场理论把风险分为系统风险和非系统风险。

系统风险是指,由于政治、经济及社会环境等公司外部因素的不确定性而产生的风险。系统风险的特点是由综合因素导致的,这些因素是个别公司或投资者无法通过多样化投资予以分散的。

非系统风险是指,由于经营失误、消费者偏好改变、劳资纠纷、工人罢工、新产品试制失败等因素影响所产生的个别公司的风险。非系统风险的特点是它只发生在个别公司中,由单个特殊因素所引起的。由于这些因素的发生是随机的,因此,可以通过多样化投资来分散。

某证券的 β 值 >1,说明系统风险大于市场平均风险;某证券的 β 值 $=1$,说明系统风险等于市场平均风险;某证券的 β 值 <1,说明系统风险小于市场平均风险。

一般来说,一个公司的 β 值由三个因素决定:业务类型、经营杠杆和财务杠杆。

第一,业务类型。β 值是衡量公司相对于市场风险程度的指标。因此,公司对市场的变化越敏感,其 β 值越高。在其他因素相同的情况下,周期性公司的 β 值会比非周期性公司的 β 值高,而一家在多个领域经营的公司也可按照不同业务的市场价值,用加权平均的方法来计算其平均 β 值。

第二,经营杠杆。一个经营杠杆高的公司,其息税前利润的波动性比经营杠杆低的公司要高一些。在其他条件不变时,企业经营收入的波动性越大,经营杠杆比率越高,公司的 β 值就越高。

第三,财务杠杆。在其他因素一定的情况下,公司负债比率越高,每股收益的变动幅度越大,其 β 值越高。

(三)股权自由现金流折现模型(FCFE 模型)

1. 稳定增长 FCFE 模型

与高登稳定增长模型类似,如果一个公司以一个不变的增长率持续增长,那么，就可以用稳定增长的股权自由现金流折现模型（FCFE模型）来评价公司价值。模型假设公司处于稳定增长状态，稳定增长状态在股权自由现金流上体现在以下两个方面：第一，资本性支出与折旧相互抵消，公司资本性支出与折旧额大概相等或略高于折旧额；第二，公司平稳运行，风险适中，公司的资产具有市场平均风险，即股票的 β 值约为1。其公式：

$$P_0 = \frac{FCFE_1}{r-g}$$

式中：P_0——公司目前的股权资本价值；

$FCFE_1$——未来第一期的股权自由现金流量；

r——投资者必要收益率（折现率）；

g——固定的增长率。

2. 两阶段FCFE模型

两阶段FCFE模型的假设条件与两阶段股利折现模型是相同的。即公司在前一阶段以较高的速度增长，然后进入稳定增长阶段。此模型的特点，就是用FCFE代替了股利。该模型的公式为：

$$P_0 = \sum_{t=1}^{n} \frac{FCFE_t}{(1+r)^t} + \frac{FCFE_{n+1}}{r_n - g_n} \times \frac{1}{(1+r)^n}$$

式中：P_0——公司目前的股权资本价值；

r——超常增长阶段股权投资者要求的收益率；

r_n——第 n 年以后稳定增长阶段股权投资者要求的收益率；

g_n——第 n 年以后的增长率。

3. 三阶段FCFE模型

三阶段FCFE模型适用于评估依次经历三种增长阶段的公司价值：初始高速增长、增长率下降的转换阶段和稳定增长阶段。该模型计算三个阶段的全部预期的股权自由现金流量的现值之和：

$$P_0 = \sum_{t=1}^{n_1} \frac{FCFE_t}{(1+r)^t} + \sum_{t=n_1+1}^{n_2} \frac{FCFE_t}{(1+r)^t} + \frac{FCFE_{n_2+1}}{r_n - g_n} \times \frac{1}{(1+r)^n}$$

式中：P_0——公司目前的股权资本价值；

r——超常增长阶段以及转换阶段的股权投资者要求的收益率；

r_n——第 n 年以后稳定增长阶段股权投资者要求的收益率；

g_n——第 n 年以后稳定增长阶段的增长率。

三、企业自由现金流量（free cash flow of firm，FCFF）折现模型

（一）企业自由现金流量

企业自由现金流量是企业真正得到的税后经营性现金流量的总额，用于分配

给包括普通股股东、优先股股东和债权人在内的企业资本的全部供给者。其计算企业自由现金流量的思路有两种：

第一种方法，是从息税前利润（EBIT）开始计算：

息税前营业利润：未含利息收支，也没有扣除所得税的营业利润。

息税前营业利润 = 主营业务收入 − 主营业务成本 + 其他业务利润 − 营业和管理费用 − 折旧

息前税后营业利润：是已经扣除所得税，但未扣除利息的营业利润。

息前税后营业利润 = 息税前营业利润 − 息税前营业利润所得税

营业现金毛流量：是在没有资本支出和营业流动资产增长的情况下，企业可提供给投资人的现金流量总和，也叫"常用现金流量"。

营业现金毛流量 = 息前税后营业利润 + 折旧与摊销

营业现金净流量：是营业现金毛流量扣除营业流动资产增加后的剩余现金。

营业现金净流量 = 营业现金毛流量 − 营业流动资产增加

企业自由现金流量（FCFF）：是营业现金净流量扣除资本支出后的剩余部分，是企业在满足营业活动和资本支出后，可支付给债权人和股东的现金流量。

企业自由现金流量（FCFF）= 营业现金净流量 − 资本支出

资本支出是指，用于购置各种长期资产的支出，减去无息长期负债增加额。

$$\begin{aligned}\text{企业自由现金流量（FCFF）} &= \text{营业现金净流量} - \text{资本支出} \\ &= (\text{营业现金毛流量} - \text{营业流动资产增加}) - \text{资本支出} \\ &= (\text{息前税后营业利润} + \text{折旧与摊销}) - \text{营业流动资产增加} - \text{资本支出} \\ &= \text{息税前营业利润} \times (1 - \text{所得税税率}) + \text{折旧与摊销} - \text{营业流动资产增加} - \text{资本支出}\end{aligned}$$

第二种方法，是把企业不同权利要求者的现金流加在一起，见表 2 − 2。

表 2 − 2　　　　　　　　　不同权利要求人的现金流

权利要求者	权利要求者的现金流	折现率
债权人	利息费用（1 − 税率）+ 偿还本金 − 新发行债务	税后债务资本成本
优先股股东	优先股股利	优先股资本成本
普通股股东	股权自由现金流（FCFE）	股权资本成本
企业 = 普通股股东 + 债权人 + 优先股股东	企业自由现金流（FCFF）= 股权自由现金流 + 利息费用（1 − 税率）+ 偿还本金 − 新发行债务 + 优先股股利	加权平均资本成本

$$FCFF = FCFE + 利息费用(1-税率) + 偿还本金 - 新发行债务 + 优先股股利$$

同时:

$$股权自由现金流(FCFE) = 税后利润 + 折旧和摊销 - 优先股股利 - 资本性支出 - 净营运资本增加额 - 偿还本金 + 新发行债务收入$$

将上述两个公式整理得:

$$\begin{aligned} FCFF &= 税后利润 + 折旧和摊销 + 利息费用(1-税率) - \\ & \quad 资本性支出 - 净营运资本增加额 \\ &= EBIT(1-所得税税率) + 折旧 - \\ & \quad 资本性支出 - 净营运资本增加额 \end{aligned}$$

这两种计算 FCFF 的思路,最终结果是一致的。

(二) 折现率

与企业自由现金流相匹配的折现率,就是包括股权和债权在内的加权平均资本成本。加权平均资本成本(weighted average cost of capital, WACC)就是企业各种资金来源的成本的加权平均值。一般来说,企业的资金来源主要有三种:债务、普通股股票和优先股。这样看来,加权平均资本成本就是企业债务成本、优先股成本和普通股成本等个别资本成本的加权平均值。

1. 债务成本

债务成本通常是企业的税后利率,它反映公司的违约成本以及和债务相联系的税收优惠。

$$债券利息 = 债券面值 \times 债券利息率 \times (1-所得税税率)$$
$$借款利息 = 借款金额 \times 借款利息率 \times (1-所得税税率)$$

2. 优先股资本成本

优先股资本成本通常用优先股的市场利率来表示。可以通过具有可比风险的上市公司的优先股收益率分析计算。

$$K_P = \frac{D_P}{P_0 \times (1-f)}$$

式中:K_P——优先股资本成本;D_P——优先股股利;

P_0——优先股筹集资本;f——筹资费用率。

3. 加权平均资本成本

加权平均资本成本就是企业债务成本、普通股成本和优先股成本的加权平均值。公式如下:

$$WACC = K_e \frac{E}{E+D+PS} + K_d \frac{D}{E+D+PS} + K_{ps} \frac{PS}{E+D+PS}$$

式中：K_e——普通股资本成本；

K_d——税后债务资本成本；

K_{ps}——优先股资本成本；

$E/(E+D+PS)$——资本组合中普通股的市场价值权重；

$D/(E+D+PS)$——资本组合中债务的市场价值权重；

$PS/(E+D+PS)$——资本组合中优先股的市场价值权重。

（三）企业自由现金流折现模型（FCFF 模型）

1. 稳定增长 FCFF 模型

与高登增长模型类似，如果一个公司以不变的增长率持续增长，那么，就可以用稳定增长的企业自由现金流折现模型（FCFF 模型）来评价公司价值。模型假设公司处于稳定增长状态，稳定增长状态在企业自由现金流上体现为以下两个方面：第一，企业的现金流以固定的增长率增长，且增长率是合理的；第二，资本性支出与折旧额相互抵销，公司资本性支出与折旧额大概相等或略高于折旧额。其公式：

$$V = \frac{FCFF_1}{WACC - g}$$

式中：V——公司企业价值；

$FCFF_1$——未来第一期的企业自由现金流量；

$WACC$——加权平均资本成本；

g——固定的增长率。

2. 两阶段 FCFF 模型

这个模型的假设条件与两阶段股利折现模型是相同的。即公司在前一阶段以较高的速度增长，然后进入稳定增长阶段。该模型的公式为：

$$V = \sum_{t=1}^{n} \frac{FCFF_t}{(1+WACC)^t} + \frac{FCFF_{n+1}}{WACC_n - g_n} \times \frac{1}{(1+WACC)^n}$$

式中：$WACC$——超常增长阶段加权平均资本成本；

$WACC_n$——第 n 年以后稳定增长阶段加权平均资本成本；

g_n——第 n 年以后的增长率。

【例 2-4】A 公司刚刚收购了 B 公司，由于收购借入巨额资金，使得财务杠杆很高。2013 年底，发行在外的股票有 1 000 万股，股票市价 20 元，账面总资产 10 000 万元。2013 年，销售额 12 300 万元，息税前营业利润 2 597 万元，资本支出 507.9 万元，折旧额为 250 万元，年初营业流动资产为 200 万元，年底营业流动资产为 220 万元。目前，公司债务价值为 3 000 万元，平均负债利息率为 10%，年末分配股利 803.95 万元，公司目前加权资本成本为 12%，公司平均所得税税率为30%。

要求：（1）计算2013年公司自由现金流量（FCFF）。

（2）预计2014～2016年销售收入增长率为10%，息前税后营业利润、资本支出、营业流动资产、折旧与销售同步增长。预计2017年进入永续增长，销售增长率为2%，2016年偿还到期债务后加权资本成本降为10%，通过计算分析，说明该股票被市场高估还是低估了？

解：2013～2017年公司自由现金流，见表2-3。

表2-3　　　　　　　2013～2017年公司自由现金流　　　　　　单元：万元

	2013年	2014年	2015年	2016年	2017年
增长率		10%	10%	10%	2%
息前税后营业利润	1 817.9	1 999.69	2 199.659	2 419.624	2 468.017
减：资本支出	507.9	558.69	614.559	676.0149	689.5352
营业流动资产	220	242	266.2	292.82	298.6764
减：营业流动资产增加	20	22	24.2	26.62	5.8564
加：折旧	250	275	302.5	332.75	339.405
FCFF	1 540	1 694	1 863.4	2 049.74	2 112.0307
贴现率		12%	12%	12%	10%
现值系数		0.893	0.797	0.712	
预期FCFF现值		1 512.74	1 485.130	1 459.415	

$$公司价值 = 1\,512.74 + 1\,485.130 + 1\,459.415 +$$
$$2\,112.0307/(10\% - 2\%) \times 0.712$$
$$= 23\,254.36（万元）$$
$$股权价值 = 23\,254.36 - 3\,000 = 20\,254.36（万元）$$
$$每股价值 = 20\,254.36/1\,000 = 20.25（元/股）$$

由于公司目前的市价为20元，所以，公司的股票被市场低估了。

【例2-5】C百货公司2000年的息税前净收益为5.32亿元，资本性支出为3.10亿元，折旧为2.07亿元，销售收入为72.30亿元，营运资本占销售收入的比重为20%，税率为40%。预期今后5年内将以8%的速度高速增长，假定折旧、资本性支出和营运资本以相同比例增长，公司β值为1.25，税前债务成本为9.5%，负债比率为50%。5年后公司进入稳定增长期，稳定增长阶段的增长率为5%，公司β值为1，税前债务成本为8.5%，负债比率为25%，资本性支出和折旧互相抵消。市场平均风险报酬率为5%，无风险报酬率为7.5%。请估计该公司的价值。

解：第一步，估计公司高速成长的现金流量

FCFF = EBIT（1-税率）+折旧-资本性支出-追加营运资本

$FCFF2001 = 5.32 \times (1+8\%) \times (1-40\%) + 2.07 \times (1+8\%) -$
$\qquad 3.10 \times (1+8\%) - 72.30 \times 8\% \times 20\%$
$\qquad = 3.45 + 2.24 - 3.35 - 1.16 = 1.18$（亿元）
$FCFF2002 = 3.45(1+8\%) + 2.24(1+8\%) -$
$\qquad 3.35(1+8\%) - 1.16(1+8\%)$
$\qquad = 3.73 + 2.42 - 3.62 - 1.25 = 1.28$（亿元）
$FCFF2003 = 4.03 + 2.61 - 3.91 - 1.35 = 1.38$（亿元）
$FCFF2004 = 4.35 + 2.82 - 4.22 - 1.46 = 1.49$（亿元）
$FCFF2005 = 4.70 + 3.04 - 4.56 - 1.58 = 1.60$（亿元）

第二步，估计公司高速成长期的资本加权平均成本（WACC）
$\qquad$高速成长阶段的股权资本成本 $= 7.5\% + 1.25 \times 5\% = 13.75\%$
$\qquad$高速成长阶段的 WACC $= 13.75\% \times 50\% + 9.5\% \times (1-40\%) \times 50\%$
$\qquad\qquad = 9.725\%$

第三步，计算公司高速成长阶段的 FCFF 现值
$= 1.18(P/F, 9.725\%, 1) + 1.28(P/F, 9.725\%, 2) +$
$\quad 1.38(P/F, 9.725\%, 3) + 1.49(P/F, 9.725\%, 4) +$
$\quad 1.60(P/F, 9.725\%, 5) = 5.15$（亿元）

第四步，估计第 6 年的公司自由现金流量
$\qquad FCFF2006 = 4.70(1+5\%) - 72.30(1+8\%)^5 \times 5\% \times 20\%$
$\qquad\qquad = 3.86$（亿元）

第五步，计算公司稳定增长期的 WACC
$\qquad$稳定增长期的股权资本成本 $= 7.5\% + 1 \times 5\% = 12.5\%$
$\qquad$稳定增长期的 WACC $= 12.5\% \times 75\% + 8.5\% \times (1-40\%) \times 25\%$
$\qquad\qquad = 10.65\%$

第六步，计算公司稳定增长期自由现金流量的现值
$\qquad$稳定增长期 FCFF 现值 $= 3.86 \div (10.65\% - 5\%) \times (1+9.725\%)^5$
$\qquad\qquad = 42.96$（亿元）

第七步，计算公司价值
$\qquad V = 5.15 + 42.96 = 48.11$（亿元）

3. 三阶段 FCFF 模型

三阶段 FCFF 模型适用于评估依次经历三种增长阶段的公司价值：初始高速增长、增长率下降的转换阶段和稳定增长阶段。该模型计算三个阶段的全部预期的股权自由现金流量的现值之和为：

$$V = \sum_{t=1}^{n_1} \frac{FCFF_t}{(1+WACC)^t} + \sum_{t=n_1+1}^{n_2} \frac{FCFF_t}{(1+WACC)^t} + \frac{FCFF_{n_2+1}}{WACC_n - g_n} \times \frac{1}{(1+WACC)^n}$$

式中：$WACC$——超常增长阶段和转换阶段加权平均资本成本；

$WACC_n$——第 n 年以后稳定增长阶段加权平均资本成本；

g_n——第 n 年以后的增长率。

第五节　基于期权定价理论的企业价值评估

一、期权概述

期权交易（option trading），是从期货交易发展来的。期权交易历史悠久，其雏形可追溯到公元前 1200 年。如今，期权交易已逐渐规范化，其规模也不断扩大，种类不断齐全，已从传统的有形商品的期权交易发展到包括货币、证券、利率、指数等领域的期权交易。

（一）期权的概念

期权（option），又称选择权，是指在未来一定时期可以买卖的权利，是买方向卖方支付一定数量的金额后拥有的在未来一段时间内或未来某一特定日期以事先规定好的价格向卖方购买或出售一定数量的特定标的物的权利，但不负有必须买进或卖出的义务。

执行价格，又称行权价格、敲定价格或履约价格，是指期权的买方行使权利时事先规定的买卖价格。

权利金，又称期权费、期权金，是期权的价值。是期权的买方为获取期权合约所赋予的权利而必须支付给卖方的费用。

合约到期日，是指期权买方能够行使权利的最后一日。如果期权买方在合约到期日不执行权利，期权合约自动失效。

（二）期权的特点

（1）期权的交易对象是一种权利，即买入或卖出特定标的物的权利，但并不承担一定要买入或卖出的义务。

（2）这种权利具有很强的时间性，超过规定的有效期限不行使，期权合约将自动失效。

（3）期权合约中买者和卖者的权利和义务是不对称的。

（4）期权具有杠杆效应，这意味着期权投资者能以支付有限的期权费为代价，购买到可能无限盈利的机会。

（三）期权的基本交易策略

主要包括四种：买入买权（buy a call option or long a call）、卖出买权（sell a call option or short a call）、买入卖权（buy a put option or long a put）、卖出卖权（sell a put option or short a put）。

其中，看涨期权（call option），即买权，是期权出售者给予期权购买者的一种权利而非义务，期权购买者拥有在合约规定的到期日或之前以合约规定的价格购买标的资产的权利。

看跌期权（put option），即卖权，是期权出售者给予期权购买者的一种权利而非义务，期权购买者拥有在合约规定的到期日或之前以合约规定的价格出售标的资产的权利。

（1）买入买权（看涨期权多头），拥有的是购买资产的权利而非义务，只在资产的市值超过行权价时才会行权。所以，看涨期权多头的利润随标的资产价值的上升而增加。

（2）卖出买权（看涨期权空头），通过出售期权获得期权价格。看涨期权空头拥有的是出售资产的义务而非权利。看涨期权空头的最大利润就是期权出售时的价格，其利润随标的资产价值的上升而减少。

（3）买入卖权（看跌期权多头），拥有的是出售资产的权利而非义务，只在标的资产的市值低于行权价时才会行权。所以，看跌期权多头的利润随标的资产价值的上升而减少。

（4）卖出卖权（看跌期权空头），通过出售期权获得期权价格。看跌期权空头拥有的是购买资产的义务而非权利。所以，看跌期权空头的利润随标的资产价值的上升而增加，但是最大利润就是期权出售时的价格。

如果预计未来标的资产（如股票）价格呈上升趋势，期权交易者可以买入买权（buy call options）或卖出卖权（sell put options）；如果预计未来标的资产（如股票）价格呈下降趋势，期权交易者可以买入卖权（buy put options）或卖出买权（sell call options）。

二、布莱克－斯科尔斯（Black-Scholes）模型

随着经济金融化的进程，金融创新工具不断出现，这为投资评估提出了不少新的问题，一些新的估价方法应运而生，其中，最为著名的当属布莱克－斯科尔斯的期权定价模型。期权估价法，又称或有索偿权估价法。

布莱克－斯科尔斯模型为：

买入期权价值为：

$$C_t = S_t N(d_1) - Ke^{-rT} N(d_2)$$

卖出期权价值为：

$$P_t = -S_t N(-d_1) + Ke^{-rT} N(-d_2)$$

式中：$N(d)$ 为正态分布、均方差等于 1 时在 d 范围内的概率，其中：

$$d_1 = \frac{\ln(S_t/K) + (r + \sigma^2/2)T}{\sigma\sqrt{T}}$$

$$d_2 = d_1 - \sigma\sqrt{T}$$

布莱克－斯科尔斯的期权定价模型是应用甚广的期权定价方法。按照这个模型，一项买入期权的价值取决于如下变量：

S 为基础资产的现行价值；K 为期权的行使价格，即买权的施权价；t 为期权寿期（即距离到期的天数）占一年的比例；r 为与期权寿期相对应的无风险利率；σ 为基础资产年报酬率均方差。

期权估价技术的应用很好地配合了被估价资产自身所具有的类似于期权的特征，适用于在较为复杂的情况下进行财务估价的需求。所以，它适用于成长快但前景高度不确定性行业中的企业和处于重大转型期的企业，如高新技术企业、风险投资公司。在传统的现金流量贴现估价法和市盈率分析法不适用时，期权定价模型提供了另一个有益的思路。不过，由于该模型过于复杂，而且，运用该模型非财务信息的有用性大于财务信息的有用性，不易被现实中的企业所接受。

本章小结

1. 从财务管理的角度，企业价值具有多种不同的表现形式，但主要是账面价值、内涵价值、市场价值。

2. 价值最大化是企业财务的终极目标，企业价值评估是企业各项财务管理活动的基础。企业价值评估是指，通过对企业的未来财务状况及资源利用、获利能力做出价值上的判断分析，换言之，也是对持续经营的企业的价值进行估算和计量。

3. 公司价值评估的前提是要获取关于整个经济环境、行业和公司本身的背景信息，在此基础上预测与价值评估有关的各种财务变量以及与资本成本有关的资本市场数据，根据价值评估方法，将财务信息、市场信息转化为价值信息。

4. 企业价值评估的方法，是企业价值评估的中心问题。主要的价值评估方法有：收益法、市场法、成本法、期权估价法。

5. 基于价格比率的价值评估方法，主要有市净率法、市盈率法、市销率法。

6. 基于现金流量的价值评估方法，主要有股利贴现模型、股权自由现金流贴现模型、企业自由现金流贴现模型。在模型使用中，应注意收益与风险的匹配性。

7. 基于期权定价的价值评估方法，主要介绍了期权的特点以及布莱克－斯科尔斯模型。

讨论思考题：

1. 你如何理解企业账面价值、评估价值、市场价值与内含价值的关系？
2. 采用市盈率方法进行企业估值的要点及应该注意哪些问题？
3. 采用现金流量折现法进行企业价值评估中应注意的问题有哪些？
4. FCFE 与 FCFF 这两个概念的区别与联系是什么？
5. 期权的四种基本交易策略的特点是什么？

第三章　战略财务管理

  学习目标

1. 了解企业战略管理的内容。
2. 重点掌握企业战略分析方法。
3. 掌握财务战略管理的内容：筹资战略、投资战略和分配战略。

战略是企业经营思想的集中体现，同时，也是制定企业规划和计划的基础。作为企业运作的"三驾马车"之一的财务，是企业战略管理的重点。在任何时候，战略化地规划财务管理都是企业优势竞争力持续增长的条件。财务总监如何站在企业长期发展的高度，统筹从资金预算、生产计划到内部调控、财务分析等经营机制的一套应用管理体系，将是其所面临的最具挑战性的工作之一。

第一节　战略财务管理概述

一、战略财务管理产生的背景

随着社会经济的迅速发展和科学技术的飞跃进步，企业的运营环境在最近十几年中发生了深刻的变化。过去那种相对单纯和比较稳定的内外环境已不复存在，取而代之的是一个极为复杂而又急剧变化的环境，导致企业和环境之间的相互作用日趋复杂和强化。动荡不安的环境状况对企业的经营活动既蕴藏着极大的生机，也潜伏着很大的危机，使企业探索成功的道路变得异常艰难。在这种充满机会和威胁的条件下，企业的经营如果仅仅依靠固有的知识、经验和观点的自然延续，显然已无法取得成功。企业对此做出的反应必然是要依靠创造性地适应环境并向环境挑战的战略行动，把战略管理作为管理的中心问题。因此，尽管战略管理还是一门新兴的、尚未成熟的管理学科分支，但却已经在实践中得到了广泛应用，成为现代企业管理的重要组成部分。

企业运营环境的巨大变化和战略管理理论与实践的蓬勃发展，为我们重新审视企业财务管理开启了崭新的视角。从企业管理运作的实践来看，财务管理是企业经营管理的重要组成部分，现代企业财务管理也时刻面临着多元的、动态的、复杂的财务管理环境，如金融市场日益国际化、金融危机的不断出现，以及企业间的市场竞争日趋激烈等。在这种情况下，企业财务管理的成功在很大程度上将取决于其对环境的适应能力、应变能力和利用能力，取决于其在变动的环境中能否应付自如。所以，现代理财环境下的企业财务管理不能单纯注重财务管理的具体方法与手段，也不能局限于对各项具体财务行为进行规划，而应该吸收、借鉴战略管理的原理与方法，从适应环境、利用环境的角度，充分重视财务的长远问题和战略问题的设计与谋划。另外，财务管理作为企业经营管理的一项重要职能，在企业管理中具有举足轻重的地位。

战略管理的广泛推行，要求企业不能只从单纯的财务观点出发进行理财，追求财务自身的最优化。战略管理条件下企业的财务管理必须具备战略思想，要理解企业战略、支持企业战略，从战略全局来考虑和设计企业的财务行为。正如科普兰等（Copeland et al.）合著的美国著名畅销书《价值评估》中所述，"过去一年来，思想与活动都曾是水火不容的两个支系——公司财务和公司战略，经剧烈冲突后融为一体。公司财务不再是财务专家的领地，公司战略也不再是总经理们的特区。战略与财务之间的联系日趋紧密和明显"。由于目前的财务管理理论并没有把企业战略作为一项关键性的因素或决定性的因素给予正式和明确的考虑，结果导致目前的财务管理理论与方法不能完全适应战略管理时代的要求。这主要体现在以下三方面：

(一) 研究方法的局限性

目前，财务管理理论所采用的方法更接近于经济学的研究方法，而非管理学的研究方法。它以资本市场的运转和各种金融资产的估价为主要研究对象，以微观经济学的最优化理论、效用理论和风险理论等为基础，再依据一系列的假设建立数学模型，作为企业筹资、投资和股利分配等财务管理活动的理论与方法指南。这种研究方法没有完全从企业管理的角度，特别是没有完全从企业整体和长远发展的角度对财务管理规律进行探讨。所以，在此基础上发展起来的财务管理理论与从企业管理角度发展起来的企业战略理论之间自然就会产生矛盾，使之不能完全有效地支持企业的整体战略。

(二) 研究范围上也存在一定的局限性

研究方法上的局限性，导致财务管理理论在研究范围上也存在着一定的局限性。例如，资本预算过程对企业管理实践来说是一个非常重要的问题，但是，目前的财务管理理论对此问题的研究主要集中在投资项目评价这一领域，而很少研究这一过程的整体及其他重要环节，尽管它们对于做好投资决策也许更为重要。再如，财务管理理论以资本市场有效性假设为前提，往往把许多战略管理上非常重视的因素作为无关变量排除在研究范围之外。还有，由于财务管理理论已发展到"严谨的数量化"阶段，它对许多难以数量化的因素或非数量化因素的研究重视程度很不够。而在战略管理中，这些因素很可能是起决定作用的。研究范围的局限性使目前的财务管理理论与方法缺乏与企业战略的相关性，从而不能完全适应战略管理的要求。

（三）某些财务管理理论与方法不完全符合企业战略的要求

研究方法与范围的局限性，特别是作为财务管理理论基础的一些假设的不现实性，导致某些财务管理理论与方法不完全符合企业战略的要求。这些假设主要包括：①所有的市场都是完全竞争性的；②信息是完备的且其获取不需要付出代价，交易成本为零；③不存在税收；④投资者偏好较多的消费，而不是较少的消费；⑤股东管理者不会使用其投票权来获取作为管理者的利益。尽管在以后的研究中，上述假设条件在不同程度上被放宽，但与现实之间的距离仍然很大，由此导致研究成果与企业管理实践，特别是企业战略的要求自然不会完全吻合。

正是由于目前的财务管理理论存在上述缺陷，因此，必然会产生战略财务管理这一新的理论。

二、战略管理过程

战略管理过程包含四个关键要素。①战略分析，了解组织所处的环境和相对竞争地位；②战略选择，战略制定、评价和选择；③战略实施，采取措施发挥战略作用；④战略评价和调整，检验战略的有效性。下面，就战略分析和战略选择展开重点阐述。

（一）战略分析

现代企业经营的实质，是解决企业外部环境、内部条件和经营目标三者之间的动态平衡问题，应依次研讨。环境是企业的生存空间，对环境的侦察是制定企业战略的关键一步。侦测环境的目的是"知彼"，即商机、需求在哪里？威胁问题有哪些？这样才能"成竹"在胸、"胜券"在握。环境是企业生存发展的土壤和条件。

从系统论角度看，企业作为一个开放系统，是从属于某个特定的社会乃至世界这一更大系统的子系统。影响和制约企业生产经营活动的外部诸种因素的集合为环境。企业面临的环境分为三个层次：宏观环境、行业环境和竞争环境。

1. 宏观环境分析

宏观环境因素可以概括为以下四类，即 PEST（political，economic，social，technological）。

（1）政治与法律环境（political），包括垄断法律、环境保护法、税法、外贸法规、政府稳定性等。

（2）经济环境（economic），包括 GNP 趋势、利率、货币供给、通货膨胀、失业率、可支配收入、能源供应、成本水平等。

（3）社会文化环境（social），包括人口统计、收入分配、生活方式演变、人们对工作的期望水平、教育水平、消费者习俗等。

（4）技术环境（technological），包括政府对研发投入、政府和行业对技术的重视、新技术开发、知识产权保护、折旧和报废速度等。

2. 行业环境分析

行业环境是根据企业所处的行业来思考的环境。行业泛指由于产品类似而相互竞争、满足同类的购买需求的一组企业。行业环境分析的任务是，探究某行业长期利润潜力的来源及其状况，发现影响该行业吸引力的相关因素，以确定企业进行行业选择的范围和风险。

行业环境分析常用波特五力分析法：一个行业中的竞争远不止在现有竞争对手中进行，而是存在着五种基本竞争力量的较量。它们是，潜在的加入者；代用品的威胁；购买者讨价还价的能力；供应者讨价还价的能力；现有竞争者之间的抗衡，见图 3-1。

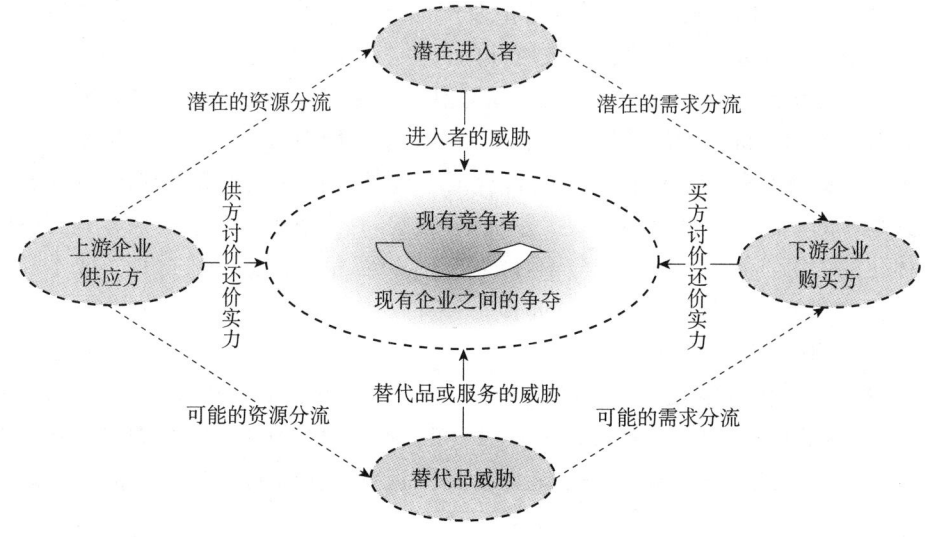

图 3-1　波特五力分析

资料来源：[美]迈克尔·波特．竞争战略．华夏出版社，2005．

(1) 现有竞争者分析，对行业的分析需要建立两个重要概念。进入壁垒和退出壁垒，把这两个因素进行不同的组合，会形成不同的优势行业或劣势行业。从行业获得的角度看，进入壁垒高而退出壁垒低的行业应是企业较好的定位目标。进入壁垒和退出壁垒的高与低是相对的，无严格的数量界限。

(2) 潜在的进入者分析，当某一行业，尤其是某一新兴行业获得高额利润时，会刺激行业内现有企业增加投资、提高生产能力，会吸引行业外企业的进入。这样，可能会降低价格，从而降低行业的利润率。从行业现有企业角度，总希望少一些新的进入者。

(3) 替代品威胁分析，所有产业都面临替代的威胁，有的是经济因素，如人造革代替皮革；人造蟹肉代替天然蟹肉。有些是原材料短缺，如各种化学纤维代替棉麻；有些是技术进步的结果，如晶体管代替电子管，彩色显示器代替黑白显示器。从替代品的作用看，有的只起短暂的补充作用，如人造革、人造蟹肉；有的是永久代替，并导致某一行业的衰退，如晶体管代替电子管、彩色显示器代替黑白显示器。由于替代的威胁限制了原有产品价格的无限上扬，替代品是广泛存在的，但是对不同行业的影响程度并不相同，当一个行业只有少数几家企业且市场范围有限或难以迅速增加供给时，替代品的影响更加密切。

(4) 供应商的威胁分析，作为竞争对手的供应商（寄生关系）企业主要关心原料的价格、数量，并设法维持一种强有力的与供应商讨价还价的能力。把供应商作为竞争对手的观念实际上是倡导这样一种原则，即尽可能减弱其讨价还价的能力，以获得更大的利益。为了获得原材料或者其他货物的稳定供应和维护质量的一致性及与供应商的长期而灵活的关系，企业最好把供应商作为合作伙伴。

(5) 顾客的威胁分析，顾客是企业产品或服务的购买者，是服务的对象。可以是个人、家庭、组织机构、政府部门，可能在国内，也可能在国外。限制顾客的讨价还价能力和分析其购买行为及特点，是企业成功经营的基础、前提。顾客具有较强的讨价还价能力的情况有：相对于供应商而言，顾客的数量小、购买规模大，即顾客非常集中；顾客的转换成本较低，较易找到其他供应商或替代品；顾客的产品是标准化的，缺少差别化，顾客对价格非常敏感；顾客具有后向一体化的资源、能力；顾客充分了解供应商的产品信息，如制造过程、成本和价格、供应商与其他竞争对手交易的时间、条件。

3. 竞争环境分析

常用斯沃特分析法（SWOT 分析法），其中，S（strengths）、W（weaknesses）是内部因素，O（opportunities）、T（threats）是外部因素。主要目的在于对企业的综合情况进行客观、公正地评价，以识别各种优势、劣势、机会和威胁因素。

威胁的概念常常被局限在竞争者身上，目前，它已扩展到政府、工会、社会和其他利益相关者集团上。特别是在业务层面，竞争对手的技术引进、创新是一个威胁较大的方面。

优势与劣势如同战略平衡表的两个栏目，优势好比"资产"，劣势好比"负债"，对一个企业来说，"资产"越多，企业的优势就越明显，制定战略的基础就越雄厚。

SWOT 分析，可以作为企业战略制定的一种方法，它提供了四种可选的战略。

SO 战略：利用企业内部优势去抓住外部机会；
WO 战略：利用外部机会改进内部劣势；
ST 战略：利用企业的优势去避免或减轻外部威胁打击；
WT 战略：直接克服内部劣势和避免外部威胁。

（二）战略选择

战略分析阶段明确了"企业目前处于什么位置"，战略选择阶段所要回答的问题是"企业向何处发展"？企业在战略选择阶段要考虑可选择的战略类型和战略选择过程两个方面的问题。

1. 可选择的战略类型

在公司战略的三个层次上存在着各种不同的战略类型：

（1）总体战略选择，包括发展战略、稳定战略、收缩战略三种基本类型。

（2）业务单位战略选择，业务单位层面的竞争战略，包括成本领先战略、差异化战略、集中化战略三种基本类型。

（3）职能战略选择，包括市场营销战略、运营战略、研究与开发战略、人力资源战略、财务战略、信息战略等多个职能部门的战略。

2. 战略选择过程

约翰逊和斯科尔斯（Johnson，Scholes）在 1989 年提出了战略选择过程的 4 个组成部分：

（1）制订战略选择方案，根据不同层次管理人员介入战略分析和战略选择工作的程度，可以将战略形成的方法分为三种形式：自上而下的方法、自下而上的方法、上下结合的方法。三种方法的主要区别在于，战略制定中对集权与分权程度的把握。企业可以从对企业整体目标的保障、对中下层管理人员积极性的发挥，以及企业各部分战略方案的协调等多个角度考虑，选择适宜的战略制定方法。

（2）评估战略备选方案，通常使用三个标准：适宜性标准、可接受性标准、可行性标准。

（3）选择战略，即最终的战略决策，确定准备实施的战略。

(4) 战略政策和计划，制定有关研究与开发、资本需求和人力资源等部门的政策和计划。

三、财务战略与战略财务管理

（一）财务战略

1. 财务战略的含义及财务战略问题的类别

财务战略是与企业战略密不可分的，相比企业战略而言，它作为一种"局部"战略而存在，主要指对企业总体的长期发展有重大影响的财务活动的指导思想和原则，以及一些与财务密切相关，但是有多重属性的企业活动的财务指导思想和原则。

企业财务战略范畴内的企业财务活动，必须具有"对企业全局（尤其是指企业总体财务状况）的长期发展有着重大影响"的特征。根据财务战略的内涵，可以列出企业主要的财务战略问题。当然，财务战略问题的类别，会因观点角度不同而异。

（1）从企业基本财务活动即财务管理基本内容的角度看，企业财务战略包括：筹资战略、投资战略、营运资金战略和股利分派战略等；

（2）从派生财务活动即财务管理派生内容的角度看，企业财务战略包括：投资规模战略、投资方向战略、企业并购战略、特殊条件（如通货膨胀）之下的财务战略等；

（3）从企业状况特征角度看，企业财务战略包括：不同行业企业的财务战略、不同规模企业的财务战略、不同生命周期阶段企业的财务战略、不同组织形式企业的财务战略等；

（4）从财务活动本身直接涉及的范围来看，企业财务战略包括：整体或综合财务战略（积极型战略或消极型战略，扩张型战略、稳定型战略或收缩型战略）和分项财务战略（指主要涉及某一方面财务活动的财务战略问题）。

2. 财务战略的类型

如前所述，财务战略是与企业战略密不可分的，但财务战略侧重于资金的筹措和使用。所以，财务战略类型，也就应该主要从资金筹措与使用特征的角度进行划分。从资金筹措与使用特征的角度，企业财务战略可以划分为三种类型，即：拓展型财务战略、稳定型财务战略和收缩型财务战略。

（1）拓展型财务战略，是指以实现企业资产规模的快速扩张为目的的一种财务战略。为了实施这种财务战略，企业往往需要在留存绝大部分利润乃至全部利润的同时，大量地进行外部筹资，更多地利用负债。大量筹措外部资金，是为了弥补内部积累相对于企业扩张需要的不足；更多地利用负债而不是股权筹资，是因为负债筹资既能为企业带来财务杠杆效应，又能防止净资产收益率和每股收益的稀释。企业资产规模的快速扩张，往往会使企业的资产收益率在一个较长时期内表现为相对的低水平，因为收益的增长相对于资产的增长总是具有一定的滞后性。总之，拓展型财务战略一般会表现为"高负债、低收益、少分配"的特征。

（2）稳定型财务战略，是指以实现企业财务绩效稳定增长和资产规模平衡扩张为目的的一种财务战略。实施稳定型财务战略的企业，一般将尽可能优化现有资源的配置和提高现有资源的使用效率及效益作为重要任务，将利润积累作为实现企业资产规模扩张的基本资金来源。为了防止过重的利息负担，这类企业对利用负债实现企业资产规模从而实现经营规模的扩张，往往持十分谨慎的态度。所以，实施稳定型财务战略的企业的一般财务特征，是"低负债、高收益、少分配"。当然，随着企业逐步趋向成熟，内部利润积累就会越来越不必要，那么，"少分配"的特征也就会随之而逐步消失。

（3）收缩型财务战略，是指以预防出现财务危机和求得生存及新的发展为目的的一种财务战略。实施收缩型财务战略的企业，一般将尽可能减少现金流出和尽可能增加现金流入作为首要任务，通过采取精简机构等措施盘活存量资产、节约成本支出，集中一切可以集中的财力用于企业的主导业务以增强企业主导业务的市场竞争力。由于这类企业多在以往的发展过程中遭遇过挫折，也很可能曾经实施过快速扩张的财务战略，因而历史上所形成的负债包袱和当前经营上所面临的困难，就成为迫使其采取收缩型财务战略的两个重要原因。"高负债、低收益、少分配"是实施这种财务战略的企业的基本财务特征。

（二）战略财务管理

战略财务管理，也称财务战略管理，是企业为实现其战略目标和加强竞争优势，运用财务战略管理的分析工具，确认企业的竞争地位，对财务战略的决策与选择、实施与控制、计量与评价等活动进行全局性、长期性和创造性的谋划过程。它既是企业战略管理的一个不可或缺的组成部分，也是企业财务管理的一个十分重要的方面。

战略财务管理在研究层面、逻辑起点、职能等方面与传统财务管理均存在较大差异，财务战略管理具有动态性、全局性、外向性、长期性等特征。

四、战略财务管理的基本内容

由于企业财务战略关注的焦点是企业资金均衡、有效地流动，因此，财务战略的内容是对企业资金流动进行全局性和长期性的谋划。从理论上讲，企业的资金筹措、资金投放、资金使用、资金耗费、资金收回与收益分配等活动都会引起资金流入企业和流出企业，影响企业资金均衡、有效地流动。但这几个环节相比而言，资金筹措、资金投放和收益分配这三个环节更具有战略意义。原因是：首先，资金筹措、资金投放和收益分配方面的决策，一般不属于经常性的或日常性的财务决策。它们对企业的未来具有较为重大的影响，需要考虑的内、外环境因素也更多，更复杂一些。其次，从对资金流动的影响来看，这三个环节的影响也要相对大一些。最后，这三个环节也是现代财务理论研究的重点。所以，企业战略财务管理主要是对资金筹措、资金投放和收益分配三个环节的管理。具体来说：

（1）资金筹措战略管理，主要是对战略期间内筹集资金目标、原则、规模、结构、渠道和方式等重大问题的管理。

（2）资金投放战略管理，主要是对战略期间内企业资金投放的目标、原则、方向、规模方式和时机等重大问题的管理。

（3）收益分配战略管理，主要是对战略期间内企业纯收益，特别是股份制企业的股利如何分配的重大方针政策等问题的管理。

由于战略含义的复杂性和各企业的特殊性，需要指出，战略财务管理的内容是一个有弹性的体系。企业的内外环境不同，面对的问题不同，战略财务管理的内容、范围和时效也会不同。但作为对企业财务活动的整体策划，战略财务管理必然会反映出各类企业的共同特征，因此，其内容结构也有一定的普遍性。

第二节　筹资战略管理

一、筹资战略目标

筹资战略目标规定了企业资金筹措的基本特征和基本方向，指明资金筹措活动预期的工作成果，是各项筹资工作的行动指南和努力方向。现行财务管理理论一般认为，企业价值最大化是企业筹资决策的唯一目标。但是，由于战略的运行必须考虑企业内外众多环境因素的影响，充分反映企业内外各种力量对企业的要求，这就造成企业战略的目标体系必然是多元化的。为此，我们要根据企业战略和投资战略的要求，设立一个合理的综合目标体系，作为筹资战略决策的基本依据和基本方向。资金筹措战略目标体系一般应包括如下几个方面：

（一）满足资金需要目标

企业筹措资金的目的主要是为了满足正常生产经营活动或保证企业的发展，或应付临时资金短缺。为此，企业必须及时、足额地筹集资金，以及时满足企业实施战略计划与投资战略等方面对资金的需求。

（二）开拓和维持现有融资渠道目标

其目的在于保持随时再筹集到足够数量资金的能力。企业筹资战略的一个重要特点就是不贪一时的低成本、低风险的资金来源，也不局限于单纯满足企业当时的资金需要，而是从长远考虑，以战略观点来设计、保持和拓展企业的筹资渠道。

（三）低资金成本目标

由于资金成本的高低会直接影响企业的生产经营成本，进而影响企业的竞争地位，对于企业战略与投资战略的顺利实现及其实施效果产生很大的影响。所以，企业筹资不能仅仅满足企业资金数量上的需求，还要考虑筹集资金的成本。

（四）低筹资风险目标

各种不同来源的资金，除了资金成本高低不同外，风险也有很大的不同，对企业的总体风险也有不同的影响。所以，企业在制定筹资战略时，除了要考虑所筹资金的成本外，还要考虑筹资风险，把筹资风险控制在可以接受的范围内。

（五）提高筹资竞争力目标

提高筹资竞争力是企业不断获得稳定、可靠、低成本、低风险资金的可靠保证。该目标进一步又可分为下述几个目标：

（1）筹资市场地位目标，即相对于筹资竞争者在资金市场上的竞争位置；

（2）筹资市场信誉目标，即资金提供者对企业的信任和满意程度；

（3）筹资技术创新目标，即对于传统的筹资方式、手段、技术等做出的改变；

（4）高筹资效率目标，即筹资过程中的组织策划的高效率。

二、筹资结构的战略选择

（一）筹资结构与筹资战略的关系

筹资结构决策是企业资金筹措战略中的一个综合的和基本的决策，因为这一决策将会影响甚至决定企业筹资的许多重要方面，并对企业筹资战略各项目标的实现也有直接的、决定性的作用。具体表现在以下方面：

（1）企业现有资金来源的保持和稳定程度以及企业资金来源的多样化程度，都是由资金来源结构决策决定的，因为资金来源结构决策制约了企业筹资渠道的选择范围和利用程度，它同时还影响企业资金需要的满足程度。

（2）企业筹资总成本与筹资总风险的高低，也是由资金来源结构决策决定的。任何一个单纯的筹资活动总是要按成本与风险对称的要求进行，结果只能是筹资风险低，则企业必须支付较高的筹资成本；筹资风险高，企业则可以支付较低的筹资成本。由此可见，对每一单项筹资来源，企业难以实现以较小的筹资风险筹集到资金成本较低的资金。但由于筹资结构的不同形式会改变企业的筹资总成本与总风险，因此，通过各种不同的筹资结构，企业就可以实现单项筹资难以达到的目的，使综合筹资风险与成本同时降低。

（3）资金来源结构对企业筹资能力和竞争力有很大的影响。健康、合理的资金结构是影响企业筹资能力的重要因素，合理利用不同资金来源会增强企业的市场竞争力。如合理利用出口信贷会增强企业产品的出口竞争力，而在国际市场上发行证券筹资，则会提高企业的信誉，促进产品在国际市场上的竞争力。

（二）筹资结构战略生成的过程

筹资结构战略生成的过程可以概括为以下步骤：

（1）分析、预测企业内部环境和外部环境中的有关因素，寻求可行的资金来源结构的战略备选方案。企业资金来源结构受许多因素的制约和影响，并非企业可以任意选择的。因此，资金来源结构战略的有效生成，必须先论证其现实可行性，即必须充分考虑企业环境因素对这一结构的制约作用。

（2）评估提出的备选资金来源结构战略方案与企业战略之间的一致性，选出能支持企业战略的资金来源结构战略方案。筹集资金的主要目的是满足企业战略的需要，支持企业战略的实施。由于绝大多数战略实施都需要资金，因此，战略推进的进程甚至是整个战略的可行性都依赖于能否获取足够的资金。实施一项没有确切的资金保证的战略，将会显著地增加其失败的危险。

（3）对选出的符合企业战略要求的资金来源结构战略方案，对其资金成本与资金风险进一步运用资本结构理论进行分析评价，以低成本和低风险为标准，从可行的资金来源结构战略方案中选择并确定最佳方案。

（4）批准执行，即将已确定的资金来源结构战略方案投入实施。企业在实施资金来源结构战略方案时要区分不同的情况进行，如果企业原有资金结构已经合理，则应使之继续保持；而如果原有结构不尽合理，则应通过筹资活动进行调查，使之趋于合理。

（三）企业环境与筹资战略

企业在面临不同的环境因素时，应选择不同的筹资战略。影响企业筹资战略选择的因素主要有以下方面：

（1）经济周期，从经济的不同发展阶段来看，当经济景气时，企业面临的经济环境与市场条件比较有利，产品销路好，举债可以增强企业的发展能力和盈利能力；反之，经济不景气时，银根紧缩，举债容易增加风险与引发债务危机。

（2）行业差别，由于各行业的具体情况不同，企业负债能力也不尽相同，从而可以采用的资金结构具有较大的差别。造成这种差别的原因主要有以下三种：一是资产流动性，通常资产流动性越强，企业的偿债能力也越强，因而其负债率可以较高。二是资金密集度，在资金密集型行业，由于其资金利润率相对较高，所以，较劳动密集型行业其负债率也可以较高。三是行业的成熟期，通常属于新兴且发展速度快的行业，资产负债率可以高一些，而已经进入衰退期的行业就应逐步降低资产负债率。

（3）资金市场，直接融资市场比较发达时，企业的资产负债率可能较低，间接融资市场比较发达时，企业的资产负债率可能较高。

（4）所有制形式，不同的所有制形式会在一定程度上影响其所有者、债权人和经营者等有关方面能够接受和承担的资金风险水平，因而，对企业可以采用的资金来源结构有重要的决定作用。

（5）企业经济效益水平、变化速度和平稳程度等因素，获利能力越大、财务状况越好、变现能力越强的企业，就越有能力承受财务上的风险。经营业务与销售状况是否稳定对资金结构也有重要影响，如果企业的销售和盈余稳定，则可以较多地负担固定的债务利息费用；如果销售和盈余波动较大，则负担固定的债务利息需要冒很大的风险。

（6）投资项目性质和生产技术配备能力与结构。投资项目建设周期短，现金净流量多，生产经营状况好，产品适销对路，资金周转快，资产负债率可以适当高些，并可提高短期资金来源的比例。此外，产品结构单一的企业，自有资本比例应大一些。

（7）金融与经济传统，金融界和企业界的不同传统，对企业资金来源结构有重要的影响。例如，日本企业习惯依靠大量贷款迅速扩大生产，虽然会获得很高的发展速度，但短期内利润必然要受影响，而具有追求短期利益传统的美国企业界及其股东对此的做法显然很难接受。

（8）其他因素，企业的规模、国家宏观经济政策的变动等，都对企业的资产负债率有不同程度的影响。

（四）评价筹资结构与企业战略一致性的标准

企业在可行的筹资结构备选方案提出之后，还需要进一步考察这些方案与企业战略之间是否协调一致，这是选择资金来源结构战略方案的关键环节。企业应从以下方面判断筹资结构与企业战略是否一致：

（1）看该筹资方案能否为战略推进提供充足的资金，例如，企业采取成本领先战略，在这种企业战略下一般应采用负债比率较高的积极的筹资结构战略方案。

（2）看企业的资金来源结构是否保持一定的筹资优势和战略机动性，由于战略是面向未来的，而未来总是存在不确定性，企业的战略计划不可能恰好按照预计的情况一帆风顺地实现。所以，从战略角度看，企业资金来源结构就是要保持一定的筹资优势和改变这种结构的灵活性，以便在未来遇到不测的情况时，仍能为企业战略及时地提供充足的资金。

（3）看能否与企业战略的现金流量状况及其未来趋势保持协调一致，企业在确定资金来源结构战略方案时，应分析、预测企业战略投入实施后的现金流量状况与趋势，并使筹资结构方案与之相配合，以便既利用负债筹资的优势，又不会产生支付困难，导致财务危机的发生。

（4）看能否与企业高层领导人的战略思想协调一致，企业战略在很大程度上反映企业高层领导人的思想和态度，企业资金来源结构战略方案的选择同样受企业高层领导人态度的重大影响。

三、筹资渠道与方式的战略选择

企业资金筹措渠道与方式的战略类型可分为以下五种：

（一）内部型资金筹措战略

内部型资金筹措战略是指，主要从企业内部开辟资金来源，筹措所需资金。这一战略主要的资金来源包括：留存利润和资金节约，包括从利润中提取而形成的一般盈余公积金和公益金等，从销售收入中回收的折旧、摊销等无须用资金支付的费用；资金占用减少、周转速度加快所形成的资金节约等。这种筹资战略主要适用于下列情况的企业：①企业外部资金来源渠道匮乏；②企业内部资金来源丰富、充裕，足以满足现阶段的资金需要；③企业战略要求采用内部型筹资战略，等等。

采用内部型资金筹措战略，必须采取切实有效的实施措施才有可能获得成功。这些措施主要有：①适应市场环境的变化；②加强内部管理，节约各项费用；③降低利润分配率，提高留存盈余；④合理制定和利用折旧计划等，以增加积累减少税收支出；⑤减少资金占用，加速资金周转；⑥加强企业内部资金的调度，避免资金闲置。

（二）金融型资金筹措战略

金融型资金筹措战略是指，企业通过与金融机构建立起密切的协作关系，有效地利用这些金融机构的信贷资金，以保证随时获得长期稳定贷款的筹资战略，这是一种从企业外部以间接金融方式筹集资金的战略。金融机构信贷资金主要有以下具体来源：①政策性银行的信贷资金；②商业银行的信贷资金；③非银行金融机构的信贷资金；④租赁公司。

（三）证券型资金筹措战略

证券型资金筹措战略是指，主要依靠社会资金来源，通过发行各种有价证券，特别是发行股票和债券方式来筹集资金的战略。由于发行有价证券可以直接吸收家庭和个人、企业、公共团体、金融机构等的结余资金，因此，发行有价证券筹资面对的资金来源是非常广阔和雄厚的。随着证券市场的发展和股份制经济的推广，这一筹资战略的作用会越来越大。

（四）联合型资金筹资战略

联合型资金筹资战略是指，主要依靠企业间的联合，通过企业间信用、吸收、合并、收买、投资等方式，充分利用其他企业资金力量和金融力量进行筹资的战略。这种战略的主要形式有：①通过企业间信用筹资，如应付账款、应付票据等；②通过企业间的联合，突破单一企业筹措资金的能力界限，从而取得金融机构的贷款或者是政府的资金援助；③通过吸收、合并、收买等方式增强企业的资金筹措能力；④通过开办合资企业、合营企业和补偿贸易等方式利用外资来解决资金短缺问题。

（五）结构型资金筹措战略

结构型资金筹措战略是指，企业多种筹资渠道与方式并用，不存在单一的筹资渠道与方式。这种战略是上述四种不同筹资战略的某种组合，是一种综合性的筹资战略。对大多数企业而言，为了获取足够的资金或保持稳定的资金来源和优良的资金结构，常常采用上述四种筹资战略的某种合理组合进行筹资。组合的不同，构成不同的结构型筹资战略。

上述五种资金筹措战略方案，企业在具体开展资金筹措战略时，要根据企业自身的能力及企业所处的金融环境等加以合理选择。

四、筹资能力的分析与开发

筹资能力是指，企业从各种资金来源获得资金的能力，它集中表现为企业在一定时期内筹集到的资金数量和质量。由于资金是一种具有稀缺性的重要资源，企业之间筹资竞争非常激烈。在这种竞争中，企业的情况各不相同，有的企业优势较明显，表现为筹资能力较强，能及时筹措到所需资金；有的企业没有优势，表现为筹资能力差，所需资金往往得不到满足，或者虽然得到满足，但却不得不付出高昂的代价，使企业在与其他企业的市场竞争中开始就处于较为不利的地位。因此，筹资能力对企业至关重要。

（一）筹资能力分析

企业在制定和实施资金筹措战略的过程中，分析企业的资金筹措能力是十分必要的，因为：①筹资能力的大小，是企业制定筹资战略的重要依据。良好的资金筹措战略与筹资能力之间应保持一种合理的平衡关系，以保证筹资战略既切实可行又行之有效。②资金筹措战略的实施过程实质上就是发挥企业的资金筹措能力，利用这种能力筹集所需资金的过程。企业为了保证资金筹措战略的顺利实施，将企业的筹资能力由潜在的优势转化为现实的优势，必须全面分析企业的筹资能力。

1. 内部资金筹措能力的一般估计

企业内部资金来源就是企业在其所获得的收入和利润中重新投入企业生产经营过程中、参加资金再循环的那部分资金。所以，企业内部资金筹措能力主要取决于企业的收入水平、盈利能力及有关财务政策等因素。企业内部资金筹措能力可用公式表示如下：

$$\text{净内部资金来源} = \text{预期未来几年内的收入水平} \times \text{税后目标销售利润率} - \text{现金股利} + \text{固定资产折旧} - \text{银行贷款、长期负债还款总计}$$

2. 外部资金筹措能力的一般估计

外部资金来源主要有两种：一是筹集负债资金；二是筹集权益资金。企业负债资金就是企业通过借债的方式所能获得的资金。企业的负债筹资能力主要取决于企业的盈利水平与资金来源结构。一定的盈利水平是企业偿还借款本息的重要保证，而资金来源结构则反映了企业财务风险的大小。一般情况下，只有这两方面的情况良好，潜在的债权人才会有信心把资金贷给企业，企业才能以合理的利率和条件获得所需的借款。现在，假设企业的盈利能力是有保证的，则企业的负债资金能力可用公式大致估计如下：

$$\text{新的负债能力} = \left(\text{目前的股东权益} + \text{预期新的股东权益} + \text{税后净收益} - \text{股利} \right) \times \frac{\text{行业平均负债}}{\text{股东权益比率}} - \text{现有长短期总负债}$$

权益资金即企业通过发行新股或以其他方式增资获得的资金。股东或潜在的股东们投资于某一企业，主要目的是期望得到较高的利益回报。因此，权益资金筹措能力主要决定于企业的盈利能力及给股东的回报。股东一般总是很关心其每股收益的高低。当企业准备发行新股时,股东一般并不希望每股收益被稀释,使其降低。如果预期新股发行会导致这样的结果,股东就会表示反对并向董事会施加压力以求改变。所以,企业要想增加新的股权资金,在可能的情况下应选择经营情况和金融市场状况最好的年份发行新股,并力求在这一年使企业的利润和每股收益有一个较大幅度的增长,为新股发行奠定基础,以保证发行新股后每股收益不会被稀释而降低。根据以上论述,企业权益资金筹措能力可大致估计如下:

$$\begin{aligned}发行新股\\可筹得资金\end{aligned} = \left(\begin{aligned}最好增长年份\\的净收益\end{aligned} - \begin{aligned}正常增长年份\\的净收益\end{aligned}\right) \Big/ \begin{aligned}正常预期\\水平 EPS\end{aligned} \times \begin{aligned}预期股票\\发行价格\end{aligned} - 估计发行成本$$

式中,EPS——普通股每股收益。

(二) 筹资能力开发

筹资能力是企业自身可以控制的,可以通过自身有意识、有成效地努力而在一定程度上予以加强,这就是所谓的筹资能力的开发。企业筹资能力的开发可以从以下几方面着手:

1. 提高盈利能力,改善资金结构

企业的留存盈余等内部积累本身是企业资金来源的一条重要渠道,而盈利能力强、资金结构合理的企业,其留存盈余可望大大提高,从而增强企业的内部筹资能力。如果企业的盈利能力高、资金结构健康,则对潜在的投资者、债权人等的吸收力就会较大,从而使企业的外部筹资能力也大大加强。此外,良好的盈利能力和资金结构还会改善企业的信誉状况,扩大企业的影响,从而使企业的外部筹资能力得到加强。

2. 提高对金融机构的交涉能力

企业从外部筹资的很大比重,来自金融机构的贷款。因此,提高对金融机构的交涉能力十分重要,能在很大程度上影响和决定企业获取贷款的能力。提高企业与金融机构的交涉能力可从以下三个方面着手:①充分了解金融机构的贷款政策与方针;②选择贷款政策合理的金融机构;③与金融机构保持良好的关系。

3. 增强企业领导和资金筹措人员不断开发利用新的融资渠道和工具的能力

归根到底,资金筹措是由企业领导和资金筹措人员决定和进行的。他们是否具备良好的素质和知识,是否具有开拓能力,是否具有与金融机构和投资者等洽谈的能力等都对企业筹资能力具有重要影响。另外,现代企业可以利用的筹资渠道和工具众多,且随着金融创新的不断增加,融资渠道和工具有增无减。因此,为了能筹集到企业所需的资金,资金筹措人员必须有能力研究、开发和利用新的融资工具进行筹资,以分散筹资风险,并保证获得各类不同的适合需要的资金。

4. 扩大企业影响，提高企业信誉

企业为了能以较为有利的条件稳定地获得所需资金，还应努力提高社会知名度、扩大企业影响、提高企业信誉。如通过分析投资者的要求，加强同投资者的联系，增强投资者对企业的了解，积极参与社区公益活动，与政府机关保持良好协作关系等都是有效的办法。企业社会影响大、信誉高，资金供给者就比较放心，愿意以较有利的条件为企业提供资金，这有利于企业开发利用多种融资渠道和工具，增强筹资能力，改善融资环境。

5. 促进工业资本与金融资本的结合

工业资本与金融资本的相互融合是经济发展到一定阶段的必然产物，而且，对增强企业筹资能力有重大的影响。产融结合有助于企业得到金融方面的支持，特别是当企业面临困难时更是如此。

6. 制定有效的企业战略

从长期来看，企业的筹资能力取决于企业在产品市场上的表现，只有未来能在产品市场竞争中取得成功的企业，其筹资能力才有可能稳步加强。有效的企业战略能增强企业在产品市场上的竞争能力和发展能力，提高企业产品成功的可能性，从而增强企业在金融市场上获得资金的能力。另外，良好的企业战略可以使潜在的投资者明确企业资金投放的方向和长期效果，从而可以提高投资者对企业的信心，愿意把资金的使用权让渡给企业。

总之，筹资能力是个综合性指标，许多因素都会对其产生影响。企业可以而且应当采取适当的措施来增强其筹资能力，同时充分发挥、利用好这一能力。

第三节　投资战略管理

企业资金投放是指，为获得未来的经济利益和市场上的竞争优势而把筹集到的资金投入到一定的事业或经营活动中的行为，资金投放战略使资金投放与企业战略紧密联系在一起，要求企业的资金投放能很好地理解和执行企业战略。

一、投资战略目标

企业为保障战略目标的顺利实现，必须制定相应的多元化投资战略目标，这些目标主要包括：

（1）收益性目标，即获利能力指标；

（2）成长性目标，即那些能表明企业成长、发展程度的目标；

（3）市场占有目标，即占领市场、提高企业市场占有率的目标；

第三章　战略财务管理

（4）技术领先目标，即以能在某项技术上占据领先地位为目标；

（5）产业转移目标，即改变生产方向，从一个行业转向另一个行业；

（6）一体化目标，即取得或建立有保证的销售渠道、关键技术、原材料供应基地和能源供给的目标；

（7）社会公益目标，即提供社会公共效益方面的目标，等等。

二、投资战略的制定方法

（一）波士顿矩阵法

波士顿矩阵法主要包括如下内容：

1. 划分并评估战略经营单位

企业的高层管理者应把整个企业划分为若干个战略经营单位。在企业实践中，战略经营单位一般都是按所处的产品市场情况来划分的。划分战略经营单位以后，要根据相对市场占有率和行业增长率两个指标对战略经营单位进行评估。

2. 比较战略经营单位或经营活动

以相对市场占有率和行业增长率为二维坐标，构成一个矩阵，再将各个战略经营单位的评估结果标在该矩阵中，进而进行比较，如图3-2所示。

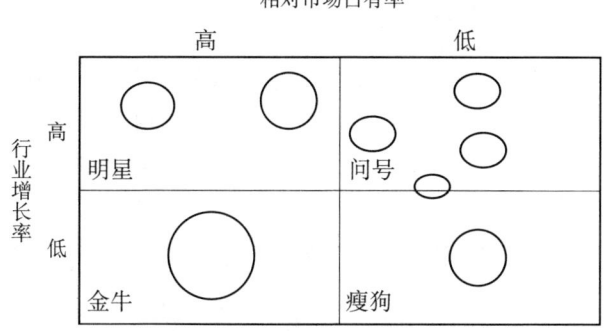

图3-2　波士顿矩阵

图3-2中的圆圈代表各个战略经营单位，圆圈的中心表示它们在矩阵中的位置，圆圈的大小与其收益成比例，圆圈越大表明它在全公司收益中的份额越大。图3-2中第一区域称为"明星"，此区域中的战略经营单位不仅位于高增长行业中，且拥有较高的相对市场占有率，因此，可以为企业提供长期的利润和增长的可能性。第二区域称为"问号"，此区域中的战略经营单位具有较低的市场占有率和较弱的竞争能力，但它们所依托的行业是高速增长的，因此，能够为企业提供长期获利和发展的机会。第三区域称为"金牛"，此区域中的战略经营单

位虽处于低增长率行业，但占有相对市场份额较高，它们是行业中的成本领先者，保持高利润，能产生大量的正现金流量，但由于处于行业的低增长率阶段，则预示着该战略经营单位缺少未来发展机会，故不能向其进行大量的投资。第四区域称为"瘦狗"，此区域中的战略经营单位处于低增长率行业，同时市场占有率也较低，由于行业没有吸引力，本身又缺乏竞争力，对企业的贡献不大虽然也能带来正现金流量，但利润很低或亏损，即使要维持很低的市场份额，也需要大量的资本投资。

利用波士顿矩阵分析法，最佳投资战略的制定应考虑以下四方面：

（1）应该把有希望的"问号"转变为"明星"，将巩固现有"明星"的地位作为企业的长期目标，这就需要把来自"金牛"的大量资金用于某些"问号"的开发和未来"明星"的资助上；

（2）对远景不明的"问号"应减少或停止投资，避免或减少企业资金的浪费；

（3）完全停止对"瘦狗"的投资，退出所在行业；

（4）如果缺少足够的"金牛""明星"和"问号"，就应采取兼并或退出等对整个战略组织加以全面调整。一个企业拥有足够的"明星"和"问号"，才能确保利润和发展，拥有足够的"金牛"才能保证对"明星"和"问号"的资金支持。

（二）生命周期矩阵分析法

生命周期矩阵分析法是根据企业各项业务所处的产品/市场生命周期阶段和业务的大致竞争地位决定战略类型的方法。该方法如图3-3所示。

生命阶段		竞争地位		
		强	中	弱
	引进阶段	盈利	问号	亏损
	发展阶段	盈利	问号	亏损
	成熟阶段	盈利	盈利	亏损
	衰退阶段	盈利	亏损	亏损

图3-3 生命周期矩阵分析法

生命周期矩阵分析法对企业制定投资战略具有如下指导作用：

（1）对处于引进阶段的"盈利"业务，一般采取迅速扩大规模和提高差别化程度的投资发展战略。

（2）对发展阶段的"盈利"业务，还应争取使其具有成本优势。

（3）处于成熟阶段的"盈利"业务，有能力将市场上其他竞争对手驱赶出去，因此，还能在该产业中继续经营下去，但不宜过多投资发展。

（4）处于衰退阶段的"盈利"业务，虽然通过集中于某个细分市场目前尚可有盈利，但由于市场在逐渐消失，所以仍应及早做好撤退的计划。

（5）处于引进阶段和发展阶段的两个"问号"业务有两个出路：一是在"盈利"业务的资金支持下提高竞争地位而成为"盈利"业务；二是通过收缩战略或退出战略，将转移出来的资金用于支持处于发展阶段的"盈利"业务或发展新的业务。

（6）处于引进和发展阶段的"亏损"业务，尚有提高市场竞争地位的可能，只是需要追加大量的资金。

（7）处于成熟阶段和衰退阶段的"亏损"业务，多数只有撤资退出这一条出路。

三、投资战略方案的评价与选择

对常规投资项目的评价可采用贴现的现金流量法（即 DCF 法），如净现值法、内部报酬率法。而对于投资战略方案的评价在一定程度上也可以利用这些方法，但它与常规投资项目评价的不同之处在于，战略性投资方案的有关指标预测、分析的难度很大，导致 DCF 模型所需数据的预测值的准确性难以保证。因此，对应用 DCF 法所得结论不能过分依赖，还应配合适当的战略因素定性分析，才能得出最终结论。影响投资战略方案的评价与选择的战略因素主要有以下六个方面：

（一）市场因素

（1）该投资方案与哪个市场或其细分部分相关；
（2）该投资方案对企业经营战略是否有关键作用；
（3）资产寿命是否超过了产品的经济周期；
（4）进行了哪些市场研究以支持该投资方案的有关市场假设；
（5）对于扩展方案，增加的产量能否销售出去，对市场的价格影响如何；
（6）对于新产品投资方案，该产品是否经过完善的技术测试与市场测试。

（二）生产因素

（1）投资方案所确定的产品处于生命周期中的哪一阶段，它对有关数量、单位成本和销售价格的假设有何影响；
（2）组织内部或组织外部对该种投资有无已知的经验，如果有，如何能获得这种经验；
（3）生产设施能否充分地达到投资方案中所假定的关于质量、时间和成本等方面的要求；

（4）该投资方案对短期、中期、长期的生产能力利用程度有何影响。

（三）财务因素

（1）该方案所应用的折现率或肯定当量系数能否被证明是合理的；

（2）该方案是否产生了特别的融资机会；

（3）除了按实际假设进行计算分析外，对于"最好"或"最坏"的情景是否进行了定量计算与分析；

（4）是否进行了敏感性分析，关键是分析假设变动多大百分比会使该方案变为不可接受；

（5）该项目的风险，来自微观经济因素还是宏观经济因素。

（四）竞争因素

（1）该投资方案的主要竞争对手有哪些；

（2）这些竞争对手的实力如何；

（3）竞争对手的反应会对有关投资假设及结果产生何种影响；

（4）可以采取的措施有哪些。

（五）宏观经济因素

（1）该方案的成功对于汇率、商品价格、通货膨胀率、利率及经济政策等各项宏观经济因素的敏感程度有多大；

（2）该方案的成功，在多大程度上依赖于政府的支持。

（六）人员因素

（1）该方案是否需要对人员进行另外的培训；

（2）管理层能否很好地处理这种项目；

（3）现有管理结构与程序对新的投资是否适当；

（4）新的投资对企业管理层及现有的职工队伍有何影响；

（5）是否以适当形式征求了职工和工会的意见；

（6）企业中各种正式组织与非正式组织对战略方案的支持程度如何。

四、投资战略的实施与控制

投资战略的实施与控制，可分为分析投资战略的变化、分析企业组织结构、分析企业的组织文化、选择战略实施方式、战略实施与控制五个方面。

第四节 股利分配战略管理

一、股利分配战略的含义、内容与目标

（一）股利分配战略的含义

股利分配战略是依据企业战略的要求和内外环境状况，对股利分配所进行的全局性谋划和长期性谋划。与通常所说的股利决策或股利政策相比，股利分配战略具有以下特点：①股利分配战略不是从单纯的财务观点出发决定企业的股利分配，而是从企业的全局出发，从企业战略的整体要求出发来决定股利分配；②股利分配战略在决定股利分配时，是从长期效果着眼的，它不过分计较股票价格的短期涨落，而是关注股利分配对企业长期发展的影响。

（二）股利分配战略的内容

股利分配战略要处理的内容主要包括：①股利支付比率；②股利的稳定性；③通过股利分配所要达到的传达给投资者的信息内容。股利分配是股东权益的具体体现，也是股份公司有关权益分配和资金运作方面的重要决策。

（三）股利分配战略的目标

股利分配战略的目标是：①保证股东权益，平衡股东间的利益关系；②促进公司长期发展；③稳定股票价格。

二、股利分配战略的制定

（一）股利分配战略的制定步骤

股利分配战略的制定可按下列步骤进行：

1. 分析影响股利分配的外部因素

影响股利分配的外部因素主要有：法律方面的限制；债务合同条款限制；股东对股利分配方案的意见；宏观经济环境状况等。

2. 分析影响股利分配的内部因素

影响股利分配的内部因素主要包括：现金流量因素、筹资能力因素、投资机会因素、公司加权资本成本、股利分配的惯性。

综合以上各种因素对股利分配的影响，企业就可以拟订可行的股利分配的备

选方案。它通常有多种，是客观条件上允许企业采取的方案。此后，企业还需按照企业战略的要求对这些方案进行分析、评价，才能从中选出与企业战略协调一致的股利分配方案，确定为企业在未来战略期间内的股利分配战略并予以实施。

（二）企业战略对制定股利分配战略的影响

如上所述，股利分配战略的特点之一，是从企业战略的整体要求出发来决定股利的分配。因此，不同的企业战略通常要求不同的股利分配战略予以支持。由于企业战略种类的多样性，不能一一展开讨论，下面，仅就两种主要的企业战略——发展型企业战略和稳定型企业战略，简要说明企业战略对制定股利分配战略的影响。

1. 发展型企业战略对股利分配战略的影响

对于发展型企业战略而言，企业需要扩大原有的经营领域或开拓新的经营领域，因此，具有以下特点的企业需要大量的资金；经营会面临较大的不确定性，致使企业收益在一定时期内较不稳定；企业的投资者往往具有较强的风险承受能力。因此，在这种情况下的股利分配战略为选择低现金股利加额外股利政策，其中，额外股利政策会尽量采用股票股利方式支付股利。

2. 稳定型企业战略对股利分配战略的影响

对于稳定型企业战略而言，企业不改变现有的经营范围和规模，这类企业通常具有以下特点：企业不需要大量资金；企业所面临的外部环境较为稳定；企业的投资者往往不具有较强的风险承受能力。因此，相应的股利分配战略为选择稳定或持续增加的股利政策，会以现金股利政策为主。

本章小结

1. 企业战略管理的过程包括：战略分析、战略选择、战略实施三个关键要素。

2. 战略分析就是对企业外部环境和内部环境的分析，可以从宏观环境分析、行业环境分析到竞争环境分析，逐一进行分析，用到的分析方法涉及 PEST 分析法、波特五力分析法、SWOT 分析法等。

3. 战略选择是分层进行选择，从总体战略到业务单位战略最后到职能战略逐层制订战略选择方案。

4. 财务战略是企业总体战略的子战略，但有其自身的特点，包括筹资战略、投资战略以及分配战略，从资金流的各个环节进行战略管理。

思考题：

1. 企业战略分析的方法包括哪些？

2. 企业财务战略的特点?
3. 企业筹资战略的目标是什么?
4. 企业投资战略管理时应注意什么问题?
5. 企业战略选择对分配战略的影响表现在哪些方面?

第四章　财务预警分析与财务风险管理

学习目标

1. 掌握财务风险具体的表现。
2. 掌握财务预警分析的定性分析方法中的管理评分法。
3. 掌握财务预警分析方法中的定量分析方法。
4. 了解财务风险管理。

第一节　风险与财务风险

一、风险的概念与分类

风险是指，在一定条件下和一定时期内未来结果的不确定性。企业风险是指，企业在经营过程中，由于企业内外各种不确定性或不可控因素的影响从而使得企业生产经营的未来实际结果与企业预期基本目标之间产生差异的可能性。

风险并不等同于危险，危险的结果只能是绝对的损失或伤害，而风险则既会带来损失也会带来收益，"不确定"意味着一切皆有可能。这恰恰是风险让人畏惧但又不甘放弃的根本原因。那么，企业的风险又是从何而来呢？任何会对企业的未来财务状况和经营结果产生影响的因素，都有可能成为风险推手。大到国际经济环境，小到财务人员的录入错误，可以说风险无处不在。

对企业风险形态进行科学分类，可以清晰地把握企业风险的各种征兆。对企业的风险存在多种分类标准，但主要是按风险能否分散将风险划分为系统性风险和非系统性风险。

系统风险，亦称不可分散风险，指由于外部因素的变化给一定时期、一定区域内所有企业都带来经济损失的可能性。这些因素包括政策变更、通货膨胀、汇率调整、经济周期、国际经济等。在一定时期和一个较广的范围内，这种风险影响所有企业，难以通过投资组合分散。对于投资者和公司来说，这种风险是无法消除的。如美国"次贷危机"带来了银行等金融机构的风险，同时，也使汽车制造、房地产等行业的公司都面临极大风险。即使企业集团在美国投资多个行业甚至在世界范围内经营，也很可能无法消除这一风险。

非系统风险，亦称可分散风险，指的是某些因素对个别公司造成经济损失的可能性。这些因素既可以包括行业、地域等企业外部因素，也可以包括公司重大经营决策、日常生产组织等企业内部因素。这种风险可以通过产业、区域投资多元化来抵消。因此，非系统风险也可定义为通过多样化投资可被分散的风险。如三聚氰胺事件给奶制品行业带来严重影响，但并没有波及航空运输等行业。企业在经营中可以通过多元化、跨地域来尽量分散非系统风险。

二、财务风险的内容与表现

企业的经营过程表现为商流、资金流、信息流和人力资源流的相互交织运动过程。现代企业的资金流（财务活动）是一个复杂的系统过程，有时与商流、信息流相伴而行，有时也发生脱离商流运动的独立运动，如企业对外汇进行套期保值。从另一个角度考虑，企业的一项重大财务活动可能也是一项重大的经营活动，如企业公开发行股票，这项活动的风险和运作就主要是从财务方面加以管理。所以，财务风险是一个多视角、多变量、多层次的复合性概念。既有财务"规模"上的风险问题，也有财务"结构"上的风险问题；既有静态财务风险问题，更多的是动态上的财务风险问题；既有财务业务过程管控上的风险问题，也有财务结果上的"偏离预期"风险问题；既有资产负债表风险、盈利能力风险，也有现金流量表风险；既有企业内部财务风险，也有外部因素导致的财务风险；既有财务数据上的风险，也有财务制度风险（包括制度残缺与制度失灵）。

应该说，企业风险不仅局限于财务方面，但是企业的所有风险都最终表现在财务报表上和财务运行上。财务风险主要可以归结为四个方面：

（1）财务制度风险，表现为制度实际执行偏离规范要求的程度。企业必须严格遵循国家的法律、法规、公司章程、战略规划与预算、管理流程、各项财务管理制度、其他规章制度等。制度的主要功能是控制风险。

（2）财务信息风险表现为信息不对称、信息失真、信息迟缓等导致决策上、控制过程和业绩评价方面的种种问题。

（3）业绩风险，是指盈余的不确定性或遭受巨额损失的可能性，表现为实际业绩偏离目标、预算等标杆值的程度。财务经营业绩与财务目标、财务预算指标偶尔发生偏差，是十分正常的事情，但是，如果目标值与实际状况长时间发生很大偏差或重大波动，特别是出现巨额损失，将成为企业危机的征兆。

（4）支付能力风险，是指公司现金流不足以满足必要经营支出和投资支出项目的风险，其中，不能偿还到期债务是企业的最大风险。这类风险也称为流动性风险。即使一个盈利的公司也可能因为流动性无法满足其支付需求而面临危机。

三、企业战略、经营活动与财务风险

企业战略是对企业整体性、长期性、基本性问题的谋划，处于一个不断发展变化的状态中，受到企业所处的宏观环境和微观环境以及企业本身发展的影响。

越来越多的人认为，公司经营的基本目的在于创造财务上的业绩，公司的成功最终表现为财务上的成功。与此同时，实现企业战略、追求财务业绩的过程和结果充满各种不确定性，这些不确定性表现为包括财务风险在内的多种风险因素。如前所述，从公司战略的角度，对财务风险的关注应包括制度风险、信息风险、业绩风险、流动性风险等。需要特别说明的是，尽管公司的价值在很大程度上通过金融市场来反映，但是，实现企业价值最大化目标还是要看企业能否在商品市场、商业经营上赢得更多的客户和产生持续的营业收入。这是实现价值目标的根本问题，也是由公司内含价值概念决定的。可见，企业生存的主要环境是金融市场，但是生存的方式、获利的途径则是由商品市场上的表现所决定的，所以，财务管理理论必须和公司商品经营战略相联系。基于此，财务风险管理也必然与企业战略密不可分。

企业的投资、生产经营、融资等战略决策既可能直接影响财务风险，也可能通过作用于经营活动影响财务风险。例如，企业在投资中选择了多元化战略，这必然要求企业有大量的资金投入，如果战略方向错误，就会直接造成资金"黑洞"。而且，多元化战略反映在经营过程中，需要与多种客户和供应商建立合作关系，又会涉及产品销售和原料供应等细节问题，如果形成过多坏账或者原料占用了太多资金，同样会影响企业的支付能力，形成财务风险。

第二节　企业财务预警方法

一、财务预警方法概述

风险的客观存在要求有效地预测和应对以降低损失和危害，预警由此而生。预警，即对一个人、一个组织甚至一个国家可能面临的风险情况给予提醒和警告。企业经营无时无刻不处于包括财务风险、市场风险、法律风险等在内的各种

风险之中，正所谓"千里之堤、溃于蚁穴"。因此，必须建立预警制度，在面临复杂多变的市场环境和内部不可控因素的条件下，尽可能预先察觉经营中的危机，并采取有效应变措施，化解风险、消除危机。针对财务风险展开的预警就构成了企业财务预警分析，即通过对企业财务报表及相关经营资料的分析，利用及时的财务数据和相应的数据化管理方式，将企业已面临的危险情况预先告知企业经营者和其他利益关系人，并分析企业发生财务危机的原因和企业财务运营体系隐藏的问题，以提早做好防范措施的财务分析系统。

企业产生财务危机的原因多种多样，既可能是由于企业经营者的决策失误，也可能是由于管理失控，还可能是由于外部环境恶化等。但任何财务危机都有一个逐步显现、不断恶化的过程。因此，正所谓防微杜渐，在财务系统的正常运作中，就应对企业的财务运营过程进行跟踪、监控，及早发现财务危机信号并着手应变，以避免或减弱对企业的破坏程度。通过财务预警方法的分析，对财务运营作出预测预报，无论从哪个立场分析都是十分必要的。它能够预先告知经营者、投资者企业组织内财务营运体系隐藏的问题，并能清晰地告知企业经营者应朝哪一个方向努力才可以有效地解决问题，让企业把有限的财务资源用于最需要或最能产生经营成果的地方。

财务预警方法根据不同的标准，可以分成不同的类别。

1. 按分析时利用指标或因素的多少的不同划分

按分析时利用指标或因素的多少，可分为单变量预警分析和多变量预警分析。单变量预警分析是指，通过对每个因素或指标进行分析判断，与标准值进行比较，然后，决定是否发出警报以及警报的程度；多变量预警分析，则是根据不同指标、不同因素的综合分析的结果进行判断。

2. 按分析判断时采取的主要依据不同划分

按分析判断时采取的主要依据，可分为指标判断和因素判断。指标判断是建立风险评价指标或指标体系，划定指标预警标准以及警报区域，然后，根据指标值落入警报区域的状况来确定是否发生警报以及警报的程度；因素判断则是以风险因素是否出现或出现的概率作为报警准则。在进行时，可将风险因素按一定方式进行重要度排序，以重点因素作为主要的报警因素，或通过某种方法得到风险因素的出现概率，然后与报警概率进行比较、做出判断。

3. 按预警分析所采用的分析方法不同划分

按预警分析所采用的分析方法，分为定性分析和定量分析。定性分析是根据分析者对企业财务运行状况、组织管理的综合评判得出预警结论。一批学者都将管理失误作为公司经营失败的主要原因，如战略决策失误，法人治理结构不合理，权力过于集中，缺乏内部控制机制或机制没有得到有效执行，会计及财务控制不严，对竞争反应太慢，负债杠杆过度，等等，财务预警应从这些病因开始。定量分析主要通过财务指标和各种模型的计算与分析得出预警结论。这种分析方法的动因是无论什么样的原因造成企业经营失败，都会在事先有蛛丝马迹可循。这些迹象有些表现为异常的财务指标，有些表现为不正常的其他可量化的影响因素。这类方法包括财务指标分析法、财务杠杆系数分析法、概率分析法、敏感性分析法、盈亏平衡分析法、实证分析方法等具体运算方法。

二、定性预警分析

1. 德尔菲法（Delphi Method）

德尔菲法又称专家意见法，是在一组专家中取得可靠共识的程序。这种方法的基本特征是专家单独、匿名表达各自的观点，同时随着过程的进展，他们才有机会了解其他专家的观点。实施步骤如下：

（1）组成专家小组。
（2）附上有关某个企业财务问题的所有背景材料提问专家。
（3）专家各自提出自己的预测意见。
（4）将各位专家第一次判断意见汇总，再分发给各位专家，让专家修改自己的意见和判断。
（5）将所有专家意见收集起来，汇总后再次发给各位专家，做第二次修改。如此，意见收集和信息反馈一般要经过三四轮。
（6）对专家意见进行综合处理。

以上六个步骤并非一定都发生，如在第四步专家意见就已经达成一致，则不需要后面两步。

这种方法由于观点是匿名的，因此更有可能表达出那些不受欢迎的看法，从而具有一定的代表性。但缺点是过程复杂、花费时间长。

采用这种方法，可以对企业财务风险做一个基本的定性分析。

2. 风险评估系图法

风险评估系图可定性识别某一财务风险影响因素是否会对企业产生重大影响，并将此结论与财务风险发生的可能性联系起来，为确定引起企业财务风险的因素优先次序提供框架。

如图4-1所示，图中的点1表示具有重大影响并且发生的可能性较高的风险因素，点2表示影响较小并且发生的可能性较低的风险因素，当然，点1的风险比点2的风险更加需要马上关注并重视。

3. 流程图分析法

流程图分析法是对流程的每一阶段、每一环节逐一进行调查分析，从中发现潜在风险，找出导致风险发生的因素，分析风险产生后可能造成的损失以及对整个组织可能造成的不利影响。在企业财务风险识别及管理过程中，运用流程图绘制企业财务危机管理的流程，将与企业各种活动有影响的关键点清晰地表现出来。只要结合企业中这些关键点的实际情况和相关历史资料，就能明确企业的财务风险管理状况。

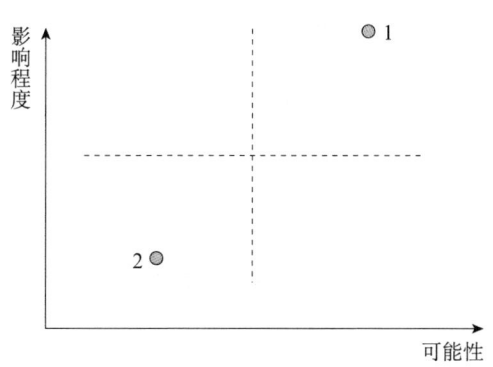

图 4-1　风险评估系图

在用实施流程图分析法进行风险分析时，首先，根据企业实际绘制业务流程图；其次，识别流程图上各业务点的风险因素，并予以重点关注；最后，针对风险及产生原因，提出监控和预防的方法。该方法的主要优点是清晰明了、易于操作。

三、定量预警分析

（一）定量预警分析的发展

利用公司的财务报告数据来评价公司的业绩和财务状况有着久远的历史。菲茨帕特里克（Fitzpatrick，1932）进行了一项单变量的破产预测研究，他搜集了19对破产公司和非破产公司作为样本，运用单个财务比率将样本划分为破产公司和非破产公司两组，发现判别能力最高的是净资产收益率与股东权益除以负债这两个比率。但直到1956年，才有人沿着他的这条思路继续研究财务危机的预测问题。比弗（Beaver，1966），首先，使用5个财务比率作为变量，分别对79家经营失败的公司和79家经营成功的公司进行了一元判定预测，发现债务保障率（现金流量/负债总额）能够最好地判定公司的财务状况（误判率最低）；其次，是资产负债率，并且离经营失败日越近，误判率就越低，预见性也越强。由于采用不同比率预测同一公司可能会得出不同的结果，1968年，奥尔特曼（Altman）提出了多变量模型，即运用多种财务指标加权汇总产生的总判别分（称为Z值）来预测财务危机。由于该模型是以制造行业的中等资产规模（70万～

2 590 万美元）的企业为样本，对小企业适用性不大，1972 年，埃德米斯特（Edmister）专门针对小企业建立了小企业财务危机预警分析模型。此后，陆续出现回归分析、聚类分析、数学规划等方法应用在财务危机预测中。进入 20 世纪 90 年代，西方的理论界及企业界对上述线性方法提出了质疑，因为它们的有效性依赖于严格的假设条件，如变量的多元正态分布、独立性及协方差矩阵等。只有当这些假设条件得到满足，这些方法才有很好的效果。因此，财务预警方法的发展正在经历变革。近年来，对人工神经网络的研究表明，由于它的非线性、非参数、自适应学习等特征，人工神经网络可以作为模式识别的一个强有力的工具。

（二）单变量分析方法

单变量分析指的是，运用单一变量、用个别财务比率来预测财务危机的方法。

1. 财务比率法

财务比率法最早是由比弗提出的。他在 1968 年发表在《会计评论》上的一篇论文中，对 1954～1964 年的 79 个失败企业和相对应（同行业、等规模）的 79 家成功企业进行了比较研究。结果表明，债务保障率能够最好地判定企业的财务状况（误判率最低），之后，是资产收益率和资产负债率，且离经营失败日越近，误判率越低，预见性越强。后来，经过众多学者、实务专家的研究，认为资金安全率也是一个非常实用的单变量指标。

预测财务失败的比率常有：

$$债务保障率 = 现金流量/债务总额$$

$$资产收益率 = 净收益/资产总额$$

$$资产负债率 = 负债总额/资产总额$$

$$资产安全率 = 资产变现率 - 资产负债率$$

比弗认为，债务保障率能够最好地判定企业的财务状况（误判率最低）；之后，是资产负债率，并且离失败日越近，误判率越低。

单变量模型的缺陷：因不同财务比率的预测方向与能力经常有相当大的差距，有时会产生对于同一公司使用不同比率预测出不同结果的现象。

2. 企业股市跟踪法

这种方法适用于上市公司。一般而言，企业的外部相关利益主体无法像企业内部经营者一样熟知企业的全部真实情况，仅通过企业对外报送的财务报告或临时公告等方式来了解企业的变化，由于很可能发生的会计信息失真，相关利益主体更愿意以企业发行的股票价格为分析因素。尤其对于小股东或小债权人，在考虑监督成本必须小于收益的原则下，可以简单地认为企业股票价格的持续下降是企业经营失败的前兆。

虽然这种方法具有简单易行的优点,其缺点也是显而易见的。首先,它只适用于上市公司,不具有普遍性;其次,股票价格波动的影响因素太多,经营状况的好坏只是其中的一个主导因素,如果市场有效性较弱,股票价格更不能反映企业的真实财务状况和经营成果。

(三) 多变量分析方法

1. 企业安全率模式

通过计算企业的安全率,了解企业财务经营结构现状,并寻求企业财务状况改善方向。企业安全率由两个因素交集而成:一是经营安全率;二是资金安全率。

(1) 经营安全率,用安全边际率表示。

$$安全边际率 = 安全边际额/现有(预计)销售额$$

$$= \left(\begin{array}{c}现有或预计\\销售额\end{array} - 保本销售额\right) \Big/ \begin{array}{c}现有(预计)\\销售额\end{array}$$

例如,AB 公司明年预计销售额为 2 500 万元,变动成本率为 60%,固定成本为 800 万元,则:

$$保本销售额 = 800/(1-60\%) = 2\ 000(万元)$$
$$安全边际率 = (2\ 500 - 2\ 000)/2\ 500 = 20\%$$

(2) 资金安全率,其计算方法是,资金安全率 = 资产变现率 - 资产负债率,其中,资产变现率 = 资产变现金额/资产账面金额,资产负债率 = 负债总额/资产总额,这样,我们可以得到下面的公式:

$$资金安全率 = (资产变现金额 - 负债总额)/资产账面总额$$

在计算资金安全率时,所谓"资产变现金额",就是企业立即处置其所有资产后可以变成现金的总数。在计算资产变现值之际,要以资产负债表所列的各项资产——估算加总而得。

仍以 AB 公司为例,公司资产账面价值为 1 000 万元,经仔细核定确认将企业资产按变现价值估算约为 900 万元;他人资本 600 万元,自有资本 400 万元,合计为 1 000 万元,则资产变现率 = 900/1 000 = 90%;资产负债率 = 600/1 000 = 60%;资金安全率 = 90% - 60% = 30%。

(3) 两比率结合的预警分析,企业进行财务预警分析时,可将资金安全率与安全边际率结合起来判断企业的经营情况和财务状况是否良好,见图 4-2。

当两个指标共同确定的安全率落在第 I 象限时,表示企业经营状况良好,应该采取有计划的经营扩张策略。安全率落在第 II 象限时,表示企业财务状况尚好,但是,市场销售能力明显不足,应全盘研究对策,以加强企业总体销售实力,创造企业应有利润。安全率落在第 III 象限时,表示企业已陷入经营不善的境地,随时有倒闭的危机,经营者应下决心立即采取措施,进行有效的重整,见图4-2。安全率落在第Ⅳ象限时,表示企业财务状况已露出险兆,经营者应将改善财务结构列为首要之务,要求企业全员有总体现金观念,提高自有资金比例,并积极进行开源节流。此时,对市场营销应采取适度的成长策略,并且要求营销部门对顾客作必要的筛选,提高信用政策的标准,以防止不良销售损失,加速企业财务状况的恶化。

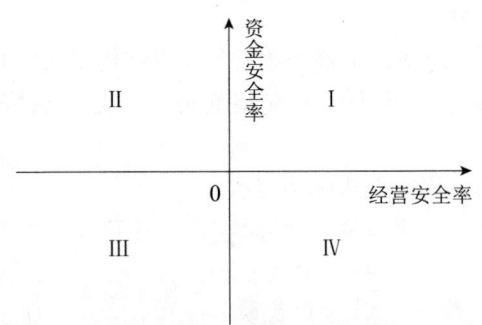

图4-2 企业安全率分析模型

继续关注AB公司,公司经营安全率为20%,资金安全率为30%,其代表的经营安全率落在第Ⅰ象限,表示AB公司经营状况良好。一般来说,当两个安全率指标均大于零时,企业经营状况良好,可以适当采取扩张的策略;当资金安全率为正,而经营安全率小于零时,表示企业财务状况良好,但营销能力不足,应加强营销管理,增加企业利润的创造能力;当企业的经营安全率大于零,而资金安全率为负时,表明企业财务状况已发出危险的信号,积极创造自有资金、进行开源节流、改善企业的财务结构成为企业的首要任务;当企业的两个安全率指标均小于零时,则表明企业的经营已陷入危险的境地,随时有爆发财务危机的可能。

一般而言,经营者必须有将企业经营安全率永远落在第Ⅰ象限的决心,并采取必要的措施将企业维持在安全区域,则企业可持续经营。

2. 多元线型函数模式

此方式是从总体宏观角度检查企业财务状况有无呈现不稳定的现象,未雨绸缪,做好财务危机的规避或延缓危机的发生。多元线型函数模式在财务管理文献中有数种之多。

现在使用最多的就是奥尔特曼(Altman)的Z计分模型,下面,介绍这个模型。

该模型是运用五种财务比率,进行加权汇总产生的总判别分(称为Z值)来预测财务危机的模型。1968年,奥尔特曼发表了一篇使用Z计分模型来预测财务危机的文章,此后,该模型也被作为一种方便的综合经营业绩的评价方法普遍使用。

该模型建立的第一个步骤,是选定企业样本。最初的样本由 66 个企业组成,分为两组,每组各 33 个企业。第一组的破产企业是 1946~1965 年根据《全美破产法》第十章的规定,申请破产的制造业企业。第二组是不分行业、不分规模任意选择的制造业企业,这些企业到 1966 年仍然存在。分好组以后,收集了资产负债表和损益表中的有关资料,并进一步收集整理了认为对评价有用的 22 个变量(比率),把这些变量按流动性、营利性、杠杆比率、偿债能力、活跃性五项标准比率分类,再从最初的变量一览表选定了预测破产最有用的五个变量,在分析有关变量间的相互依存关系、观察各变量判断预测正确性的基础上,最后进行综合分析,建立了适用于一般上市公司的判别函数,见下式:

$$Z = 0.012X_1 + 0.014X_2 + 0.033X_3 + 0.006X_4 + 0.999X_5$$

式中,Z 值为判别分;X_1 = 营运资金/资产总额,用于衡量企业流动资产净额相对于资产总额的比例;X_2 = 留存收益/资产总额,用于衡量企业一段时间内的累计获利能力。其中,"留存收益"数字来自资产负债表,X_3 = 息税前收益/资产总额,该比率剔除了税收因素和杠杆因素的影响,用于衡量企业资产的生产能力;X_4 = 股东的权益资产/负债总额,用于衡量企业在负债超过资产,企业无偿债能力之前其资产可能的跌价程度。其中,权益由全部股份(优先股及普通股)的价值(最好取市值)构成,而债务则包括流动负债和长期负债;X_5 = 销售额/资产总额,用于衡量企业资产取得销售收入的能力。

按照这一模式,Z 值越低,企业就越有可能破产。通过计算某个企业连续若干年的 Z 值就能发现企业发生财务危机的先兆。奥尔特曼提出:$Z > 2.675$,表明公司的财务状况良好,发生破产的可能性较小;反之,$Z < 1.81$,则公司存在很大的破产危险;$1.81 < Z < 2.675$,奥尔特曼称之为"灰色地带"或模棱两可区间,进入这个区间的公司财务是极不稳定的。

此后,奥尔特曼又陆续提出了适用于非上市公司的更通用的模型和适用于上市公司和非上市公司的制造、流通、服务类公司(不包括金融业)。

$$Z = 0.717X_1 + 0.847X_2 + 3.11X_3 + 0.420X_4 + 0.998X_5$$

式中,X_1 = 营运资金/资产总额,用于衡量企业流动资产净额相对于资产总额的比例;X_2 = 留存收益/资产总额,用于衡量企业一段时间内的累计获利能力,其中,"留存收益"数字来自资产负债表;X_3 = 息税前收益/资产总额,该比率剔除了税收因素和杠杆因素影响,用于衡量企业资产的生产能力;X_4 = 股东的权益资产/负债总额,用于衡量企业在负债超过资产,企业无偿债能力之前其资产可能跌价的程度。其中,权益由全部股份(优先股及普通股)的价值(最好取市值)构成,而债务则包括流动负债和长期负债;X_5 = 销售额/资产总额,用于衡量企业资产取得销售收入的能力。

当 $Z<1.23$ 时，企业属于破产之列；当 $Z>2.90$ 时，企业属于不会破产之列；当 $1.23<Z<2.90$ 时，企业属于"灰色区域"或"未知域"之列。也就是说，难以简单地得出是否破产的结论。

$$Z = 6.56X_1 + 3.26X_2 + 6.72X_3 + 1.05X_4$$

式中，X_1 = 营运资金/资产总额，用于衡量企业流动资产净额相对于资产总额的比例；X_2 = 留存收益/资产总额，用于衡量企业一段时间内的累计获利能力，其中，"留存收益"数字来自资产负债表；X_3 = 息税前收益/资产总额，该比率剔除了税收因素和杠杆因素影响，用于衡量企业资产的生产能力；X_4 = 股东权益/资产总额，用于衡量企业在负债超过资产，企业无偿债能力之前其资产可能的跌价的程度，其中，权益由全部股份（优先股及普通股）的价值（最好取市值）构成，而债务则包括流动负债和长期负债；X_5 = 销售额/资产总额，用于衡量企业资产取得销售收入的能力。

当 $Z<1.1$ 时，企业属于破产之列；当 $Z>2.6$ 时，企业属于不会破产之列；当 $1.1<Z<2.6$ 时，企业属于"灰色区域"或"未知域"之列，也就是说，难以简单地得出是否破产的结论。

虽然 Z 得分模型存在种种缺陷，但如果运用得当，它仍然是一个有效的管理工具。在美国，奥尔特曼模型作为预防破产的工具得到很高的评价，在短期预测中均具有很高的准确度。

（四）单变量分析与多变量分析的对比

1. 两者的区别

从理论上分析，单变模式与多变模式的差异体现在：①着眼点不同，单变模式分析模型中，过分强调流动资产项目对企业财务危机的影响；而多变模式分析模型则更注重企业盈利能力对企业财务危机的影响。②二者采用的预测方法不同，单变模式分析模型是以单个财务比率的分析考察为基础的，财务比率按其预测能力有先后顺序之分；而多变模式分析模型则是以多种财务比率的分析考察为基础的，为使该模型的预测能力达到最大限度，一般需要对各种财务比率均进行加权。③预测的内容也有区别，单变模式分析模型所预测的财务危机，包括企业的破产、拖欠偿还账款、透支银行账户、无力支付优先股股利等；而多变模式分析模型所预测的财务危机，则仅指企业的破产危机，因而，Z 计分模型有时也被称为公司破产预测模型。

2. 单变量分析的局限性

在进行企业财务预警分析时，单变量比率分析尽管有效，但作用有限，局限性明显：①对于哪些是最重要的预测指标，分析者得出了不同的结论。②尽管对较长一段时期进行的单变量比率分析可能说明公司正处于困境或未来可能处境困难，但这不能具体证明公司可能破产以及何时会破产。③单变量比率分析得出的结论，可能会受到通货膨胀因素的影响。例如，以往的固定资产价值在用于资产周转率分析时，可能会出现越来越误导的结果，看似说明企业经营好转的比率若按实际衡量，情况可能恰恰相反。④公司的管理部门认识到公司正面临财务困难时，往往采取造假账的"创造性会计方法"来掩盖公司的实际财务状况。例如，高估库存价值或低估坏账数额以改善损益表和资产负债表的状况。如此弄虚作假就是为什么一家即将破产的公司看上去经营状况还相当良好的主要原因，而且，在该公司宣告无力偿债之前，它所面临的困难在很大程度上被掩盖了。从公司本身的角度来看，在报表上弄虚作假实际上对公司没有一点好处。因为掩盖财务困难——即使对第三方掩盖得再久——也不能自动解决这些困难。

3. 多变量分析应用时的注意事项

多变量模式预测能力的准确性，主要取决于权数选择的合理。各个模型的权数一般来自经验数据或者是历史数据的回归分析所得，统计结论受样本选择的限制。在实际运用中，企业采用多变量模式来综合评判财务状况和危机发生的可能性，但使用某种多变量模式时应先考察权数的适用性，考虑该种权数的选取是否适合企业内所有的母子公司以及相关部门。实际上，不同行业的企业的预警指标以及警戒值不尽相同，同一行业的不同企业其标准和风险防范的态度也不一致，即使是在同一企业内部也不适合"一刀切"。因此，多变量模式的选择一定要充分考虑其权数的确定是否恰当，符合本企业的预警要求。

第三节　财务风险管理

一、财务风险管理概述

说到财务风险管理，就不得不提到美国反虚假财务报告委员会下属的发起人委员会（COSO）提出的立体化、图文并茂的全面风险管理框架（enterprise risk management，ERM）。它表示"全面风险管理是一个过程。这个过程受董事会、管理层和其他人员的影响。这个过程从企业战略制定一直贯穿到企业的各项活动中，用于识别那些可能会影响企业的潜在事件并管理风险，使之在企业的风险偏好之内，从而合理地确保企业取得既定的目标"。ERM框架有三个维度：第一个维度是企业的目标；第二个维度是全面风险管理要素；第三个维度是企业的各个层级。第一个维度企业的目标有四个，即战略目标（与整体目标一致）、经营目标（资源的使用效率）、报告目标（报告的可靠性）和合规目标（满足法律法规的要求)。第二个维度全面风险管理要素有八个,即内部环境、目标设定、事件识别、风险评估、风险对策、控制活动、信息和交流、监控。第三个维度是企业的层级,包括整个企业、各职能部门、各条业务线及下属各子公司。ERM 三个维度的关系是,全面风险管理的八个要素都是为企业的四个目标服务的;企业各个层级都要坚持同样的四个目标;每个层次都必须从以上八个方面进行风险管理。

相比这个 ERM 框架,现行财务学原理上的风险与风险管理理念、内容和技术都存在太大的局限性。因为一些财务教材上关于风险的描述几乎只有数据,缺乏从战略的高度"总揽全局",且大多讨论的是具体的流动性风险和具体的降低风险技术等。所以,财务上风险的把握需要嫁接 ERM 框架,提升财务风险管理的治理性、战略性、全面性、系统性、差异性和流程性。

首先,ERM 框架使董事会在企业风险管理方面扮演更加重要的角色,最高决策层是风险管理的主角。企业风险管理成功与否在很大程度上依赖于董事会,董事会需要慎重决策公司应有的"风险偏好"。在此基础上,公司所属的每一个业务单元、分部、子公司的管理者都需要在风险识别、风险控制上有良好表现,并将各自的目标与企业的总体目标相联系。也就是说,风险管理既是一个公司治理问题,也是管理方面的问题。

其次,ERM 把风险明确定义为"对企业的目标产生负面影响的事件发生的可能性"(将产生正面影响的事件视为机会),该框架可以涵盖信用风险、市场风险、操作风险、战略风险、声誉风险及业务风险等各种风险,并且,将其目标概括为战略目标、经营目标、报告目标与合规性目标四类。所以,这种风险是一种从战略着眼、以目标主导的风险观。这是现行财务学对风险分析的最大的"短板",单纯的流动性风险分析极大地限制了财务分析的战略成分。

最后,由于 ERM 以框架引入了风险偏好、风险容忍度、风险对策、压力测试、情景分析等概念和方法,所以该框架在风险度量的基础上,有利于企业的发展战略与风险偏好相一致,实现了增长、风险与回报的协同关联。

总之,ERM 对风险的治理、财务、运营的多维视角分析,融战略于风控之中,充分体现了"全面"的含义。但是,这个 ERM 框架毕竟还只是框架,也并不是完美无缺的,而且,离可操作的企业风险控制制度还有相当的距离。为此,必须实现财务理念、战略管理、风险控制的有序对接,具体要求:

第一,以 SMART 原则构建企业适宜的风险控制制度体系。风险控制制度先行,制度的建设除了要依循 ERM 框架结构外,还要符合 SMART 原则的要求,即风险控制规则必须是明确可行的(specific)、可以计量的(measurable)、可以达成的(attainable)、与责任相关的(related)以及具有明确的时间限制(time-bound),以确保内部控制制度条款上内容的针对性和可操作性。与此同时,需要导入"重要性原则"等理念,过于全面、事无巨细的工作思路本身就意味着很大的执行风险。

第二,将公司战略转化为公司全方位、立体的目标体系。既然风险的要义就是企业战略目标、经营目标、报告目标和合规性目标的实现程度,这就有赖于财务上通过计划规划系统、全面预算管理系统、业绩评价系统、授权制度等明确提出切实可行的目标,否则风险管理就没有导向、缺少标杆。

第三,构造灵敏的风险预警系统。在目标确立后的实施过程中,还需要配备完善、灵敏地反映战略目标实现程度的财务管理信息系统,以及时反映风险状况的预警系统。

第四,固化风险处理流程、预案。风险的种类、性质各有不同,公司应根据风险的不同情况,制定不同的风险管理策略、流程、预案,如风险的全部承担策略、部分和全部转移策略、退出消除策略。

所以,财务战略风险管理的核心,可以简要概括为"制度""目标"与"流动性"。

二、公司治理与财务风险管理

任何一项管理工作的圆满完成都是通过落实管理分工与责任达到的,没有良好的制度建设和权责安排,有效的财务风险管理也就无法实现。2006年,国务院国有资产监督管理委员会发布的《中央企业全面风险管理指引》中,将风险管理的组织体系作为一个相对独立的部分,在第七章作了全面而详细的阐述。《中央企业全面风险管理指引》第四十二条、第四十三条规定,企业应建立、健全风险管理组织体系,主要包括规范的公司法人治理结构,风险管理职能部门、内部审计部门和法律事务部门以及其他有关职能部门、业务单位的组织领导机构及其职责。其中,健全规范的公司法人治理结构,是指包括股东(大)会、董事会、监事会、经理层等不同层面在内的企业内部机构各司其职、相互独立,形成高效运转、有效制衡的监督约束机制。这套机制的有效运行能够降低财务制度风险,同时,为负债风险、财务业绩风险和支付能力风险的防范奠定基础。

在公司的治理结构中,与财务风险管理有密切关系的部分包括以下几个方面:

1. 风险管理委员会

风险管理委员会设于董事会之下,其召集人应由不兼任总经理的董事长担任;董事长兼任总经理的,召集人应由外部董事或独立董事担任。该委员会成员中需有熟悉企业重要管理及业务流程的董事,以及具备风险管理监管知识或经验、具有一定法律知识的董事。

风险管理委员会负责提交风险管理年度报告、审议风险管理策略和重大风险管理解决方案、审议重大决策、重大风险、重大事件和重要业务流程的判断标准或判断机制，以及重大决策的风险评估报告；审议内部审计部门提交的风险管理监督评价审计综合报告；审议风险管理组织机构设置及其职责方案等。

我们看到，财务风险管理中的风险识别、风险控制、风险解决方案等均需经过该委员会审议并通过。因此，企业中财务风险管理的顺利实施和效果保障都与该委员会密不可分。

2. 风险控制委员会

企业总经理对企业风险管理工作的有效性向董事会负责。总经理或总经理委托的高级管理人员，负责主持风险管理的日常工作，负责组织拟订企业风险管理组织机构设置及其职责方案。同时，企业应设立风险控制委员会具体履行风险管理的职责。该委员会对总经理或其委托的高级管理人员负责，主要履行以下职责：研究提出风险管理工作报告；研究提出跨职能部门的重大决策、重大风险、重大事件和重要业务流程的判断标准或判断机制；研究提出跨职能部门的重大决策风险评估报告；研究提出风险管理策略和跨职能部门的重大风险管理解决方案，并负责该方案的组织实施和对该风险的日常监控；负责对风险管理有效性评估，研究提出风险管理的改进方案；负责组织建立风险管理信息系统；负责组织协调风险管理日常工作；负责指导、监督有关职能部门、各业务单位以及全资子公司、控股子企业开展风险管理工作等。简而言之，风险控制委员会的主要功能是为总经理的决策提供参考。

3. 风险管理部

风险管理部作为专业的职能风险管理部门，是公司风险管理的常设机构和具体执行部门，在公司层级化、专业化、多维度的风险管理组织架构下整体统筹公司的风险管理事务。风险管理部制定公司风险策略，进行风险信息收集、风险分析、风险定价，对各类风险实行组合性管理，培育良好的内控文化，促进公司业务可持续发展，保障公司战略目标的实施。

风险管理部在进行财务风险管理和其他风险管理的过程中，需要与财务部、审计部、战略发展部等职能部门合作，其他有关职能部门应接受风险管理职能部门和内部审计部门的组织、协调、指导和监督。

总之，良好的公司治理结构和内部控制体系是有效地进行财务风险管理的基础，没有这一基础，复杂的模型、海量的数据、先进的软件等都毫无意义。

三、企业战略与财务风险管理

企业战略与财务风险管理关系密切，不同的战略选择将极大地影响财务风险管理的成败。

(一) 投资战略与财务风险管理

1. 多元化经营以分散财务业绩风险

多元化经营是当整个产业趋于成熟以及竞争成本过高的情况下，企业在保持现有业务经营的基础上进入与现有经营业务相关或不相关的新产业或经营领域的活动。所进入的新领域或者可以与现有核心业务形成互补，或者可以提供稳定的盈利，从而能够为企业提供新的创利机会并降低业绩剧烈波动的风险。

以分散财务业绩风险为目的的企业多元化经营战略，可以通过三种方式来实现：

第一，收购或从事低相关业务以实现业绩互补。经济环境对不同的行业影响不同，从事或收购低相关的行业，可以使经济环境波动带来的影响互相中和，从而降低整个集团业绩剧烈波动的风险。根据与现有业务相关的程度，可以把多元化经营分成三种类型：进入与现有核心业务直接相关的领域、进入与现有核心业务间接相关的领域、进入与现有核心业务基本无关的领域。

第二，收购或从事不同回报期的业务以稳定现金流。不同的业务有着不同的回报期，对当前经济状况敏感度也不同。最理想的是结合各种长度的回报期的业务，以实现回报期上的风险分散，确保每段时间都有足够的资金回流。

第三，收购或从事稳定回报的业务以平滑盈利。通过收购稳定回报业务，能将盈利波动幅度降低，从而达到平滑盈利的效果。而且，稳定回报项目还能提供稳定现金流，能降低遇到困境时出现财务困难或资金困难的风险。

2. 跨地域经营以分散支付能力风险

跨地域经营发展的高级阶段即为全球化经营，能够比较有效地降低支付能力风险。当然，跨地域经营还要考虑成本收益的平衡，逐步推进并实现全球化经营。跨地域经营与多元化经营，是互为补充的两个投资战略。多元化经营代表了业务类型的多样化，跨地域经营则代表了经营场所的多样化。如果一个企业虽然实现了多元化经营，但经营场所都局限在一个较小的范围内，仍然不能有效地规避环境变化的风险，特别是某地宏观环境变化的风险。一旦此类风险发生，极可能使企业丧失现金创造的能力，造成资金链断裂。当然，如果一个企业虽然实现了跨地域经营，但所经营业务均为一种，也无法避免该种业务受到冲击的风险。所以，企业应将跨地域经营与多元化经营战略相结合，平衡现金流动，保持稳定的现金创造能力和持有水平。

3. 把握合理的市场进入时机降低财务风险

最先进入市场虽然可以抢占一定的市场份额，但新市场的不确定性可能使企业蒙受巨大的投资损失。此时,"不为最先"成为一种能够有效地降低财务风险的方法。所谓"不为最先"是指,等待一段时间后,新市场发展前景较为明朗时迅速进入。一方面,通过对前人的观察,掌握事物变化的规律,能比较准确地判断决策的结果;另一方面,等待一段时间后,市场气候往往更为明朗化。而且,如果想推出一个新产品,等待一段时间后,消费者会更容易接受。虽然这样做放弃了最先抢占市场的机会,但是因为能降低许多风险,有时是很值得的。"不为最先"也可以通过收购已从事某项业务的公司来达到,这样还可以避免早期的巨大投资。

(二) 经营战略与财务风险管理

1. 稳健经营以分散负债风险

多元化经营和跨地域经营战略均需要大量的资金支持,在此过程中如果不能够保持稳健经营,会带来负债增加和现金流吃紧,使出现财务风险的可能性越来越大。因此,企业的多元化投资战略和跨地域投资战略必须坚持以稳健经营为基础,将企业的资产水平保持在一个合理水平,并保有充足的现金流。

负债水平通常使用资产负债率来度量。虽然理论上存在最优资本结构,但实际上很难准确测算最佳负债水平,该比率什么情况下为合理并没有统一标准,需要根据企业所处的行业和发展阶段等多种因素的影响来综合确定。资产负债率太高会带来负债风险,资产负债率太低则无法发挥财务杠杆作用。当企业认为现有资产负债率不合理时,可以通过存量调整、增量调整、减量调整的方式进行修正,达到分散负债风险、提高企业价值的目的。所谓存量调整是指,不要求改变现有资产规模,通过债务和权益资金的转换来改变资本结构,如增发新股来偿还负债。增量调整通过新增筹资进而扩大资产总规模来调整资本结构,如发行新股票或者举借新债务等。减量调整通过减少资产规模来调整资本结构,如进行股票回购、提前收回发行的债券等。

2. 合理定价以降低支付能力风险

企业需要在充分考虑影响企业定价的内外部因素的基础上,为达到企业预定的定价目标而确定合理的产品价格。这不但要求企业对成本进行核算、分析、控制和预测,而且要求企业根据市场结构、市场供求、消费者心理及竞争状况等因素作出判断与选择。价格是否合理能够直接影响企业的现金回流,因此,与支付能力风险密切相关。对竞争性行业来说,产品价格与销售量直接相关。当市场价格定得太高时,影响销售量,进而影响被产品占用的资金收回。当市场价格定得太低时,虽然可能通过增加销售量加速现金回流,但回流数量可能大大低于企业需要。更进一步来说,市场价格是不断波动变化的,企业需要根据环境变动随时调整价格策略。

3. 选择合作伙伴分散财务风险

独立经营虽然可以独占企业的全部收益，但也会在面临风险时无可回避。选择恰当的合作伙伴共同经营，能够在面临风险时规避部分损失。当然，盈利时也要共同分享。

（三）融资战略与财务风险管理

1. 选择权益融资降低负债风险

企业的发展需要不断的资金投入来支撑，根据啄食顺序理论，企业的融资渠道首选内部积累，需要向外部融资时，遵循先权益、后负债的原则。由于内部积累的规模和速度受到诸多限制，所以外部融资是企业快速发展时需要借助的主要渠道。其中，负债资金带来的付息还本压力较大，而权益资金则有可能造成控制权丧失。因此，为了尽量降低财务风险，企业可以在保持控制地位的前提下进行适当的权益融资以获取发展所需的资金。

2. 及时终止经营避免恶性增资

面对经济的压力和竞争的压力，企业的持续生存和发展将越来越依赖于其利用资源的效率以及对机会和威胁迅速反应的能力。而每个企业的资源都是有限的，那么，企业要把握新的机遇，通常就需要放弃业绩不良的项目，以便将资源更有效地配置到更可能获得成功的方案中。大量研究发现，对于失败的项目，尽管有明确、客观的信息认为企业应该放弃，但决策者却往往更倾向于对其分配更多的资源。这种倾向被称之为恶性增资（escalation of commitment）。如果企业无法正确处理此类问题，会带来负债无限放大、现金流逐渐枯竭等严重后果。为了避免恶性增资带来的财务风险，企业需要及时终止经营，放弃业绩较差且有明确信息显示无法好转的项目。

四、套期保值

根据国资委的《中央企业全面风险管理指引》中的风险管理策略，对能够通过保险、期货、对冲等金融手段进行理财的风险，可以采用风险转移、风险对冲、风险补偿等方法。可见，套期保值是应对财务风险的一个重要手段。

（一）套期保值的概念和类型

1. 套期保值的概念

传统意义上的套期保值（hedge）就是买入（卖出）与现货市场数量相当但交易方向相反的期货合约，以期在未来某一时间通过卖出（买入）期货合约来补偿现货市场价格变动所带来的实际价格风险。

企业生产经营活动能否获利受多方面因素的影响，其影响因素之一在于能否正确地把握市场供求状态，特别是能否正确地预测市场下一步的变动趋势。若能准确地预测未来市场的变动趋势，企业可以调整生产经营来规避风险。但是，多数情况下，准确地预测未来市场变化非常困难。

由此可见，理想的期货套期保值效果，应该是用期货市场赚得的钱来弥补原料价格波动给企业造成的亏损。可是，市场不会永远按理想的思路来发展变化，期货交易同样有盈有亏，不可能一直盈利。有的时候利用期货套期保值可能会出现完全相反的情况：期货交易大量亏损，需要用企业的盈利去弥补。金融衍生产品的交易吃掉实体企业经营的利润，值得吗？企业的管理者需要思考：是否应该采用期货做套期保值？是否有更安全的套期保值模式？此时，新的套期保值概念应运而生。

新套期保值概念指的是，利用期权投资策略，结合传统的期货套期保值的模式，加入了期权的套期保值不仅可以为现货而且可以为期货进行套期保值。此时，买入或卖出的都是未来一定时间内以一定价格进行操作的权力。当实际市场波动与预期相同时，则行使权力，否则就放弃权力。当期货价格朝不利方向变化时，期货保证金会随着市场变化而需要不断追加保证金量（补仓）。而期权却不需要保证金（已支付的权力金一次性地将权力买断了），所以不需要补仓。

2. 套期保值的类型

套期保值的基本类型有买入套期保值和卖出套期保值，在此基础上，又可以分为期货套期保值和期权套期保值。

（1）期货的买入套期保值和卖出套期保值。买入套期保值是指，通过期货市场买入期货合约以防止因现货价格上涨而遭受损失的行为；卖出套期保值则指，通过期货市场卖出期货合约以防止因现货价格下跌而造成损失的行为。

假设在5月1日，某铜加工厂预计一个月后需用100吨铜做原材料。5月1日，铜现货单价为10 000元/吨。为锁定成本，回避价格上涨的风险，该厂在当日买进6月交割的铜期货100吨，单价是11 000元/吨。到6月1日时，现货价格涨到11 000元/吨，期货价格涨至12 000元/吨。此时，该厂卖出所持有的100吨期货合约，平仓盈利等于10万元〔（12 000 - 11 000）×100〕，即该厂在期货市场共赚10万元。同时，该厂在现货市场买进100吨现货做原料。而此时的现货价格已涨了1 000元/吨，所以，在现货市场又多付出10万元。期货市场与现货市场盈亏相抵，避免了原料价格波动的影响。

这样，我们可以把期货套期保值的原理总结为，同种商品期货价格走势与现货价格走势一致，同涨同跌。在此基础上，再根据方向相反、数量相等、月份相同或相近的操作原则进行交易。从而达到规避风险、锁定成本的目的。

套期保值是期货市场产生的原动力。农产品、金属、能源等期货市场的产生都是源于生产经营过程中面临现货价格剧烈波动而带来的风险，所以自发形成买卖远期合同的交易。这种远期合约买卖的交易机制经过不断完善，如将合约标准化、引入对冲机制、建立保证金制度等，从而形成现代意义上的期货交易。企业通过期货市场为生产经营买了保险，保证了生产经营活动的可持续发展。可以说，套期保值是期货市场的精髓所在。

（2）期权的看涨与看跌。看涨期权（call option）是指，预期未来标的物（现货或期货）价格会上涨时，买入在未来期间购买一定数量该标的物的权利，到期价格上涨，则行使权利；否则，则放弃权利。看跌期权（put option）是指，预期未来标的物价格下跌时，买入在未来期间卖出一定数量标的物的权利，到期价格下跌，则行使权利；否则，则放弃权利。

在其他因素不变的情况下，标的物价格上涨，则看涨期权价格上涨，看跌期权价格下跌；标的物价格下跌，则看涨期权价格下跌，看跌期权价格上涨。与此相对应，为了规避价格上涨的风险，保值者可以买入看涨期权或者卖出看跌期权；为了规避价格下跌的风险，保值者可以买入看跌期权或者卖出看涨期权。

某铜加工厂 5 月 1 日在卖出成品的同时，用每吨 1 000 元的权利金买入铜的看涨期权进行套期保值，利用期权来防范原料市场价格波动带来的风险。如果 6 月 1 日铜价下跌，该厂可以用 6 月 1 日的市场价买入原料节约成本，同时期权就可以放弃，亏损只是每吨 1 000 元权利金。如果 6 月 1 日铜价大涨，企业在市场以 6 月 1 日价格买入原料将增加成本导致利润减少，但期权有利可图，此时企业应行使期权而不是从市场买入原料，这样就可以按 5 月 1 日锁定的既定价格买入原料。

（二）套期保值与财务风险管理

需要注意的是，期权的买入方风险可以锁定，就是支付的权利金，而收益可以无限放大。与此对应，期权的卖方收益是锁定的，就是收到的权利金，但风险却会无限放大。

那么，为什么在期权交易中会有人愿意扮演卖方的角色呢？一方面，投机者无处不在；另一方面，当企业储存大量实物现货时需要通过卖出看涨期权（或买入看跌期权）来规避现货价格下跌的风险，也就是利用期权进行套期保值。然而，当卖出的期权数量远超过现货持有量时，套期保值就变为投机。

可见，套期保值理论上为企业提供了理想的"保护伞"，但实际上这种理想化的保护并不存在。套期保值是风险重新配置的过程，其实质是企业将价格波动的风险和机遇同时转化为商品——标准化的合约或非标准化的合约，通过期货、期权市场出售转移给涉险逐利的其他风险偏好者，风险商品化并非风险消失。配置风险的期货和期货市场本身也充满了风险的不确定性，套期保值犹如一把"双刃剑",既能护身也能伤身。特别是当企业进行衍生品交易的目标由套期保值转变成投机时,将会带来极大的财务风险。为了尽量发挥套期保值的风险规避功能而非风险放大功能,需对套期保值进行财务风险控制。

1. 确定战略目标,严格按照预定方案确定操作方向和原则

套期保值以对冲风险为目标,坚持按预定方案确定操作目标、方向和原则是风险防范的基石。

2. 建立、健全财务风险管理的组织框架

完善的公司治理是防范财务风险的基础,由战略、执行、操作共同构成的财务风险管理架构能够极大地削减套期保值中的风险。当然,制度再完善也需要有效地执行加以贯彻,否则制度就沦为纸上谈兵。

3. 具体职能部门有效,将监控和执行真正"落地"

为确保决策层的风险管理战略及方针政策的执行,风险管理委员会应下设独立的专职机构,如风险管理部,牵头负责风险监控的具体实施,协调涉险部门,如运作、财务、审计等共同构成"全面防御体系"。其中,业务主线应随时对套期保值运行态势作出分析甚至量化评估;审计主线应适时从资金、账目和结算角度对套期保值进行监测;法律主线还需对相关法律、信誉等因素进行监控,系统防范。独立的风险管理专职机构和涉险部门必须从各自角度履行职责,确保落实。

4. 建立科学的财务预警和应急机制

套期保值归根到底是收益与风险配对的双向博弈,交易过程中出现危机在所难免,关键在于必须建立科学的预警机制和应急机制。首先,需要确立判断危机的标准,据此才能在危机之前明察秋毫、未雨绸缪,从根本上防止套期保值暗中演变为过度投机;其次,需要有专家组合的精英团队,一旦危机显露,则依靠上级主管部门和专业化的集体智慧正确应对;最后,还需有多项应急预案,以供临危不乱、果断决策,化危机为转机,变危机为生机。

事实证明,由于操作前形成的思维定式,且突现危机仅靠当事人自我约束来调整方向、纠正错误,往往极不现实。而缺乏专家组合的精英团队则无法对突发危机进行科学应对。期货交易是现代金融的核心领域之一,外行领导者往往抱有侥幸心理或者怕负责任而优柔寡断,该行动时不敢行动或不知如何行动,一拖再拖、贻误战机,酿小错为无法挽回的灾难。

五、财务风险的监控与应对

财务风险预警方法的采用可以预估风险。识别风险后,企业必须及时寻找导致财务状况恶化的原因,积极采取有效措施,改善财务状况和财务结构,化解财务风险,否则风险预警就失去了应有的意义。这一过程可以称为财务风险的监控和应对。并且,在财务风险的监控和应对中,应尽量弥补企业现有财务管理及经营中的缺陷,变事后控制为事前控制、事中控制,起到防患于未然的作用。

(一) 建立完整的监控指标体系

财务风险控制指标体系应以企业的实际情况综合设定,一般情况下以偿债能力指标为基础,分为主要指标和辅助指标。其中,主要指标可以包括现金流动负债比率、资产负债率、已获利息倍数、经营活动现金流入比重、流动比率、速动比率等。辅助指标可以包括净资产收益率、应收账款周转率、主营业务收入增长率、对外担保占净资产的比重等。

如果是集团企业,所属的内部各单位和分支机构可以结合实际情况,根据需要增加财务风险控制指标,建立、健全本单位的财务风险控制指标体系,但指标体系应包括集团公司设定的基础指标。

(二) 设定红、黄、绿三级预警

一般情况下,企业的财务风险预警分为三个级别,这三个财务风险预警区间分别为安全区(绿灯区)、预警区(黄灯区)和危机区(红灯区)。指标在安全区,表示发生财务危机的可能性较小;指标在预警区,表示存在发生财务危机的可能性;指标在危机区,表示发生财务危机的可能性较大。

财务风险预警重在可操作性、实用性,企业应根据实际情况选用合适的预警方法,定期计算本企业各项财务风险控制指标,并分析本期与上期的变动差异。对变动异常(通常设定为变动幅度超过10%)的指标要进行专项分析,并对风险进行识别,对于增加的财务风险要查明原因并作出说明。

在指标体系中,如果同时有三项及三项以上主要指标处于"黄灯区",则视为存在发生财务危机的可能性,应进行财务诊断,作出专题分析,限期消除风险因素。对于同时有三项及三项以上主要指标处于"红灯区",则视为发生财务危机的可能性较大,公司应进行专题调研,提出解决问题的措施和办法。

(三) 编制财务风险报告

企业应定期编制风险评分表,编制风险分析报告。如果是集团公司,应要求所属部门和分支机构定期提交相应的评分表和报告,作为业绩评价和激励奖惩的依据之一。

如果监控体系中的指标存在变动异常(如幅度超过10%),或同时有三项以上主要指标处于"黄灯区"或"红灯区"的,以及财务风险评分结果在标准值以上的(如40分),所属单位应向集团公司上报由财务负责人和企业主要负责人签字的财务风险分析报告。该报告主要包括以下内容：一是本单位财务风险所处的级次；二是指标当期值与上期变动情况，以及发生异常变动的原因；三是指标处于"黄灯区"或"红灯区"的原因分析；四是降低财务风险和改善财务状况拟采取的措施和建议。

（四）应用财务风险监控结果

企业财务风险的监控和管理情况应与企业经营者考核激励挂钩，作为兑现奖惩的重要依据，这样才能真正发挥财务风险监控的作用。比如，对于同时有五项指标处于"红灯区"或财务预警评分结果在设定值以上的单位，应限期整改，改善财务结构，降低借贷规模和负债比例。如在规定时间内不能达到整改要求的，总公司将采取限制其银行借款、不予审批投资项目、不予提供借款担保、核减当年工资总额等措施。

本章小结

1. 财务风险的分类以及财务风险的表现。

2. 财务预警分析方法包括定性分析法和定量分析法，希望在事前通过一些蛛丝马迹预知企业可能面临的风险，但要准确估计未来是不可能的，所以，每种方法都有自己的局限性。目前，企业在应用中多是将定量分析与定性分析相结合，进行综合评价。

3. 财务风险管理，是从源头入手控制风险和应对风险，这需要完善公司治理和适当的企业战略。

4. 套期保值是一把"双刃剑"，当衍生产品交易的目的变为投机时会带来更大的风险，企业必须格外关注。

讨论思考题：

1. 财务风险的主要表现在哪些方面？
2. 管理评分法的主要内容是什么？
3. 单变量财务预警方法会用到哪些常用指标？
4. 财务风险管理的内容是什么？

第五章 财务预算

 学习目标

1. 掌握全面预算内容。
2. 了解预算管理体系。
3. 掌握现金预算的编制。
4. 了解预计财务报表。

第一节 全面预算及预算管理

一、全面预算

全面预算是由一系列预算按其经济内容及其相互关系有序排列组成的有机整体,包括经营预算、资本支出预算和财务预算等内容,各部分预算前后衔接、互相勾稽。其中,经营预算、资本支出预算又称为业务预算。

(一) 业务预算

1. 经营预算

经营预算是指,与企业日常业务直接相关的基本生产经营活动的预算,在销售预测的基础上,根据"以销定产"的思路,逐步对生产、材料采购、费用等方面进行预算。

2. 资本支出预算

资本支出预算是指,涉及固定资产更新、长期投资的预算,是企业不经常发生的、一次性的业务预算。如固定资产的购置、扩建、更新,在投资项目可行性研究的基础上编制预算,具体反映投资的时间、规模、收益及资金的筹措方式。资本支出预算贯彻"量入为出,量力而行"的原则,一方面,考虑从自有资金的范围拓展到举债经营；另一方面，也要考虑企业的偿债能力。

（二）财务预算

财务预算是有关企业现金收支、经营成果和财务状况的各项预算。包括现金预算和预计会计报表。

1. 现金预算

现金预算主要反映计划期间预计的现金收支的详细情况，供管理层筹措及控制资金。现金预算是企业在预算期内全部经营活动正常运行的保证，一般来说，现金预算主要包括四部分：

（1）现金流入部分，包括期初现金余额和预算期内的现金流入，预算期现金流入的主要内容是产品销售收入。

（2）现金流出部分，包括预算期内预计的各项现金流出，除正常生产经营现金流出之外，还包括上缴税金、支付股息红利和资本支出预算中属于计划期内的现金支出。

（3）现金多余部分或不足部分，列示了现金流入和现金流出合计之间的差额，差额为正，说明收大于支，现金有剩余，可用于偿还借款或进行短期投资；如差额为负，说明支大于收，现金不足，要考虑用包括银行借款在内的各种资金筹措方式来补充资金供应。

（4）资金的筹集和运用部分，提供预算期内预计向银行借款和偿还借款以及利息支出的详细资料。

2. 预计会计报表

预计会计报表，包括预计利润表、预计资产负债表和预计现金流量表。预计利润表是在上述各项经营活动的预算的基础上，按照权责发生制的会计原则进行编制的，其编制方法与编制一般财务报表的利润表相同。预计利润表揭示的是企业未来的经营情况，管理层可根据预计情况了解企业的发展趋势并适当调整经营策略，预计资产负债表反映计划期末各账户的预期余额。其编制方法为，在企业期初资产负债表的基础上，经过对业务预算和现金预算的相关数字进行调整，即可编制预计资产负债表。预计资产负债表可为企业提供期末企业预计财务状况的信息，同时，企业管理层可以预测未来期间的经营状况，并采取适当的预防性措施。预计现金流量表反映企业在一定预算期内有关现金和现金等价物流入流出的预计情况。

综上所述，经营预算、财务预算、资本支出预算三者的关系，如图 5-1 所示。

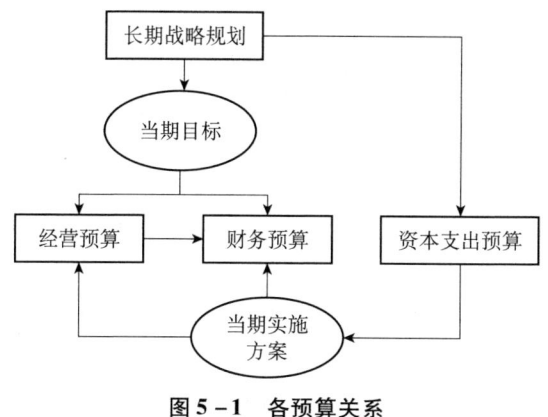

图 5-1 各预算关系

二、预算管理

（一）预算管理的基本流程

预算管理是现代企业管理的基本方式之一。现代企业管理不外乎是计划、组织、控制、考核等职能的循环，与此相适应，预算管理也是预算编制、执行、控制和考评的循环过程。具体来说，就是在执行编制好的预算过程中，先对执行进度和结果加以计量、分析，各部门找出产生差异的原因并对计量的结果进行审计，然后对产生的差异进行分析；在预算控制中，将差异分析的结论反馈给预算执行委员会。在满足预算调整的条件下，由预算管理委员会对预算进行调整；预算期末，将预算执行反馈结果作为预算考评的依据，实施奖惩管理，同时，将本期预算考评资料作为下期预算编制的依据，如此循环往复。

（二）预算管理的作用

预算管理的职能有两种：一种是决策管理；另一种是决策控制。决策管理是通过预算过程，将组织中某一部门的专门知识和信息传递到组织中的另一部门，以便做出资源配置决策。决策控制是以层层分解的预算目标为准，对组织内的活动进行监督和评价，并将绩效与报酬挂钩，以达到控制组织行为的目的。具体来说，预算管理的作用主要有以下几个。

1. 资源配置

企业管理的重要特征是通过将各种不同的资源内部化来节约交易成本，优化配置资产结构，从而发挥规模经营效益。通过财务预算可将资源分配给获利能力相对较高的部门或项目、产品，将企业资源加以优化整合，使资源浪费最小化而利用效率最大化。

2. 战略支持

财务预算通过规划未来的发展来指导现在的实践，具有战略性，对企业发展战略起着全方位的支持作用，使管理层在制订经营计划时更具前瞻性。战略支持最充分地体现在预算的动态性上，它通过滚动预算和弹性预算，将未来置于现实之中。财务预算是企业经营战略的具体化、明确化，使企业不仅有明确的目标，而且有具体的实施步骤，根据具体计划，可以帮助企业更好地执行经营决策。

3. 管理协调

在经营管理过程中，企业各部门之间及各部门与企业整体之间，存在着非常紧密的联系，这些联系往往又直接或间接地决定着企业整体利益与各部门及职工个人的局部利益。这就要求为了完成企业整体目标和任务，各部门必须密切配合，相互协调，统筹兼顾，合理安排。对于企业尤其是大企业来说，管理跨度的加大，信息的利用与控制功能的加强，需要通过一个机制来强化管理的协调。财务预算提供一种机制，即通过预算的编制、执行与监督，保证各子公司间、母公司与子公司间及各职能部门间的管理协调，使各方在统一目标下协调工作，共同完成各自的任务，实现企业总体目标。

4. 绩效评估

财务预算为考核评价各部门及员工工作业绩提供了依据，定期或不定期检查考评各职能部门所承担的经济责任和工作任务的完成情况，确保企业总目标的实现，是企业管理工作的重要组成部分。财务预算的意义不仅在于编制，更重要的是在企业各部门执行预算，一个预算期结束后，企业可以把实际的经营成果和预算进行对比。其意义在于：

（1）可以发现运行过程中的弊端和内部潜力，进一步摒除弊端，挖掘潜力；

（2）可以衡量员工的工作绩效，评估工作成绩、配合企业的奖罚制度，有效地激励员工；

（3）可以发现企业编制和执行预算中存在的问题，帮助企业改进和完善以后的预算工作。

5. 财务控制

财务预算可视为一种控制标准，使所有预算执行主体都知道自己的目标是什么，现在做得如何，如何努力地去完成预算。财务预算作为一种控制机制，它将预算主体和预算单位的行为调节到"自我约束"与"自我激励"上。

（三）预算管理工作的组织体系

为了使预算管理工作能顺利进行，必须设立与预算管理相配套的组织结构。财务预算的组织体系以预算管理委员会、预算管理委员会办公室为主体，跨部门设立预算责任网络，包括董事会、总经理、预算管理委员会、预算管理委员会办公室以及预算责任网络。

董事会是预算管理的最高决策机构。董事会依据公司的发展战略，结合股东的期望收益、经营环境、经营计划等因素，审议、批准公司上报的年度预算方案及其调整方案，并通过总经理授权预算管理委员会组织制定、下达正式年度预算方案及其调整方案。

总经理负责组织制订公司预算管理制度及预算方案，负责将董事会决议和公司年度经营计划落实在公司预算方案中，负责组织实施经董事会批准通过的预算方案及其调整方案，并对预算方案的执行负最终责任。

预算管理委员会是公司实施全面预算管理的最高管理机构，以预算会议的形式审议各项预算事项，是非常设机构。预算管理委员会主任由集团总经理兼任，预算管理委员会设秘书，委员由各职能主管担任。

预算管理委员会办公室设在公司财务部，是具体负责预算工作的常设机构，在预算管理委员会直接领导下负责预算管理文件编撰、预算指标的测定、预算的汇总编制、预算过程的监督和结果的评价等工作。

预算责任网络以公司的组织结构为基础，包括公司各部门。根据所承担的责任，预算划分为投资中心、利润中心以及成本费用中心。

第二节　财务预算的编制方法

财务预算的编制方法主要包括：固定预算、弹性预算、零基预算和滚动预算。

一、固定预算

固定预算又称静态预算，是指根据预算期内正常的可能实现的某一业务活动水平而编制，不考虑预算期内业务活动水平可能发生的变动的一种预算编制方法。它是一种与弹性预算对应的预算编制方法。其主要特点是，预算编出后，在预算期内除特殊情况外，一般对预算不加修改或更正，具有相对固定性。因此，固定预算法一般适用于经济业务比较稳定的公司或部门。例如，稳定业务活动的收入、成本和利润预算以及年度总预算等。

二、弹性预算

弹性预算是指，为了克服固定预算方法的缺点而设计的，以业务量、成本和利润之间的依存关系为依据，按照预算期可预见的各种业务量水平为基础，编制能够适应多种情况预算的一种方法。弹性预算的编制步骤如下：

（1）选择和确定各种经营活动的计量单位，如直接人工工时、机器工时等；

（2）根据预测确定可能达到的各种经营活动业务量；

（3）根据成本性态和业务量之间的依存关系，将公司生产成本划分为变动成本和固定成本两个类别，并分别确定各种预计业务量情况下变动成本总额、固定成本总额、混合成本总额以及销售收入总额。

弹性预算的主要特点是，在编制预算时要将所有的成本划分为变动成本和固定成本，变动成本按单位成本预算和控制，固定成本按总额预算和控制；预算总额根据成本性态和业务量计算确定，相应的现金流量也以此推定。弹性预算适用于月度、季度的收入、成本、利润预算。

三、零基预算

零基预算是指，一切从零开始，对所有业务重新进行详尽审查、分析、考核，从而编制预算的方法。它不受基期的束缚，从实际出发，评价各项活动的重要程度，完全按照预算期的经营目标和管理目标重新考虑每项预算支出的必要性及数额，并依次决定现有资金的分配顺序和分配数额。其主要特点是：

（1）零基预算的基础是零，本期的预算额是根据本期经济活动的重要性及资金的可供量确定的；

（2）零基预算要求对列入预算的一切业务活动都进行成本效益分析；

（3）零基预算除重视金额高低外，还从业务角度考虑问题，即按照业务工作的重要程度来分配有限的资金。零基预算适用于各种间接费用预算，尤其是职能部门的费用预算。

四、滚动预算

滚动预算又称连续预算或永续预算，是指以一年为固定长度，每过去一个月或一个季度，便补充一个月预算或一个季度预算，永续向前滚动而进行的预算。滚动预算的主要特点是，预算期是连续不断的，始终保持一定的期限。滚动预算要求一年中，前几个月的预算要尽可能的详细完善，后几个月的预算可以粗略一些，随着时间的推移，原来较粗的预算逐渐由粗变细，后面又随之补充较粗的预算，循环往复、不断滚动。滚动预算适用于现金流量预算。

上述四种财务预算编制方法不是独立无关的，而是相互联系的，在实际编制过程中大多是结合起来使用的。例如，预算可以采用弹性预算，但是编制期可以连续滚动下去；对弹性预算中的固定成本，可以采用零基预算法等。总之，在选择预算编制方法时，应遵循成本效益原则和满意原则。

第三节 现金预算

现金预算也称作现金收支预算，是指公司在整个预算期内所估计的现金收入和现金支出，并表明由此预计的现金收支所产生的结果。

现金预算是预算管理的一个重要组成部分，在整个预算管理体系中起到承上启下的作用，它是所有有关现金收支预算的汇总，通常包括现金收入、现金支出、现金多余或者现金不足，以及不足资金的筹集和多余资金的利用四个组成部分。现金预算是企业现金管理的重要工具，有助于企业合理安排和调动资金，降低资金的使用成本。

一、现金预算的基本原则

现金预算遵循的基本原则，是收支两条线原则和刚性预算原则。

(一) 收支两条线原则

收支两条线是指，收入一条线，支出一条线，两条线要分开。对企业内部的各个部门、各个单位，凡是有现金收入的，必须回到企业财务部门，任何其他部门和单位不能截留现金收入，坐支现金；凡是有现金支出的，必须按照预算规定的项目、金额和时间，由财务部门划拨支出。一般情况下，收支两条线原则适用于自收自支、自负盈亏的独立法人。

(二) 刚性预算原则

刚性预算原则是预算的刚性要强，弹性要小。企业全部现金收支必须都纳入预算范围，预算一旦通过，任何人不能随意修改，且在预算执行的过程中，没有预算不能开支，杜绝一切超预算开支。如果对于预算的修改和超支没有刚性限制，就会使得预算流于形式，不能发挥应有的作用。

二、现金预算的编制方法

现金预算的具体编制方法，有现金收支法、净损益调整法和估计资产负债表法。这三种方法所采用的原始资料是相同的，但各自所利用的预测技术有所不同。

(一) 现金收支法

现金收支法也称现金预算的"直接编制法",它指以预算期内各项经济业务实际发生的现金收付数额为依据来编制现金预算的方法。

在具体运用现金收支法时,首先,要根据本期销售预算等资料,预计本期营业现金收入和其他现金收入。其他现金收入主要是指,公司投资活动和筹资活动的现金收入,如银行借款、出售固定资产收入等。其次,再根据本期各项费用预算资料,预计本期的营业现金流出和其他现金流出,其他现金流出主要是指,公司投资活动和筹资活动的现金流出,如购买固定资产、支付利息费用等现金流出。最后,根据上述资料预计本期现金结余的最低存量,并以此推算本期现金的不足数或溢余数;不足现金应设法通过采用不同的筹资方式弥补,而溢余现金则可以用于归还借款或进行投资等。总之,作为企业的理财者,必须加强对现金的有效管理。

现金收支法的优点是简单明了、容易被人理解。缺点是按收付实现制原理编制现金预算,与按权责发生制原理编制的利润表之间的相关关系不明显。因为在很多情况下现金流量和公司的利润是不同步的,这样就可能导致公司管理者对现金预算重要性的认识不足。用现金收支法编制的现金预算,一般格式如表5-1所示。

表5-1 现金预算(现金收支法)

项目	1月	2月	3月	…	12月
预计本期现金收入总额					
营业现金收入					
其他现金收入					
预计本期现金支出总额					
营业现金支出					
其他现金支出					
预计本期现金净流入					
加:期初现金余额					
本期现金余额					
减:现金最低存量					
本期现金溢缺数					

(二) 净损益调整法

净损益调整法也称现金预算的"间接编制法",它指将以权责发生制为基础确定的税后利润作为现金预算编制的出发点,通过逐笔调整处理各项影响损益和现金余额的会计事项,从而将本期的净收益调整为本期的现金净收入的方法。

在具体运用净损益调整法时,首先,要将按照权责发生制原理得出的预计损益数,加上不减少现金的费用支出,减去不增加现金的各种收入,将其调整为按照现金收付实现制原理计算的净损益数;其次,再加减与本期损益无关的现金收入和现金支出数,从而调整得出预算期的现金净收入数;最后,再加上期初现金余额,减去期末最低存量现金,得出预算期现金的溢缺数。

净损益调整法的优点是,能够体现公司某一时期现金流量与净损益之间的关系,使按权责发生制基础计算的净损益与按现金收付实现制基础确定的现金净流量能够在一张现金预算表中得以体现,既反映了公司的损益情况,也反映了现金的溢缺情况。净损益调整法的缺点是财务人员不能对现金收入和现金支出的各项经济业务进行逐项预测和分析,管理人员很难根据预测数来执行现金收支预算。如果一旦发生较大的预算差异,财务人员将不得不重新编制全部的现金预算,而不能对某些项目进行修正。因此,预算准确性较差的企业,不适合采用这种方法。用净损益调整法编制的现金预算,一般格式如表 5-2 所示。

表 5-2　　　　　　　　现金预算（净损益调整法）

项目	1月	2月	3月	…	12月
税后净收益					
加：不减少现金的费用支出					
减：不增加现金的收入					
现金收付制计算的税后利润					
加：与本期损益无关的现金收入					
减：与本期损益无关的现金支出					
各期现金净流入					
加：期初现金余额					
本期现金余额					
减：现金最低存量					
本期现金溢缺数					

（三）估计资产负债表法

估计资产负债表法是指,对资产负债表中除现金以外的各个项目进行逐一估计,然后,根据会计基本恒等式推算出公司一定时期现金余额的现金预算方法。

在具体运用估计资产负债表法时,先要编制一张估计的资产负债表,然后,根据会计恒等式（现金＝负债＋所有者权益－非现金资产）测算出现金的余额。如果现金余额为正数,表明现金溢余;反之,表明现金短缺。

估计资产负债表法的优点是比较简单,也符合会计原理,能全面揭示公司投入的资金总额。其缺点与净损益调整法的缺点基本相同。

用估计资产负债表法编制的现金预算,一般格式如表 5-3 所示。

表 5 – 3　　　　　　　　　现金预算（估计资产负债表法）

项目	行次	预算金额
资产	1	
应收账款	2	
存货	3	
固定资产	4	
资产合计（除现金外）(2+3+4)	5	
负债及所有者权益	6	
应付账款	7	
应交税金	8	
应付工资	9	
股本	10	
留存收益	11	
负债及所有者权益合计（7+8+9+10+11）	12	
预计本期现金余额	13	
加：期初现金余额	14	
减：期末现金最低余额	15	
本期现金溢缺数	16	

三、现金预算的编制与执行程序

（一）现金支出预算

各个责任中心在制订生产经营计划和各项工作计划的同时，编制现金支出预算，报送预算管理委员会办公室。现金支出预算要按照标准定额逐项核算编制，关键是要细致。

（二）现金收入预算

预算管理委员会办公室与销售部门一起，以销售预测为基础编制现金收入预算。由于各项收入与各项支出相比刚性小、弹性大，所以，在预算执行过程中一定要将关注的重点放在收入上，以确保收入尽可能地回收。为了保证在企业经营不善的情况下也能够执行预算，可以用弹性预算方法编制现金收入预算。

（三）现金收支预算

由预算管理委员会主持、各责任中心的主管参加，编制全公司的现金收支预算方案。预算管理委员会要明确支出原则、支出方向和支出重点，这样，预算管理委员会才能对企业的人力、财力、物力进行综合平衡。

（四）讨论通过并执行现金收支预算

现金收支预算方案在经过预算管理委员会办公会议讨论通过之后，交由预算管理委员会办公室负责具体执行。预算管理委员会讨论通过现金收支预算，其主要目的在于进一步对企业的人力、财力、物力进行综合平衡；另外，也赋予预算以强制效力。

（五）预算考核和激励

在预算期末，对预算的执行情况进行检查和考核，对超预算开支要追究当事人的责任。成本超支虽然不利，但是过多的节约也未必值得鼓励，因此，对于一贯提供精确预算的管理人员应给予适当奖励。总之，预算管理的结果一定要在企业的激励机制中加以体现，实施奖惩管理，否则就容易使预算流于形式，起不到应有的作用。

第四节　预计财务报表

预计财务报表是财务管理工作的重要工具，主要包括预计利润表、预计资产负债表和预计现金流量表。

一、预计利润表

预计利润表，又称损益预算或利润预算，是综合反映企业在预算期间的收入、成本费用及经营成果状况的预算。它以经营预算为基础，按照权责发生制原则进行编制，其编制方法与编制一般利润表的方法相同。预计利润表揭示企业未来的盈利状况，企业管理部门可以据此了解企业未来的发展趋势并适时调整企业的经营策略。

预计利润表与实际利润表的内容、格式相同，只是其数据是预测的。表 5-4 是某公司的预计利润表。

表 5-4　　　　　　　　　　某公司的预计利润表　　　　　　　　　　单位：元

项目	资料来源	金额
销售收入	销售预算	650 000
变动成本		
产品销售成本	产品成本预算	280 000
销售及管理费用	销售费用、管理费用变动部分预算	20 000
边际贡献		350 000

续表

项目	资料来源	金额
固定成本		
制造费用	制造费用预算	70 000
销售及管理费用	销售费用、管理费用固定部分预算	52 000
财务费用	财务费用预算、现金预算	19 000
税前利润		
减：所得税	估计	30 000
净利润		179 000

在表 5-4 中,"所得税"一项是在利润指标规划时估计得到的,在现金预算中列入,通常不是根据利润表和税率计算出来的。从预算编制程序上看,如果根据"利润总额"和税率计算所得税,就需要修改现金预算,进而修改"利润总额",从而导致数字的循环修改。

二、预计资产负债表

预计资产负债表是反映预算期末企业财务状况的预算。它以预算期初的资产负债表为基础,以经营预算、资本支出预算和现金预算作为依据,对有关项目进行调整之后编制而成。企业管理部门可以根据预计资产负债表了解企业未来期间的财务状况,以便采取有效措施。

预计资产负债表与实际资产负债表的内容、格式相同,只是数据反映的是预测的预算期末企业财务状况。表 5-5 是某公司的预计资产负债表。

表 5-5　　　　　　　某公司的预计资产负债表　　　　　　　单位：元

资产		负债	
项目	金额	项目	金额
货币资金	1 300 000	应付账款	175 000
应收账款	600 000	流动负债小计	175 000
存货	75 000	实收资本	800 000
流动资产小计	1 975 000	留存收益（3）	1 650 000
固定资产原值（1）	1 200 000	所有者权益小计	2 450 000
减：累计折旧（2）	550 000		
固定资产净值	650 000		
资产总计	2 625 000	负债及所有者权益合计	2 625 000

注：(1) 由年初余额加上年内预计购置新设备而得；
　　(2) 由年初数加上本年预计折旧而得；
　　(3) 由年初数加上预计税后利润减预计支付的股息而得。

三、预计现金流量表

预计现金流量表是从现金的流入和流出两个方面反映预算期内企业经营活

动、投资活动和筹资活动所产生的现金流量的预算。它是在已编制的现金预算的基础上，结合企业预算期内相关的现金收支资料编制而成的。预计现金流量表的编制，有利于了解预算期内企业的现金流转情况和企业经营能力，更能突出表现一些长期的资金筹资和使用方案对预算期内企业的影响，有利于发现问题、修正预算。

预计现金流量表与实际现金流量表的内容、格式相同，只是数据反映的是预测的预算期内的现金流量。

本章小结

1. 全面预算是由一系列预算按其经济内容及其相互关系有序排列组成的有机整体，包括经营预算、资本支出预算和财务预算等内容，各部分预算前后衔接、互相勾稽。预算管理是预算编制、执行、控制和考评的循环过程。预算管理的作用，主要有资源配置、战略支持、管理协调、绩效评估、财务控制等。

2. 财务预算的组织体系，包括董事会、总经理、预算管理委员会、预算管理委员会办公室和预算责任网络。

3. 财务预算的编制方法主要包括：固定预算、弹性预算、零基预算和滚动预算。

4. 现金预算也称作现金收支预算，是指公司在整个预算期内所估计的现金收入和现金支出，并表明由此预计的现金收支所产生的结果。

5. 预计财务报表是财务管理工作的重要工具，主要包括预计利润表、预计资产负债表和预计现金流量表。

思考题：

1. 预算体系包括哪些内容？各项预算之间的关系如何？
2. 财务预算编制的方法有哪些？
3. 如何编制弹性预算？
4. 滚动预算有哪些优点和缺点？如何编制滚动预算？
5. 现金预算包括哪些内容？如何编制现金预算？
6. 什么是预计财务报表？其和传统的会计报表相比有哪些异同？

第六章　融资管理

 学习目标

1. 掌握资金需求量的销售百分比预测方法。
2. 掌握债权融资中的长期借款和融资租赁两种形式，并能熟练做出相关决策。
3. 掌握股权融资中的上市前融资方式：私募股权融资的特点。
4. 了解其他融资方式。

第一节　融资管理概述

融资，广义上讲，是货币资金的融通，是指经济主体（包括国家、企业和个人）通过各种方式在金融市场上筹措资金的经济行为。狭义上讲，则是一个企业的资金筹集行为，即企业根据自身生产经营、对外投资以及调整资本结构的需要，通过科学的预测运用一定的融资方式，从一定的融资渠道筹措所需资金的财务活动。

一、企业融资动机

企业融资的基本目的是为了维持自身的生存和发展。企业具体的融资活动通常受特定融资动机的驱使，企业的融资动机会影响企业的融资规模、融资渠道和融资方式，对企业的融资行为和融资结果都会产生直接影响。企业的具体融资动机多种多样，概括起来主要有以下几类：

（一）创建性融资动机

创建性融资动机是指，企业在创建时为保证初期生产经营活动能够顺利开展而产生的融资动机。企业创建时，要根据设定的生产经营规模测算资金需求量，通过吸收投资者直接投资或发行普通股筹集资本金,资本金不足部分还需筹措短期或长期的债务资金。

(二) 扩张性融资动机

扩张性融资动机是指,企业为了扩大生产经营规模或追加对外投资而产生的融资动机。具有良好发展前景、处于成长时期的企业通常会产生扩张性融资动机,这些企业或者为了更新生产设备、引进生产技术、开发新产品、开拓新市场、并购企业,或者为了获得更高的对外投资收益,往往需要筹措大量资金。

(三) 调整性融资动机

调整性融资动机是指,企业为了调整优化现有资本结构而产生的融资动机,具体又可分为主动调整性融资动机和被动调整性融资动机。主动调整性融资动机是指,企业为了优化资本结构而产生的融资动机,当企业债务资金比例较高、资本结构不太合理时,可以通过筹措一定量的自有资金来降低债务资金比例。被动调整性融资动机是指,企业由于财务状况恶化而被迫产生的融资动机,当企业现有的支付能力不足以清偿到期债务时,企业必须另外筹措新的资金偿还债务。企业因被动调整性融资动机筹措到的资金只能解决短期燃眉之需,若企业长期盈利能力无法得到改善,企业终将破产。

(四) 混合性融资动机

混合性融资动机是指,企业既需要扩大生产经营规模或追加对外投资,又需要调整优化现有资本结构而产生的融资动机。混合性融资动机属于扩张性融资动机和调整性融资动机的混合,也可称为双重性融资动机。这种双重性融资动机所引发的融资行为,最终常常会使得企业既增加了资金总额,又调整了资本结构。

二、企业融资分类

(一) 按资金来源渠道不同分类

企业融资的来源渠道分为权益融资和债务融资两类。权益融资是指,企业通过吸收直接投资、发行股票、内部积累等方式向投资人筹措资金。权益资金不需要归还,融资风险较小,但因为投资人预期的报酬率较高,所以企业付出的资本成本也相对较高。债务融资是指,企业通过借款、发行债券、融资租赁、利用商业信用等方式向债权人筹措资金。债务资金要按期归还,融资风险相对较高,但因为债权人预期的报酬率比投资人相对较低,所以企业付出的资本成本相对也较低。

(二) 按是否通过金融机构分类

企业融资按是否通过金融机构，分为直接融资和间接融资两类。直接融资是指，企业通过商业票据、股票、债券等方式直接从最终投资者手中筹措资金。直接融资在企业和最终投资者之间建立起直接的借贷关系或权益资本投资关系，筹措的资金能够得到快速合理地配置，因为没有中间环节，所以企业付出的资本成本相对较低。间接融资是指，企业通过向银行等金融机构取得借款的方式间接从最终投资者手中筹措资金。间接融资的资金供求双方通过金融中介机构间接实现资金融通，企业从银行等金融机构手中筹措资金，与金融机构之间建立债权债务关系或资本投资关系；而最终投资者则投资于银行等金融机构，与金融机构之间形成债权债务关系或其他投资关系。间接融资相比直接融资而言，因在融资规模、融资期限等方面受到的限制相对较少，企业通过间接融资筹措资金相对比较灵活便利。但由于银行等金融机构要从中获取服务收益，所以，企业付出的资本成本相对直接融资而言较高。

(三) 按融资期限长短分类

企业融资按所筹措资金使用期限的长短，分为短期融资和长期融资两类。短期融资是指，企业通过利用商业信用、向银行等金融机构取得短期借款等方式筹措一年内使用的资金。短期融资筹措到的资金主要投资于现金、应收账款、存货等，一般可在短期内收回。长期融资是指，企业通过吸收投资、发行股票、发行公司债券、向银行等金融机构取得长期借款、融资租赁和内部积累等方式筹措使用期限一年以上的资金。长期融资筹措到的资金，主要投资于开发新产品、扩大生产经营规模、厂房设备更新等，一般需要几年甚至十几年才能收回。

(四) 按资金取得方式不同分类

企业融资按资金取得方式不同，分为内源融资和外源融资。内源融资是指，企业通过留存收益内部积累的方式在企业内部筹措资金。内源融资以留存收益作为融资工具，不需要对外支付利息或股利，不会减少企业的现金流，由于资金来源于企业内部也不会发生融资费用。但由于留存收益的数额有限，若企业仅仅依靠内源融资筹措资金，很可能无法满足企业日益扩张的投资需求。外源融资是指，企业通过发行股票、发行债券、向银行等金融机构借款等方式向其他经济主体筹措资金。外源融资相比内源融资而言，具有融资渠道广泛、融资方式多样、资金供应量充足、融资时机灵活等优点。当然，由于外源融资是从企业外部筹措资金，因此，融资成本相对较高。

(五) 按融资结果是否反映在资产负债表上分类

企业融资按其结果是否在资产负债表上得以反映,分为表内融资和表外融资。表内融资是指,企业通过吸收投资、发行股票、发行债券、向银行等金融机构借款、融资租赁等能直接引起资产负债表中负债或所有者权益发生变动的融资方式筹措资金。表外融资是指,企业通过经营租赁、代销商品、来料加工等不会直接引起资产负债表中负债或所有者权益发生变动的融资方式筹措资金。

三、企业融资渠道和融资方式

(一) 企业融资渠道

企业融资渠道是指,企业筹措资金的来源和途径。目前,我国企业的融资渠道主要有以下几种:

1. 国家财政资金

国家财政资金是国有企业的主要资金来源,国家财政资金具有充足的来源和稳定的基础,是国有大中型企业权益资本融资的主要渠道。

2. 银行信贷资金

银行信贷资金是各类企业融资的重要来源,随着经济的发展,银行信贷资金的规模也在不断发展壮大,加上贷款方式能够灵活适应企业的各种需要,且有利于加强宏观控制,因此,银行信贷资金是各类企业债务资本融资的主要供应渠道。

3. 非银行金融机构资金

非银行金融机构主要包括,保险公司、信托公司、证券公司、基金公司、租赁公司、企业集团财务公司等。非银行金融机构为各类企业提供各种金融服务,既包括信贷资金投放服务,也包括物资的融通服务,还包括为企业承销证券的金融服务等,同时,非银行金融机构的资金供应比较方便灵活,具有广阔的发展前景。

4. 其他法人单位资金

其他法人单位可以将其部分暂时闲置的可支配资金通过联营、入股、购买债券以及各种短期商业信用的方式在企业之间相互调剂余缺,这种资金既可以是短期临时的资金融通,也可以是相互投资形成长期稳定的经济联合。随着横向经济联合的发展,企业与企业之间的资金联合和资金融通得到了越来越广泛地发展。

5. 个人资金

企业职工和城乡居民手中暂时闲置的资金都属于个人资金。企业可以通过发行股票、发行债券等方式,广泛地向社会公众募集资金,将个人闲散资金聚集起来，充分利用这一潜力巨大的资金来源。

6. 企业内部积累资金

企业内部积累资金主要是指，企业的留存收益，包括盈余公积和未分配利润。企业内部积累的留存收益是企业补充生产经营资金的来源渠道，也是影响企业其他渠道融资的基础。

7. 中国港澳台资金及国外资金

除上述主要的融资渠道外，企业还可以向中国香港、澳门、台湾地区及国外的投资者吸收资金，目前，这已成为企业的一个重要融资渠道。

（二）企业融资方式

企业融资方式是指，企业筹措资金的具体方法和形式。目前，我国企业的融资方式主要有以下几种：

1. 吸收直接投资

吸收直接投资是指，企业以协议等形式吸收国家的、其他法人单位的、个人等投资者直接投入资金形成企业资本金的一种融资方式。吸收投资是非股份制企业筹措权益资本的一种基本方式。

2. 发行股票

发行股票是指，符合条件的股份有限公司按照法定的程序，向投资者或原股东发行股份募集资本金的一种融资方式。发行股票是股份有限公司筹措权益资本的一种主要方式。

3. 借款

借款是指，企业根据借款合同向银行或非银行金融机构借入的、按规定期限还本付息的款项。借款是各类企业筹措长期债务成本或短期债务成本的一种主要方式。

4. 发行债券

发行债券是指，企业通过发行约定在一定期限还本付息的有价证券向债权人筹措资金的一种融资方式。发行债券是企业债务融资的一种重要方式。

5. 融资租赁

融资租赁是指，企业向租赁公司提出购买资产要求，在契约或合同规定的较长期限内租入资产支付租金的一种信用业务。企业通过融资租赁的方式融通资金，融资租赁是承租企业筹措长期债务资本的一种特殊方式。

6. 商业信用

商业信用是指，企业之间在商品交易中因延期付款或预收货款而形成的借贷关系，是企业之间的直接信用行为。商业信用是企业之间融通短期资金的一种主要方式。

7. 内部积累

内部积累是指，企业利用从净利润中提留的盈余公积和未分配利润等内部积累的留存收益筹集资金的一种融资方式。内部积累是各企业长期采用的融资方式。

四、企业融资原则

企业资金的来源渠道多种多样，不同来源的资金其所能融资总量的多少、资金占用时期的长短、资本成本的高低、限制条款的宽严、融资难易程度的大小都不相同。为了能有效地筹措到企业所需资金，必须全面考量资金筹集的综合经济效益。具体来说，应遵循以下基本原则：

（一）适度规模原则

企业的融资规模受到注册资本限额、债务契约约束、投资规模大小等各种因素的影响，而且处于不同发展阶段的企业对资金的需求量也不是一成不变的。企业应结合自身生产经营状况、盈利能力和投资需求，合理预测资金需求量，确定适度融资规模，确保企业既能避免因资金筹措不足而影响正常的生产经营，又能防止因资金筹集过多而引起资金闲置甚至加剧财务负担。

（二）适时筹措原则

企业应考虑货币资金的时间价值原理，根据企业财务战略和投资计划，合理安排所需资金的筹措时间，使融资与投资在时机上相互匹配衔接，确保企业既能避免因过早筹措资金而造成资金投放使用前的闲置浪费，又能防止因取得资金时间滞后而错过资金投放使用的最佳时机。

（三）结构合理原则

企业的资本结构是指，权益资本与债务资本的比例关系。融资时企业应协调好权益资本与债务资本的比例关系，保持资本结构合理适当，确保企业既能有效地利用负债经营从而提高权益资本的获利水平，又能防止因债务资本比例过高而导致财务风险过大甚至陷入财务危机。

（四）成本效益原则

企业的融资方式多种多样，不同融资方式的融资成本有高有低、各不相同。企业在选择融资方式时应对比分析、综合考察各种融资方式的资本成本，力求降低综合资本成本，确保企业既能适度、适时、合理地筹措到所需资金，又能尽力降低综合资本成本以使得经济效益最大化。

第二节 资金需求量的预测

资金需求量的预测是企业融资决策的前提,企业融资前应采取科学的方法,合理地预测资金的需求量,确保筹集的资金既能满足生产经营的需要,又不会有太多的闲置。资金需求量的预测方法多种多样,归纳起来,可分为定性预测方法和定量预测方法两大类。

一、定性预测方法

定性预测方法是指,依靠个人经验和主观分析判断能力来预测资金需求量的方法。这种预测方法通常在企业缺乏完备准确的历史数据资料时采用,先由熟悉财务和生产经营情况的专家根据积累的经验进行分析判断,提出对企业资金需求量预测的初步意见;然后,通过召开座谈会等多种形式,对预测的初步意见进行讨论,继而提出修正补充意见。经过一次或几次这样的反复之后,形成企业资金需求量预测的最终结论。

预测资金需求量应与企业的生产经营规模相联系,生产经营规模扩大会引起资金需求量的增加,反之亦然。然而,定性预测方法由于是依靠个人经验进行的预测,带有一定的主观性,因此,无法直接揭示资金需求量与企业生产经营规模之间的数量关系。

二、定量预测方法

定量预测方法是指,根据已掌握的比较完备的历史数据资料,运用一定的数学方法进行科学的加工整理,借以揭示资金需求量与销售额等相关变量之间规律性联系的预测资金需求量的方法。定量预测方法有很多,最常见的方法有销售百分比法和资金习性预测法。

(一) 销售百分比法

销售百分比法是根据销售额与资产负债表和利润表项目之间的比例关系,预计各项目的金额,进而预测资金需求量的方法。这一方法的应用有两个基本假定前提:一是企业的部分资产和负债与销售额同比例变化;二是企业各项资产、负债和所有者权益结构已达到最优。根据与销售额的关系,可将资产负债表和利润表项目分为敏感项目和非敏感项目。敏感项目是指，短期内与销售额保持同比例变化的项目；非敏感项目是指，短期内不随销售额的变动而变动的项目。资产负债表中资产敏感项目一般包括货币资金、应收票据、应收账款、预付款项和存货，其余为非敏感项目。需要特别注意的是，某些非敏感资产短期内虽不随销售额变动，但长期看会出现阶梯式跳跃。比如，固定资产，在一定生产经营规模范围内，固定资产规模保持不变；但当生产经营规模超出范围时，固定资产规模则会扩充。这种阶梯式跳跃的项目，应单独考虑。资产负债表中负债敏感项目一般包括应付票据、应付账款、预收款项、应付职工薪酬、应交税费，其余为非敏感项目。资产负债表中所有者权益项目，实收资本和资本公积一般是非敏感项目，盈余公积和未分配利润每年的增加额等于净利润乘以利润留存比例。利润表中敏感项目一般包括营业成本、营业税金及附加、销售费用、管理费用、所得税费用，其余为非敏感项目。

【例 6-1】E 公司 2014 年的资产负债表和利润表，见表 6-1、表 6-2。

表 6-1　　　　　　　　　E 公司 2014 年资产负债表　　　　　　　　单位：万元

资　产	金　额	负债和所有者权益	金　额
货币资金	80	短期借款	100
交易性金融资产	80	应付账款	180
应收票据	40	应付职工薪酬	60
应收账款	320	应交税费	100
存货	120	长期借款	350
长期股权投资	80	股本	1 100
固定资产	1 400	资本公积	110
无形资产	80	留存收益	200
资产总计	2 200	负债和所有者权益总计	2 200

表 6-2　　　　　　　　　E 公司 2014 年利润表　　　　　　　　单位：万元

项　目	金　额
营业收入	8 000
减：营业成本	5 000
营业税金及附加	400
销售费用	820
管理费用	1 580
财务费用	50
加：投资收益	350
营业利润	500
加：营业外收入	100
利润总额	600
减：所得税费用	150
净利润	450

E 公司利润表中营业收入项目全部来源于销售额,公司预计 2015 年销售额为 9 000 万元。为扩大生产经营规模,公司决定于 2015 年新购置价值 500 万元的厂房和机器设备。公司的股利分配率为 60%,所得税税率为 25%。试编制该公司 2015 年预计利润表和预计资产负债表,并按销售百分比法预测该公司 2015 年的资金需求量。

根据上述资料编制 2015 年预计利润表和预计资产负债表,见表 6-3、表 6-4。

表 6-3　　　　　　　　　　E 公司 2015 年预计利润表

项目	2014 年实际数(万元)	占销售额百分比(%)	2015 年预计数(万元)
营业收入	8 000	100	9 000
减:营业成本	5 000	62.5	5 625
营业税金及附加	400	5	450
销售费用	820	10.25	922.5
管理费用	1 580	19.75	1 777.5
财务费用	50		50
加:投资收益	350		350
营业利润	500		525
加:营业外收入	100		100
利润总额	600		625
减:所得税费用	150		156.25
净利润	450		468.75

预计 2015 年留存收益增加额 = 468.75 × (1 - 60%) = 187.5(万元)

表 6-4　　　　　　　　　　E 公司 2015 年预计资产负债表

资产	2014 年实际数(万元)	占比(%)	2015 年预计数(万元)	负债和所有者权益	2014 年实际数(万元)	占比(%)	2015 年预计数(万元)
货币资金	80	1	90	短期借款	100	—	100
交易性金融资产	80	—	80	应付账款	180	2.25	202.5
应收票据	40	0.5	45	应付职工薪酬	60	0.75	67.5
应收账款	320	4	360	应交税费	100	1.25	112.5
存货	120	1.5	135	长期借款	350		350
长期股权投资	80	—	80	股本	1 100		1 100
固定资产	1 400		1 900	资本公积	110		110
无形资产	80		80	留存收益	200		387.5
资产总计	2 200	—	2 770	负债和所有者权益总计	2 200	—	2 430

根据上述计算可知,按销售百分比法预测 E 公司 2015 年的资金需求量为:

预计 2015 年资金需求量 = 2 770 - 2 430 = 340(万元)

用销售百分比法预测资金需求量时,也可以运用下面简便的公式计算:

$$预计资金需求量 = \Delta S\left(\sum \frac{RA}{S} - \sum \frac{RL}{S}\right) - \Delta RE + M$$

在上式中，ΔS 为预计销售额增加额；$\sum \frac{RA}{S}$ 为敏感资产总额占销售额的百分比；$\sum \frac{RL}{S}$ 为敏感负债总额占销售额的百分比；ΔRE 为预计留存收益增加额；M 为其他影响因素，如阶梯式跳跃增加额。

根据〖例 6-1〗的资料，运用式（6-1）预测 E 公司 2015 年的资金需求量为：

$$预计 2015 年资金需求量 = 1\,000 \times (7\% - 4.25\%) - 187.5 + 500$$
$$= 340（万元）$$

销售百分比法是一种相对简单、粗略的定量预测方法，尽管与定性预测方法相比，销售百分比法考虑了资金需求量与企业生产经营规模之间的数量关系，但这种数量关系的假定前提也具有一定的主观性。如敏感项目与非敏感项目的绝对划分、敏感项目与销售额的同比例变动等，因此，这种预测方法得到的资金需求量可能与实际有一定出入。

（二）资金习性预测法

资金习性预测法是根据资金习性来预测资金需求量的方法。资金习性是指，资金的变动与产销量变动之间的依存关系。资金按照资金习性分为不变资金、变动资金和半变动资金。不变资金是指，在一定产销量范围内，不受产销量变动影响而保持固定不变的那部分资金，如为维持生产经营而占用的最低数额的现金、原材料的保险储备、必要的成品储备、厂房机器设备等固定资产占用的资金等。变动资金是指，随产销量的变动而同比例变动的那部分资金，如直接构成产品的原材料、最低储备以外的现金、存货、应收账款等占用的资金。半变动资金是指，虽受产销量变动影响，但不成同比例变动的那部分资金。如一些辅助材料所占用的资金，半变动资金可按一定方法划分为不变资金和变动资金两部分。资金习性预测法，具体又有回归直线法和高低点法两种方法。

1. 回归直线法

回归直线法是假定资金需求量与产销业务量之间存在线性关系，根据历史数据资料建立线性回归数学模型，进而预测资金需求量的方法。回归直线法的预测模型如下：

$$y = a + bx$$

在上式中，自变量 x 为产销业务量；因变量 y 为资金需求量；截距 a 为不变资金；斜率 b 为单位变动资金。

【例 6-2】某公司 2010~2014 年的产销业务量和资金需求量，如表 6-5 所示。预计该公司 2015 年的产销业务量为 150 万件。试用回归直线法预测该公司 2015 年的资金需求量。

表 6 - 5　　　　　　　　　2010 ~ 2014 年产销业务量与资金需求量

年度	产销业务量 x（万件）	资金需求量 y（万元）
2010	120	100
2011	110	95
2012	100	90
2013	120	100
2014	130	105

（1）根据表 6 - 5 中的数据资料，计算整理得到表 6 - 6。

表 6 - 6　　　　　　　　　　回归直线方程数据计算

年度	产销业务量 x（万件）	资金需求量 y（万元）	xy	x^2
2010	120	100	12 000	14 400
2011	110	95	10 450	12 100
2012	100	90	9 000	10 000
2013	120	100	12 000	14 400
2014	130	105	13 650	16 900
$n = 5$	$\sum x = 580$	$\sum y = 490$	$\sum xy = 57\,100$	$\sum x^2 = 67\,800$

（2）将表 6 - 6 中的数据资料代入用最小平方法线性回归时建立的标准方程组：

$$\begin{cases} \sum y = na + b\sum x \\ \sum xy = a\sum x + b\sum x^2 \end{cases}$$

求得 $a = 40$；$b = 0.5$。代入 $y = a + bx$，得线性回归方程 $y = 40 + 0.5x$。

（3）将预计该公司 2015 年的产销业务量 150 万件代入线性回归方程，得到该公司 2015 年的资金需求量为 115 万元。

回归直线法通过利用多个年度的数据资料建立线性回归方程对资金需求量进行预测，与销售百分比法相比可以在一定程度上降低特殊年度对预测产生的偏差影响。但回归直线法也有局限性，体现在完全用历史数据对未来进行预测，没有充分考虑价格等因素的变动；另外，若未来外界因素突发重大变化，仅仅借助企业自身的历史数据对资金需求量进行预测，就会出现与实际情况严重不符的情况。

2. 高低点法

高低点法是根据企业一定期间内资金占用的历史资料，按照资金习性原理和 $y = a + bx$ 直线方程式，选用最高业务量期和最低业务量期的资金占用量之差，和这两期的业务量之差进行对比,先求 b 的值,然后,代入原直线方程,求出 a 的值,进而预测资金需求量的方法。高低点法的计算公式如下:

$$单位变动资金\ b = \frac{最高业务量期资金占用量 - 最低业务量期资金占用量}{最高业务量 - 最低业务量}$$

$$不变资金\ a = 最高业务量期资金占用量 - 单位变动资金\ b \times 最高业务量$$

$$或 = 最低业务量期资金占用量 - 单位变动资金\ b \times 最低业务量$$

【例 6-3】根据〖例 6-2〗的数据资料,试用高低点法预测该公司 2015 年的资金需求量。

(1) 根据表 6-6 中的数据资料,计算单位变动资金 b 和不变资金 a。

$$单位变动资金\ b = \frac{105 - 90}{130 - 100} = 0.5$$

$$不变资金\ a = 105 - 0.5 \times 130 = 40$$

$$或 = 90 - 0.5 \times 100 = 40$$

(2) 根据计算得到的 a 和 b,建立业务量与资金占用量之间的直线方程。

$$y = 40 + 0.5x$$

(3) 将预计该公司 2015 年的产销业务量 150 万件代入直线方程,得到该公司 2015 年的资金需求量为 115 万元。

需要注意的是,高低点法在选择高点、低点时,应根据业务量来选,而不能以资金占用量来选,因为业务量最高时,资金占用量不一定最高。

高低点法相比回归直线法而言,计算简便、易于理解,只需根据一高一低两组资料,就可求解。但也正是因为这种方法只根据最高、最低两组资料,而不考虑中间各组资料的变化,以偏概全,计算结果往往不够准确。

第三节 股权融资

权益性资本一般由投入资本和留存收益构成。权益融资是企业最重要的融资方式,本书从上市前的股权融资、上市及上市后的股权融资两个方面介绍。

一、上市前的股权融资

(一) 概述

企业上市前进行的股权融资通常是针对少数特殊对象募集资金,因此,也属于私募范畴。

私募股权融资是指，融资人通过协商、招标等非公开方式，向特定投资人出售股权进行的融资，包括股票发行以外的各种组建企业时的股权筹资和随后的增资扩股。私募股权融资是除债权融资和公开上市（包括买壳上市后的再融资）之外的一种主要的融资方式，是直接融资的一种。

1. 私募股权融资的特点

相对于债权融资和公募股权融资而言，私募股权融资的特点是：

（1）所融资金一般不需要抵押、质押和担保，私募发行不受公开发行的规章限制，能节约发行时间和发行成本。

（2）投资方不同程度地参与企业管理，并将投资方的优势与公司结合，为公司发展带来科学的管理模式、丰富资本市场运作经验以及市场渠道、品牌资源和产品创新能力等。如果投资者是大型知名企业或著名金融机构，它们的名望和资源在企业未来上市时还有利于提高上市股价、改善二级市场的表现。

（3）引进私募股权融资的过程中，可以对竞争者保密，因为信息披露仅限于投资者而不必像上市那样公之于众。

（4）没有上市交易，就没有现成的市场提供给非上市公司的股权出让方与购买方，而持币待投的投资者和需要投资的企业必须依靠个人关系、行业协会或中介机构来寻找对方。

（5）资金来源广泛，如富有的个人、战略投资者、风险基金。在国外，还有一些机构投资者，如杠杆收购基金、养老基金、保险公司等。

2. 私募股权融资的意义

1999年初，私募股权融资在中国是很少见的事情，但是，在国际资本市场却是非常普遍的，单从数量上私募股权融资也远远多于公募股权融资的数量。20世纪90年代中期以来，私募股权融资在我国进入快速发展阶段。为什么上市之前要私募股权融资呢？这里有很重要的原因：

（1）私募股权融资可以解决企业上市之前资金缺乏的问题，可以保持企业较高的增长速度，可以获得更高的销售收入和利润，在投资者面前表现出一个非常良好的增长趋势。私募股权融资可以通过引入战略资本帮助企业迅速扩大规模，从而在未来上市的时候更容易获得投资银行的调研支持和投资者的追捧。战略投资人（特别是国际战略投资人）所具有的市场视野、产业运作经验和战略资源，可以帮助进行私募股权融资的企业更快地成长和成熟起来。同时，战略性私募股权融资更有可能产生立竿见影的协同效应，从而在比较短的时间内改善企业的收入结构、成本结构，提高企业的核心竞争力并最终带来企业业绩和股东价值的提升。

（2）私募股权融资可以改善企业的股权结构、治理结构、财务制度、信息披露，企业存在的一些问题在私募股权融资过程中加以规范，未来上市之后会很轻松。无论是对于国有企业还是私有企业，这一点都至关重要。中国大多数企业（特别是国有企业）面临的最主要问题其实不是资金的问题，而依次是产权结构、治理结构、运营机制以及产业运作经验的问题。战略性私募股权融资恰恰在这几个方面能够为企业带来直接的助益。

（3）私募股权融资具有 IPO（首次公开发行股票，initial public offering）定价功能。国际上，以资本市场的 IPO 为目标存在着发达的资本私募市场。私募价格与公募价格之间也存在着相当大的关联性，IPO 定价之前，在私募市场上已经得到充分确认。经过确认之后的私募价格，已经与 IPO 价格有相当关联。据券商统计，如果是以三轮私募 IPO 为例，相对于 IPO 价格，第一轮私募价格通常是 IPO 价格的 35%～50%；第二轮私募的价格通常是 IPO 价格的50%～65%；第三轮私募价格通常是 IPO 价格的 65%～75%。

3. 私募与非法集资

私募在大多数情况下，不需要政府批准，只要公司股东大会作出股东大会决议即可，但以下几条界限在私募时是不可逾越的，否则就成了非法集资。

（1）不能利用公众媒体为融资做广告和宣传；

（2）不能承诺有固定的回报；

（3）人数限定，根据《中华人民共和国公司法》规定，有限责任公司的股东不超过 50 人，非上市股份有限公司股东不超过 200 人。

（二）私募股权融资方式

在企业发展的不同阶段，采取的私募股权融资的方式并不一致。企业成立之初，主要依靠创业人员的自有资金以及天使投资；在企业建设完毕开始投产时，可以吸引风险投资（VC）；在企业盈利产生时，可以吸引私募股权投资（PE）。

1. 引入创业资本与天使投资

企业融资的渠道不外乎两种：债务融资和股权融资。一般而言，一个企业资金来源会经过三个阶段：创业资本、私募和首次公开发行（IPO）。创业资本是公司形成阶段的资金，既有债务融资，又有股权融资，一般是用于企业的组建及业务、项目的启动资金。天使投资（angel investment）是自由投资者或非正式风险投资机构对原创项目的构思或小型初创企业进行的一次性的前期投资，是一种非组织化的创业投资形式。天使投资是风险投资的先锋。当创业设想还停留在创业者的笔记本中或脑海中时，风险投资很难眷顾它们。此时，一些个体投资人如同插上翅膀的天使，飞来飞去为这些企业"接生"。在风险投资领域，"天使"这个词指的是，企业家的第一批投资人，这些投资人在公司产品和业务成型之前就把资金投入进来。天使投资人通常是企业家的朋友、亲戚或商业伙伴，由于他们对该企业家的能力和创意深信不疑,因而愿意在业务远未开展起来之前就向该企业家投入大笔资金。通常,天使投资对回报的期望值为10~20倍,这是因为,他们决定出手投资时,往往在一个行业同时投资10个项目,最终只有一两个项目可能获得成功,只有用这种方式,天使投资人才能分担风险。

2. 引入风险投资

公司建立后,详细的业务计划及总体融资计划已经完成,新产品也经过了设计阶段,正处于试产品的制造过程,管理层主要成员也已各就各位,CEO的全部精力已用于企业的业务和未来的发展。此时此刻,公司急需大量资金以支持企业的发展,但公司若筹备首次新股公募,困难重重,难以完成。这时,即可采用私募的方式获得企业发展资金,主要是引入风险投资基金和私募股权基金。

所谓风险投资(venture capital,VC)是指,把资金投向蕴藏着较大失败危险的高新技术开发领域,以期成功后取得高资本收益的一种商业投资行为。风险投资是在市场经济体制下支持科技成果转化的一种重要手段,其实质是通过投资一个高风险、高回报的项目群,将其中成功的项目进行出售或上市,实现所有者权益的变现,这时不仅能弥补失败项目的损失,而且可以使投资者获得高额回报。通常所说的风险投资,是专指那些与高新技术产业化相联系的投资获得,即高科技风险投资的简称。

虽然风险投资者对新兴企业的风险投资,其标准和要求随市场环境、行业特点及投资机构的规定而不同,但至少有三点是共同的:一是要求被投资企业有很好的主体概念;二是要求被投资企业的管理者有基本良好的经营管理能力;三是要求在投资计划中必须安排未来通过上市构筑退出通道的计划。

3. 引入私募股权投资

私募股权投资(private equity,PE)是指,通过私募形式对非上市企业进行权益性投资,投资者按照其出资份额分享投资收益,承担投资风险。在交易实施过程中附带考虑了将来的退出机制,即通过上市、并购或管理层回购等方式,出售持股获利。

私募股权基金行业起源于风险投资,在发展早期主要以中小企业的创业和扩张融资为主,因此,风险投资在相当长的一段时间内成为私募股权投资的同义词。从20世纪80年代开始,大型并购基金的风行使得私募股权基金有了新的含义,两者主要的区别在投资领域上。风险投资基金投资范围限于以高新技术为主的中小企业的初创期融资和扩张期融资,私募股权基金的投资对象主要是那些已经形成一定规模并产生稳定现金流的成熟企业,这是其与风险投资基金最大的区别。PE与VC虽然都是对上市前企业的投资,但是两者在投资阶段、投资规模、投资理念和投资特点等方面都有很大的不同。VC更多地投资于早期、成长期,而 PE 则投资于成长期、上市前、IPO 后；VC 投资规模偏小，而 PE 投资规模较大；VC 属于财务性投资，PE 一般是战略性投资或产业整合；VC 一般是直接投资，而 PE 可以用财务杠杆投资。

二、上市及上市后的股权融资

（一）首次公开发行（IPO）

IPO 是指，通过证券交易所公开向公众投资者发行股票，以筹集权益资金的过程。IPO 是融资人首次公开发行股票融资的行为。IPO 的主要程序，包括准备、股份公司设立与辅导、申报与审核、发行与上市四个阶段。

1. IPO 的销售方式

普通股股票的销售方式是指，公司向社会公募发行股票时所采取的销售方法，主要有自销和承销两种。自销是指，发行公司直接将股票销售给认购者。自销的销售方式可以由发行公司直接控制发行过程，并可节省发行费用，但往往筹资时间较长，发行公司要承担全部发行风险。承销是指，发行公司将股票销售业务委托给证券经营机构代理。承销的销售方式是发行股票所普遍采用的方式。《中华人民共和国公司法》规定，股份有限公司向社会公开发行股票，必须与依法设立的证券经营机构签订承销协议，由证券经营机构承销。承销具体又可分为包销和代销两种方式。包销是指，根据承销协议商定的价格，由证券经营机构一次性购进发行公司公开募集的全部股票，然后，以较高的价格出售给社会上的认购者。对发行公司来说，包销的方式可以及时筹足资本，免于承担发行风险，股款未募足的风险由承销商承担，但股票以较低的价格出售给承销商会损失部分溢价。代销是指，证券经营机构代替发行公司代售股票，并由此获取一定的佣金，但不承担股款未募足的风险。对发行公司来说，代销的方式下股票的销售价格相对较高，但筹资速度相对较慢，且要承担发行风险。

2. IPO 的发行价格

普通股股票的发行价格是公司将股票出售给投资者的价格，也就是投资者认购股票时所支付的价格。设立发行股票时，发行价格由发起人决定；增资发行新股时，发行价格由股东大会决定。在确定股票价格时，要全面考虑股票面额、股市行情和其他相关因素。股票发行价格通常有等价、时价和中间价三种。等价是指，以股票面额为发行价格，即股票的发行价格与其面额等价，也称平价发行或面值发行。时价是指，以公司原发行同种股票的现行市场价格为基准来选择增发新股的发行价格，也称市价发行。中间价是指，取股票市场价格与面额的中间值作为股票的发行价格。以中间价和时价发行都可能是溢价发行，也可能是折价发行。但《中华人民共和国公司法》规定，公司发行股票不准折价发行，即不准以低于股票面额的价格发行。《中华人民共和国证券法》规定，股票发行采取溢价发行的，其发行价格由发行人与承销的证券公司协商确定。发行人通常会参考公司经营业绩、净资产、发展潜力、发行数量、行业特点、股市动态等因素确定发行价格。在实际工作中，股票发行价格可以通过市盈率法、净资产倍率法、现金流量折现法确定。

（1）市盈率法，根据拟发行上市公司的每股净收益和所确定的发行市盈率来决定发行底价的一种方法，是我国的新股询价定价方式，其计算公式为：

$$发行价格 = 每股净收益 \times 发行市盈率$$

（2）每股净资产倍率法，通过资产评估和相关会计手段确定发行公司拟募股资产的每股净资产，然后，根据市场状况将每股净资产乘以一定的溢价倍率以确定发行底价的一种方法。

（3）每股净现值法，也称为现金流量折现法，是通过预测公司每个项目未来若干年内每年的净现金流量，再按照市场公允的折现率，分别计算每个项目未来净现金流量的净现值，之后，将公司的净现值除以公司的股数，以每股净现值作为新股底价的一种方法。

（二）上市后股权再融资

公司上市后，随着经营规模的扩大，投资机会相应增多，仍会面临资金难题。利用资本市场进行再融资，是其快速扩张和解决资金难题的一项重要措施。公司上市以后的再融资方式，主要包括增发与配股。

1. 增发

增发是向包括原有股东在内的全体社会公众发售股票。公开增发是指，上市公司可通过公开发行股份进行股权再融资。定向增发指的是，向特定的股东增发新股。

通过增发方式进行再融资，主要的优点是：

（1）发行范围较大，不仅包括公司现有老股东，还包括加盟的新股东。

（2）能够在一定程度上调整和改善公司的股本结构，因为新股筹资是面向社会公众发行的，增发部分均为流通股，不会扩大原有的国有股和法人股总数，而相应提高了流通股的比例。

（3）相对于配股来说，增发数量上的限制较少，融资效率较高。

（4）增发价格与二级市场流通股价格更为接近，可以筹措到更多资金。

2. 配股

上市公司可以通过公开发行股份进行股权再融资，具体包括向原股东配售股份（简称"配股"）。更大的发行规模、较高的灵活性以及较低的发行风险，是增发规模逐渐增加的重要原因。在我国，自2002年后，增发已经逐步取代配股成为股权再融资的主要方式。

增发与配股的区别在于：①从募集资金规模上看，增发的筹资额要远高于配股。②在发行定价方面，增发的发行价通常有最低保证，增发价格应不低于公告招股意向书前 20 个交易日公司股票均价或前一个交易日的均价，同时，增发数量没有法定限制；而配股的发行价格由股东大会决定，通常比市场价格低，并且发行量不超过配售股份前股本总额的 30%。但增发规模大，会引起投资者的担心，并将其看成是一种"圈钱"行为，容易引起反感。③从发行风险来看，增发的发行风险要低于配股。因增发股票同时可向原股东进行优先配售。配股只能采用代销发行方式，代销期满，原股东认购股票的数量未达到拟配售数量的 70%，即为发行失败，发行人应按发行价并加算银行同期存款利息返还给已经认购的股东。

第四节 债权融资

债权融资是企业向债权人筹措资金，主要包括长期借款、发行债券、融资租赁等方式。

一、长期借款

长期借款是指，企业向银行或其他金融机构借入的期限在一年以上（不含一年）或超过一年的一个营业周期以上的各项借款。长期借款融资是各类企业筹措长期债务性资本的一种重要的融资方式。

（一）长期借款的种类

长期借款的种类有多种划分方法，根据不同的标准有不同的分类：

1. 按提供贷款的机构不同

长期借款按提供贷款的机构不同，可以分为政策性银行贷款、商业银行贷款和非银行金融机构贷款。政策性银行贷款是指，执行国家政策性贷款业务的银行向企业发放的贷款。政策性银行贷款一般利率较低、期限较长。商业银行贷款是商业银行向企业提供的贷款，商业银行贷款最为常见。非银行金融机构贷款是指，向除银行之外从事金融业务的机构借入的各项贷款。非银行金融机构贷款一般利率较高，且对企业的信用和担保条件的要求比较严格。

2. 按担保条件的不同

长期借款按担保条件的不同，可以分为信用贷款和抵押贷款。信用贷款是指,不需企业提供抵押品,仅凭其信用或担保人信誉而发放的贷款。抵押贷款是指,要求企业以抵押品作为担保的贷款。长期贷款的抵押品,常常是房屋、建筑物、机器设备、股票、债券等。

3. 按币种的不同

长期借款按币种的不同,可以分为人民币长期借款和外币长期借款。

4. 按还本付息的方式不同

长期借款按还本付息的方式不同,可以分为分期付息到期还本长期借款、到期一次还本付息长期借款和分期偿还本息长期借款。

5. 按贷款用途的不同

长期借款按贷款用途的不同,可以分为固定资产投资借款、更新改造借款、科技开发和新产品试制借款等。

(二) 长期借款的信用条件

按照国际惯例,银行发放长期贷款时往往要附加一些信用条件,主要有以下几个方面:

1. 借贷额度

借贷额度指,借款人与银行签订协议,规定的借入款项的最高限额。通常在信用额度内,企业可随时按需要向银行申请借款。如借款人超过限额继续借款,银行将停止办理借贷。例如,在正式协议下,约定企业的信贷额度为50万元,该企业已借用30万元,则该企业仍然可以申请20万元的借款,银行将予以保证。此外,如果企业信誉恶化,银行也有权停止借款。对信贷额度,银行不承担法律责任,没有强制义务。

2. 周转信贷协定

周转信贷协定与信贷额度不同,该协定指银行具有法律义务承诺提供不超过某一最高限额外的贷款。在协定的有效期内,银行必须满足企业在任何时候提出的借款要求。企业享用周转信贷协定必须对贷款限额的未使用部分向银行付一笔承诺费,一般来说,数额为该企业使用的信用额度的一定比率(0.2%左右)。银行对周转信贷协议负有法律义务。

3. 补偿性余额

补偿性余额指,银行要求的借款人在银行中保留按借款限额或实际借用额的一定百分比(通常为10%~20%)计算的最低存款金额。企业在使用资金的过程中,通过资金在存款账户上的进出,在银行存款的账户上始终保持一定的补偿性余额。银行的目的在于,降低银行的贷款风险,提高贷款的有效利率,以便补偿银行的损失。但从借款企业角度出发,这实际上增加了借款企业的利息,提高了借款的实际利率,加重了企业的财务负担。例如,某企业需要80 000元资金以清偿到期债券,而需要维持20%的补偿性余额,那么,为了获取这80 000元就必须借款100 000元。如果名义利率是8%，那么，实际利率就是10%。

4. 借款抵押

除信用借款之外，银行向财务风险大、信誉不好的企业发放贷款，往往需要抵押贷款，即企业以抵押品作为贷款的担保，以减少自己蒙受损失的风险。借款的抵押品通常是借款企业的应收账款、存货、股票、债券及房屋等。银行接受抵押品后，将根据抵押品的账面价值决定贷款金额，一般为抵押品的账面价值的30%~50%。企业接受抵押贷款后，其抵押财产的使用及将来的借款能力会受到限制。

5. 偿还条件

无论何种贷款，一般都会规定还款的期限。根据央行的相关规定，贷款到期后仍无力偿还的视为逾期贷款，银行要照章加收逾期罚息。贷款的偿还有到期一次还清和在贷款期内等额偿还两种方式，企业一般不希望采取后一种方式，因为这样会提高贷款的实际利率。

6. 以实际交易为贷款条件

当企业发生经营性临时资金需求，企业可以向银行贷款以求解决，银行根据企业的实际交易为贷款基础、单独立项、单独审批，最后做出决定并确定贷款的相应条件和信用保证。对这种一次性借款，银行要对借款人的信用状况、经营情况进行个别评价，然后才能确定贷款的利息率、期限和数量。除上述所说的信用条件外，银行有时还要求企业为取得借款而做出其他承诺，如及时提供财务报表，保持适当资产流动性等。如企业违背做出的承诺，银行可要求企业立即偿还全部贷款。

（三）长期借款的程序

向银行借入长期借款，一般要比短期借款复杂得多，因为长期借款可能会给银行带来较大的风险。长期借款时间长、数额较大，而在借款期限内，借款人的财务状况可能会发生很大变化，所以银行在从事长期贷款时一般都比较谨慎，要求按一定的程序来进行，这些程序可以概括为以下几步：

1. 提出借款申请

企业申请借款必须符合借款原则和贷款条件。金融部门对贷款规定的原则是：按计划发放，择优复制，有物质保证，按期归还。同时，企业申请贷款，还应当具备产品有市场、生产经营有效益、不挤占挪用信用资金、恪守信用等基本条件，并且应当符合以下要求：

（1）有按期还本付息的能力，原应付贷款利息和到期贷款已清偿；没有清偿的，已经做了贷款人认可的偿还计划；

（2）应当经过工商部门办理年检手续；

（3）已开立基本账户或一般存款账户；

（4）除国务院规定外，有限责任公司和股份有限公司对外股本权益性投资累计额未超过其净资产总额的50%；

（5）借款人的资产负债率符合贷款人的要求；

（6）申请中期、长期贷款的，新建项目的企业法人所有者权益与项目所需总投资的比例不低于国家规定的投资项目的资本金比例。

2. 银行审核申请

银行针对企业的申请，按照贷款条件，对借款企业进行调查，依据审批权限，核定企业申请的贷款金额和用款计划。审核的内容包括：

（1）企业的财务状况；

（2）企业的信用状况；

（3）企业的盈利稳定性；

（4）企业的发展前景；

（5）借款用途和期限；

（6）借款的担保品等。

3. 签订借款合同

经银行审核，借款申请获得批准后，银行与借款企业双方可进一步协调贷款的具体条件，签订正式的借款合同，规定贷款的数额、利率、期限和一些限制性条款。

4. 企业取得贷款

借款合同签订后，企业可在核定的贷款指标范围内，根据用款计划和实际需要，一次或分次将贷款转入企业的存款结算户。

5. 企业归还借款

贷款到期时，借款企业应依照贷款合同的规定，按期清偿贷款本金与利息或续签合同。一般而言，归还贷款的方式主要有三种：①到期日一次性归还。在这种方式下，还贷集中，借款企业需于贷款到期日前做好准备。②定期偿还相等份额的本金。即在到期之前定期（如一年或两年）偿还相同的金额，至贷款到期日还清全部本金。③分批偿还，每次金额不一定相等，便于企业灵活安排。贷款到期经银行催收，借款企业如不归还贷款，银行可根据合同规定，从借款企业的存款账户中扣除贷款本息及罚息。借款企业如因暂时财务困难，需延期归还贷款时，应向银行提交延期还贷计划，经审查核实，续签合同，按计划归还贷款。逾期期间，银行一般按逾期贷款计收利息。

（四）长期借款融资的优缺点

1. 长期借款融资的优点

（1）借款筹资速度快，企业利用长期借款筹资，一般所需时间较短，程序较为简单,可以快速获得现金。由于企业与银行直接打交道,可根据企业资金的需求状况提出要求,且因为企业经常与银行交往,彼此相互了解,对借款合同的有关条款内容和要求也相对熟悉,从而能避免许多不必要的麻烦。对企业来讲,与一家银行或为数不多的金融机构打交道,要比和一大批债券持有人打交道方便得多。

(2) 借款成本较低,利用长期借款筹资,其利息可在所得税前列支,故可减少企业实际负担的成本,因此,比股票筹资的成本要低得多;与债券相比,借款利率一般低于债券利率。此外,由于借款是在借款企业与银行之间直接商定,因而大大减少了交易成本。

(3) 借款弹性较大,在借款时,企业与银行直接商定贷款的时间、数额和利率等;在用款期间,企业如因财务状况发生某些变化,亦可与银行再行协商,变更借款数量及还款期限等。

(4) 企业利用借款筹资,与债券一样可以发挥财务杠杆的作用。

(5) 易于企业保守商业秘密,向银行办理借款,可以避免向公众提供公开的商业信息,因而也有利于减少财务秘密的披露,对保守商业秘密有好处。

2. 长期借款融资的缺点

(1) 筹资风险较高,借款通常有固定的利息负担和固定的偿付期限,企业的偿付压力很大,故借款企业的筹资风险较高。

(2) 限制条件较多,银行为了保证贷款的安全性,对借款的使用附加了许多约束条件,这可能会影响企业以后的筹资活动和投资活动。

(3) 筹资数量有限,一般不如股票、债券那样可以一次筹集到大笔资金。

(五) 长期借款的偿还

长期借款常见的偿还方式有:按复利计息,到期一次还本付息;按单利分期付息,到期一次还本;分期等额偿还法;完全分期等额偿还法等方法。下面,举例说明每种方法的长期借款偿还的计算以及企业的决策。

【例6-4】假设E公司向银行贷款500万元,期限为5年,年利率为10%。如果采用部分分期等额偿还法每年偿还的本金比例为10%。

要求:

(1) 分别按复利计息(到期一次还本付息)、单利分期付息(到期一次还本)、部分分期等额偿还法、完全分期等额偿还法4种不同的还款方式,编制长期借款偿还计算表。

(2) 如果该公司预计未来的投资收益率大于借款的利率,公司应选择何种偿还方式?

(3) 如果该公司预计未来的投资收益率小于借款的利率，公司应选择何种偿还方式？

解：（1）见表6-7。

表6-7　　　　　长期借款本息偿还计算表（利率10%）　　　　　单位：万元

还款方式	年份	年初尚未偿还债务	本年利息	年末支付金额	年末尚未偿还债务	支付总额
到期一次还本付息（复利）	1	500	50	0	550	
	2	550	55	0	605	
	3	605	60.5	0	665.5	
	4	665.5	66.55	0	732.05	
	5	732.05	73.205	805.255	0	
	到期偿付总金额 $T = P(1+i)^n = 500 \times (1+10\%)^5$					805.255
每年付息到期还本（单利）	1	500	50	50	500	
	2	500	50	50	500	
	3	500	50	50	500	
	4	500	50	50	500	
	5	500	50	550	0	
	$T = P(1 + i \times n) = 500 \times (1 + 10\% \times 5)$					750
每年支付本金10%	1	500	50	100 (50+50)	450	
	2	450	45	95 (50+45)	400	
	3	400	40	90 (50+40)	350	
	4	350	35	85 (50+35)	300	
	5	300	30	330 (300+30)	0	
						700
每年等额偿还本利和	1	500	50	131.90	418.1	
	2	418.1	41.81	131.90	328.01	
	3	328.01	32.80	131.90	228.91	
	4	228.91	22.89	131.90	119.9	
	5	119.9	11.99	131.90	0	
	$A = 500/(P/A, 10\%, 5) \approx 131.90$； $T = 131.9 \times 5$					659.5

（2）如果该公司预计未来的投资收益率大于借款的利率，说明该公司有着良好的投资机会，在这种情况下，该公司应该进行利润率更高的投资，将资本留在手中而不要急于偿还借款，因此，应该选第一种还款方式最为有利，即选择按复利计息，到期一次还本付息的偿还方式，因为在这种方式下，公司可以利用的资本额最高。

（3）如果该公司预计未来的投资收益率小于借款的利率，说明该公司没有好的投资机会，在这种情况下，该公司应该尽量冲销银行债务，减少资金支出，因此，应该选第四种还款方式最为有利，即选择完全分期等额偿还法，因为在这种方式下，公司应支付的总金额最少。

二、发行债券

债券是经济主体为筹集资金而发行的用以记载和反映债权债务关系的有价证券。债券是一种古老的有价证券,在我国证券市场上,债券先于股票出现。

(一)债券的种类

债券按照不同的划分标准,有许多不同的分类。

1. 按发行主体不同

债券按发行主体不同,可以分为政府债券、金融债券和公司债券。政府债券发行主体是政府,主要是解决由国家投资的公共设施和重点建设项目的资金需要以及弥补财政赤字。金融债券的发行主体,是银行或非银行金融机构。发行的目的,是用于某种特殊用途或用来改变自身的资产负债结构。公司债券是公司依照法定程序发行、约定在一定期限还本付息的有价证券,公司发行债券主要是为了经营需要。

2. 按利息支付方式不同

债券按利息支付方式不同,可以分为附息债券、贴现债券、累进利率债券和零息债券。附息债券是按照息票规定,每一段固定时间领取利息的债券,如每年领取一次。贴现债券是指,在票面上不规定利率,发行时按某一折扣率,以低于票面金额的价格发行,到期按照面额偿还本金的债券。零息债券是一种没有利息的债券。累进利率债券是指,以利率逐年累进方法计息的债券,累进利率债券的利率随着时间的推移,后期利率将比前期更高,呈累进状态。这种利率设置的目的,就是鼓励人们长期持有债券。

3. 按债券形态不同

债券按形态不同,可以分为实物债券、凭证式债券和记账式债券。所谓实物债券,就是一种具有标准格式实物券面的债券。凭证式债券是发行人在债权人认购债券后给予一张收款凭证,它不是债券发行人印制的标准格式的债券,这种凭证式券面上不印制金额,可记名、挂失,不能上市流通。记账式债券是没有实物形态的票券,而是在电脑账户中作记录。若投资者进行记账式债券的买卖,就必须在证券交易所开立账户。由于记账式债券的发行和交易均无纸化,所以效率高、成本低、交易安全。

(二)发行债券的程序

(1)公司董事会制定发行公司债券的具体方案。
(2)公司权力机关作出发行公司债券的决议。
(3)依照《中华人民共和国公司法》和《中华人民共和国证券法》的规定,

报经国务院证券监督管理机构或者国务院授权的部门批准。

（4）发行公司债券的申请经国务院授权的部门或者国务院证券监督管理机构核准后，公告公司债券募集办法。

（5）公开发行公司债券的，通过有承销资格的证券公司以代销或者包销的方式向社会公开发行。

（三）发行债券融资的优缺点

1. 发行债券融资的优点

（1）资本成本较低，与股票的股利相比，债券的利息允许在所得税前支付，公司可享受税收上的利益，故公司实际负担的债券成本一般低于股票成本。

（2）可利用财务杠杆，无论发行公司的盈利多少，持券者一般只收取固定的利息，若公司使用资金后收益丰厚，增加的收益大于支付的债息额，则会增加股东财富和公司价值。

（3）保障公司控制权，持券者一般无权参与发行债券公司的管理决策，因此，发行债券一般不会分散公司控制权。

（4）便于调整资本结构，在公司发行可转换债券以及可提前赎回债券的情况下，便于公司主动的合理调整资本结构。

2. 发行债券融资的缺点

（1）财务风险较高，债券通常有固定的到期日，需要定期还本付息，财务上始终有压力。在公司不景气时，还本付息将成为公司严重的财务负担，有可能导致公司破产。

（2）限制条件多，发行债券的限制条件比长期借款、融资租赁的限制条件多且严格，从而限制了公司对债券融资的使用，甚至会影响公司以后的筹资能力。

（3）筹资规模受制约，公司利用债券筹资一般受一定额度的限制。《中华人民共和国公司法》规定，发行公司流通在外的债券累计总额不得超过公司净产值的40%。

三、融资租赁

融资租赁是指，企业向租赁公司提出购买资产要求，在契约或合同规定的较长期限内租入资产、支付租金的一种信用业务。企业通过融资租赁的方式融通资金，融资租赁是承租企业筹措长期债务资本的一种特殊方式。

（一）融资租赁的形式

1. 直接租赁

直接租赁是融资租赁的最普遍、最简单，也是最主要的形式。即租赁公司通过筹集资金,直接购入承租企业选定的租赁物品,并给承租企业使用的一种租赁形式。按出租人、承租人、供货人参与,至少由融资租赁合同、购买合同两个合同构成,具有不可解约性。因为设备是承租人特殊定购的,是特定设备,如果承租人解约,出租人很难再将此设备租给他人,出租人为此要承担较大的风险。这种租赁方式关系简单、手续较为简便。

2. 转租赁

转租赁是指,以同一物件为标的物的多次融资租赁业务。在转租赁业中,上一租赁合同的承租人同时又是下一租赁合同的出租人,称为转租人。转租人从其他出租人处租入租赁物件,再转租给第三人,转租人以收取租金差为目的,并可分享第一出租人所在国的税收优惠政策。在转租赁业务中,上游出租人可以是境内的租赁公司,也可以是境外的租赁公司;下游出租人是境内的租赁公司。通常产生转租赁业务的动机是:由于某些限制,上游的境外出租人只有通过下游的境内出租人才有可能进入我国租赁市场;而上游出租人出于风险的考虑,又不愿意直接租赁,公司通常要求承租人支付抵押金,用以弥补在购买合同签订后承租人解约带来的损失。

3. 售后回租

售后回租的具体操作办法是:物件的所有人将该物件卖给出租人,出租人支付了货款后取得了该物件的所有权;然后,物件原所有人以承租人的身份,向出租人租赁该物件,根据双方签订的《融资租赁合同》,承租人在约定的期限内分期向出租人交付租金,直至重新取得物件的所有权。

4. 杠杆租赁

杠杆租赁是融资租赁的一种高级形式,适用于金额巨大、使用期长的资本密集型物件的长期租赁。面对金额如此巨大的项目,出租人往往没有能力单独支付货款,因此,他自筹资金20%~40%,享有物件的所有权,其他资金通过银行等金融机构提供无追索权的贷款,但同时需要出租人以租赁物件作为抵押,以转让租赁合同作为担保。在杠杆租赁中,出租人可仅就自己筹措的20%~40%部分的资金纳税。

(二)融资租赁的程序

(1)项目的沟通,融资租赁公司寻找承租人,进行市场开发,或者承租人向租赁公司提出融资租赁申请。融资租赁公司与承租人进行初步洽谈,达成合作意向。出租人和承租人对双方的资信状况进行审查。

(2)项目的审查和评估,租赁公司根据其所掌握的承租人的状况以及项目的基本情况,按照项目评估条件对项目进行初步的定性评估和定量评估。融资租赁项目开始前,融资租赁公司都要对承租人的资信状况进行审查。租赁公司对项目进行评估，决定是否进行本次融资租赁交易。

（3）项目前期策划，租赁公司根据承租企业的不同需求和实际情况，为其选择适当的融资租赁方式，同时，确定租期以及租金支付方式。

（4）买卖合同的签订，租赁公司、承租人与出卖人进行谈判，应注意融资租赁交易中买卖合同的特殊性。

（5）融资租赁合同的签订。

（6）买卖合同的履行，包括付款、交货、运输和保险、报关、收货和商检、安装调试和验收、索赔等。

（7）融资租赁合同的履行，包括起租、收取租金、租赁物的保养维修、租期的确定等。

（8）融资租赁合同的终止。

（三）融资租赁的优缺点

1. 融资租赁的优点

（1）拓宽融资渠道、操作便捷，融资租赁的主要形式是通过"融物"的方式，为企业提供一条新的融资途径，拓宽企业的融资渠道，由于银行贷款的特点是门槛高、审查严、程序长，中小企业相对信用差，很难获得银行的资金贷款支持。而融资租赁信用审核手续相对简单，操作便捷，融资速度较快。

（2）使用资金灵活，相对于其他融资方式，采用租赁融资对提供给企业的资金监管较为宽松，有利于企业资金灵活安排。

（3）不占用企业授信额度，企业通过在部分国家试点租赁企业获得的资金，不记入征信系统，不占用企业的授信额度，有利于企业通过租赁公司融资平台与银行开展深层次、全方位的合作。

（4）提高企业经营的灵活性，融资租赁具有方式灵活、可随时退租的特点，企业选择这种方式引进固定资产，可以在市场条件好的时候迅速扩大生产规模，在市场萎缩时灵活退出，有利于提高企业经营的灵活性。

（5）改善公司财务状况，与银行贷款方式不同，融资租赁属于表外融资，租金不体现在财务报表的负债项目中，资金可以在财务管理中列为税前项目。承租人采用融资租赁方式租入固定资产时，一般可获得3~5年的中长期融资，相比采用银行流动资金贷款或短期商业信用而言，既能改善流动比率、速动比率等短期偿债能力指标，也可以相对降低承租人的资产负债率、提高资产收益率指标等。

（6）加速折旧，同时具有节税功能，根据政策"企业技术改造采取融资租赁方式租入的机器设备，折旧年限可按租赁期限和国家规定的折旧年限孰短的原则确定，但最短折旧年限不短于三年"，间接地起到了加速折旧的作用。企业可以按照最有利的原则，尽快折旧，把折旧费用打入成本。

(7) 到期还本负担较轻,银行贷款一般是采用整笔贷出,整笔归还。而租赁公司却可以根据每个企业的资金实力、销售季节性等具体情况,为企业定做灵活的还款安排。例如,延期支付、递增支付和递减支付等,使承租人能够根据自己的企业状况定制付款额。

2. 融资租赁的缺点

(1) 资金成本较高;
(2) 不能享有设备的残值;
(3) 固定的租金支付构成一定的负担;
(4) 相对于银行贷款,风险因素较多。

(四) 融资租赁与借款购买的决策

比较二者的现金净流出量的现值,其最低者就是应选择的方案。

1. 决策程序

(1) 计算融资租赁的税后净现金流出量的现值。

$$P_{租赁} = \sum [年租赁费 - (年实际利息 + 年折旧) \times 所得税税率] \times 复利现值系数$$

(2) 计算借款购买的税后净现金流出量的现值。

$$P_{借款} = \sum [年偿还额 - (年实际利息 + 年折旧) \times 所得税税率] \times 复利现值系数$$

比较 $P_{租赁}$ 和 $P_{借款}$,取其最低者即为应选择的融资方式。

2. 应注意的问题

(1) 关于折现率的确定,我国《企业会计准则》规定:"能够取得出租人租赁内含利率的,应当采用租赁内含利率作为折现率;否则,应当采用租赁合同规定的利率作为折现率。承租人无法取得出租人的租赁内含利率且租赁合同没有规定利率的,应当采用同期银行贷款利率作为折现率"。

(2) 关于维修费的处理,维修费属于与方案决策的无关成本。

(3) 关于残值的处理,在融资租赁方式下,残值不予考虑;在借款购入方式下,残值作为报废期的现金流入量予以考虑。

【例 6-5】假设 D 公司需要一套生产设备,有两种方式取得:举债购置和融资租赁,见表 6-8 ~ 表 6-10。

(1) 采用举债购置方式,设备的购买价为 50 000 元,使用年限为 5 年,使用期满无残值,设备采用直线法计提折旧,每年折旧为 10 000 元。公司每年需支付 1 000 元的维修费进行设备维修。债务利率为 10%,利息每年年末支付。

(2) 采用融资租赁方式,租赁费率为 8%,每年需支付租赁费 11 595 元,连续支付 5 年,每次在期初支付,每年同样需支付维修费 1 000 元。

若公司的所得税税率为40%，折现率按债务利率计算，借款要求分期等额偿还。

要求：为该公司做出是举债购入还是融资租赁购入的决策？

解：（1）计算融资租赁的税后现金流出量及其现值。

表6-8　　　　　　　　　融资租赁的税后现金流出量及其现值　　　　　　　　　单位：元

期数 (t)	租赁费 1	每年应付利息 $2 = 4_{t-1} \times 8\%$	每年应付本金 $3 = 1-2$	尚未支付本金 $4 = 4_{t-1} - 3$	每年折旧额 5	节税额 $6 = (2+5) \times 40\%$	净现金流出量 $7 = 1-6$	净现金流出量现值 $8 = 7 \times (P/F, 6\%, t)$
0	11 595	—	11 595	38 405	—	—	11 595	11 595
1	11 595	3 072	8 523	29 882	10 000	5 229	6 366	5 980
2	11 595	2 391	9 204	20 678	10 000	4 956	6 639	5 909
3	11 595	1 654	9 941	10 737	10 000	4 662	6 933	5 821
4	11 595	859	10 737	—	10 000	4 344	7 251	5 744
5	—	—	—	—	10 000	4 000	(4 000)	(2 989)
								∑32 060

（2）计算举债购买的税后现金流出量及其现值。

①确定借款利息。

表6-9　　　　　　　　　　借款利息的计算　　　　　　　　　　　单位：元

年末 (t)	年偿还额 1	年初本金 2	利息支付额 $3 = 2 \times 10\%$	本金偿还额 $4 = 1-3$	年末本金 $5 = 2-4$
1	13 189	50 000	5 000	8 189	41 811
2	13 189	41 811	4 181	9 008	32 803
3	13 189	32 803	3 280	9 909	22 894
4	13 189	22 894	2 289	10 900	11 994
5	13 189	11 994	1 195	11 994	0

②计算确定税后现金流出量及其现值。

表6-10　　　　　　　　举债购买的税后现金流出量及其现值　　　　　　　　单位：元

年末 (t)	偿还额 1	利息费 2	折旧费 3	节税额 $4 = (2+3) \times 40\%$	净现金流出量 $5 = 1-4$	净现金流出量现值 $6 = 5 \times (P/F, 6\%, t)$
1	13 189	5 000	10 000	6 000	7 189	6 782
2	13 189	4 181	10 000	5 672	7 517	6 690
3	13 189	3 280	10 000	5 312	7 877	6 614
4	13 189	2 289	10 000	4 916	8 273	6 553
5	13 189	1 195	10 000	4 478	8 711	6 509
						∑33 148

结论：该套设备应当融资租赁而不是借款购入。

第五节　其他方式融资

一、发行认股权证

认股权证是一种约定该证券的持有人可以在规定的某段期间内，有权利按约定价格向发行人购买标的股票的权利凭证。

（一）认股权证的基本要素

一是，发行人，认股权证的发行人为标的上市公司，而衍生权证的发行人为标的公司以外的第三方，一般为大股东或券商。在后一种情况下，发行人往往需要将标的证券存放于独立保管人处，作为其履行责任的担保。

二是，看涨权证和看跌权证，当权证持有人拥有从发行人处购买标的证券的权利时，该权证为看涨权证。反之，当权证持有人拥有向发行人出售标的证券的权利时，该权证为看跌权证。认股权证一般指看涨权证。

三是，到期日，是权证持有人可行使认购（或出售）权利的最后日期。该期限过后，权证持有人便不能行使相关权利，权证的价值也变为零。

四是，执行方式，有美式执行方式和欧式执行方式两种。在美式执行方式下，持有人在到期日以前的任何时间内均可行使认购权；而在欧式执行方式下，持有人只有在到期日当天才可行使认购权。

五是，交割方式，包括实物交割和现金交割两种形式。其中，实物交割指，投资者行使认股权利时从发行人处购入标的证券；而现金交割指，投资者在行使权利时，由发行人向投资者支付市价高于执行价的差额。

六是，认股价，是发行人在发行权证时所定下的价格，持证人在行使权利时以此价格向发行人认购标的股票。

七是，权证价格，由内在价值和时间价值两部分组成。当正股股价即指标的证券市场价格高于认股价时，内在价值为两者之差；而当正股股价低于认股价时，内在价值为零。但如果权证尚未到期，正股股价还有机会高于认股价，因此，权证仍具有市场价值，这种价值就是时间价值。

八是，认购比率，是每张权证可认购正股的股数，如认购比率为0.1，就表示每十张权证可认购一股标的股票。

九是，杠杆比率，是正股市价与购入一股正股所需权证的市价之比，杠杆比率可用来衡量"以小博大"的放大倍数，杠杆比率越高，投资者盈利率也越高。当然，其可能承担的亏损风险也越大。

（二）认股权证融资的优缺点

1. 认股权证融资的优点

（1）吸引投资者，认股权证为投资者提供了一个以小博大的理财工具，可以有效地刺激投资者投资，使发行公司较容易筹措到所需资金。

（2）降低筹资成本，由于认股权证具有价值，因此，附认股权证债券的票面利率就会低于一般债券的票面利率。

（3）增加额外权益资本来源，利用发行认股权证的方式融资，发行公司不仅可以获得降低资本成本的利益，还可以获得由此带来的认股权行使后增加的额外权益资本。

2. 认股权证融资的缺点

（1）认股权证行使的时间具有不确定性，认股权证的行使权掌握在投资者手中，何时行使权力往往不能为公司所控制，在公司急需资金时，这笔资金的数额不能满足需求，但又不便采取其他融资方式时，会使公司处于既有潜在的资金来源又无资金可用的困境之中。

（2）稀释普通股收益，当认股权证行使时，普通股股份增多，每股收益下降，同时，也稀释了原股东对公司的控制。

（3）认购价格不易确定，认股权是投资者的选择权，它取决于投资者对股票价值与价格的预期，该预期受多种因素影响，其中，涉及期权价值的复杂计算，因此，认购价格不易确定。

二、发行可转换债券

可转换债券是债券的一种，它可以转换为债券发行公司的股票，通常具有较低的票面利率。从本质上讲，可转换债券是在发行公司债券的基础上，附加了一份期权，并允许购买人在规定的时间范围内将其购买的债券转换为指定公司的股票。

（一）可转换债券的基本要素

（1）票面利率，与普通债券一样，可转换债券也设有票面利率。可转换债券的票面利率是可转换债券的发行人向投资者定期支付可转换债券转换前利息的依据。较高的票面利率对投资者的吸引力较大，因此有利于发行，但较高的票面利率会对可转换债券的转股造成较大的压力，发行公司也将支付较高的利息，财务风险较大。

（2）面值，我国可转换债券的面值是100元，最小交易单位为1 000元。

（3）发行规模，即发行公司发行一次可转换债券的总额。可转换债券的发行规模不仅影响企业的偿债能力，而且影响企业的股本结构，因此，发行规模是可转换债券一个很重要的因素。

（4）期限：

①债券期限，可转换债券发行公司通常根据自己的偿债计划、偿债能力及股权扩张步伐来制定可转换债券的期限。我国发行可转换债券的期限，规定为3~5年。

②转换期限，可转换债券的转换期限是指，可转换债券转换为股份的起始日至结束日的期间。通常根据不同的情况可有四种期限：发行后某日至到期前某日；发行后某日至到期日；发行日至到期前某日；发行日至到期日。

（5）转换比率和转换价格，转换比率是指，一个单位的债券能转换成的股票数量。转换价格是指，债券发行时确定的将债券转换成基准股票应付的每股价格。

（6）赎回条款，发行公司为避免利率下调所造成的损失和加速转换过程，以及为了不让可转换债券的投资者过多地享受公司效益大幅增长所带来的回报，通常设计赎回条款，这是保护发行公司及其原有股东的利益的一种条款。在同样的条件下，附加此种条款，发行公司通常要在提高票面利率或降低转换价格等方面向投资者适当让利，它也是发行公司向投资者转移风险的一种方式。

（7）回售条款，发行公司为了降低票面利率和提高转换价格，吸引投资者认购可转换债券，往往会设计回售条款，即当公司股票在一段时间内连续低于转股价格达到某一幅度时，以高于面值的一定比例的回售价格要求发行公司收回可转换债券的权利。回售条款是投资者向发行人转移风险的一种方式。

（8）转换调整条件，也称为向下修正条款，指当基准股票价格表现不佳，允许在预定的期限中，将转换价格向下修正，直至修正到原来转换价格的80%。转换调整条件是可转换债券设计中比较重要的保护投资者利益的条款。

（二）发行可转换债券融资的优缺点

1. 发行可转换债券融资的优点

（1）较低的筹资成本，由于投资者愿意为未来获得有利的股价上涨而付出代价，因此，可转换债券的发行者能够以相对于普通债券较低的利率及较少的条款限制发行可转换债券。根据《可转换公司债券管理暂行办法》规定，可转换债券的利率不超过银行同期存款的利率水平，而目前普通企业债券的年利率基本上都超过4%，由此看来，即使未来可转换债券到期没有转换成股票，企业以较低的利息率借入资金，对股东也是有利的。

（2）较高的发行价格，发行人可以通过发行可转换债券获得比直接发行股票更高的股票发行价格。即使一家公司可以有效地运用新的募集资金，但募集资金购买新设备并产生回报需要一段时间，直接发行新股一般会在短期内造成业绩的稀释，因此，该公司股票发行价通常低于股票市场价格。相比之下，发行可转换公司债券赋予投资者未来可转可不转的权利，且可转换债券转股有一个过程，业绩的稀释可以得到缓解。因此，在目前的国际市场上，通过认购可转换公司债券获得的标的股票，其价格通常比直接从市场上购买股票的价格高出5%～30%。我国《可转换公司债券管理暂行办法》规定，上市公司发行可转换债券的转股价格确定，是以发行可转换公司债前1个月股票的平均价格为基准上浮一定幅度，明显要高于目前增发和配股价格的水平。

（3）获取长期稳定的资本供给，可转换债券可以在一定条件下转换成没有到期日的普通股。一方面，克服了一般公司债券到期日需还本付息的偿债压力；另一方面，在其转换成股票后，该笔债务因转为股权而减少或消失，股权资本增加，固定偿还的债务本金转为永久性资本投入，降低了公司债务比例，使公司在某种程度上获得了相对稳定的资金来源。

（4）改善股权结构和债务结构，延长债务的有效期限，可转换债券由于兼具债券和股票等特性，在转股前，构成公司负债；转股后，则成为公司的资本金。因此，它成为公司股权比重和债务比重的调节器。如果公司控股股东的股权比重过高，可以通过发行可转换债券募集资金回购股权以提高每股收益。如果公司的债务比重过大，短期债务过多，则可以通过发行可转换债券来代替短期债务，延迟公司的偿债期限。

（5）税盾作用，转换债券利息可以作为企业的财务费用，而股票红利则不可以，所以，适当运用可转换债券可起到节约税收的效果。

（6）对投资者具有吸引力，可转换债券可以使企业进行融资更加便利。附加转换特性对于追求投机性和收益性融于一身的投资者颇具吸引力。特别是在债券市场疲软时，投资者对股权市场较有兴趣的时候，非常有助于促进可转换债券的发行。可转换债券兼有债券、期权和股票三种金融产品的部分特点，可以满足这三方面潜在投资者的要求，投资者来源较广。

2. 发行可转换债券融资的缺点

（1）增加发行公司还本付息的风险，作为债券，就要承担到期还本付息的责任。可转换债券尽管票面利率一般低于同期银行存款利率，但低于的幅度是很难确定的。利率高，成功发行的可能性大一些；利率低，成本低一些，但有可能丧失吸引力。同时，即使低于同期银行存款利率，仍会承受利率波动的风险。可转换债券虽然存在较长时间和机会转换为股票，甚至附加回售条件，但总存在一次性偿付本息的压力。若可转换公司债券发行后，股票价格低迷，发行者不仅不能通过可转换公司债券的转股来降低财务杠杆，而且，可转换公司债券的集中偿付有可能在还债前后给公司的财务形成压力。而一旦出现到期兑付，即意味着可转换债券的转换失败，可转换债券持有者的不信任很可能造成公司的商誉危机，对发行公司造成负面影响。

（2）恶化发行公司的债务结构风险，可转换债券在发行时会提高发行公司资本结构中的负债比率，降低股东权益比率。如果转换成功，负债比率便会下降，股东权益比率重新上升。但如果股价表现不好或股市低迷，股价低于转换价格，投资者就会宁愿承受利息的损失也要求还本，放弃转换权，这样会直接导致公司的财务负担过重，债务结构恶化。

（3）控制权转移危险，如果可转换公司债券持有者不是公司原有股东，可转换公司债券转股后公司的控制权可能有所改变，还可能带动兼并、收购等情况的发生。

（4）股价上扬风险，如果标的股票市场价格大幅上涨，当初采用普通债券融资对于发行公司来说更为有利。在股票价格过高的情况下转股，使得公司只能以较低的固定转换价格换出股票，从而降低了公司的股权筹资额。

三、资产证券化

（一）资产证券化的概念

资产证券化（asset-backed-securitization，ABS）是以项目所属的资产为支撑的证券化融资方式。具体来说，就是以项目所拥有的资产为基础，以该项目资产可以带来的预期收益为保证，通过在资本市场上发行债券等筹集资金的一种方式。

（二）资产证券化的过程

（1）确定 ABS 融资的目标。

（2）组建特殊目的的载体（special purpose vehicle，SPV）。在证券行业，SPV 也称为特殊目的机构/公司，其职能是在离岸资产证券化过程中，购买、包装证券化资产和以此为基础发行资产化证券，向国外投资者融资，是指接受发起人的资产组合，并发行以此为支持证券的特殊实体。

（3）项目资产的真实出售。

（4）完善交易结构，进行内部评级。

（5）信用增级。

（6）进行信用评级，安排销售证券。

（7）获得证券发行收入，向原始权益人支付购买资产池的价款。

（8）资产管理。

（9）清偿抵押支撑证券，对聘用机构付费。在规定的时间，托管银行将积累金拨入。

（三）资产证券化的特点

以转让资产的方式获取资金，所获资金不表现为负债，因此，不会影响企业的资产负债率。同时将多个发起人所需融资的资产集中到一个资产池进行证券化，实现基础资产多样性。使资产证券化具有风险低、资本成本较低的优点。

另外，在实际企业融资管理中，还可采用银团贷款、委托信托贷款等多种方式融资。

银团贷款也叫辛迪加贷款，是指由获准经营贷款业务的一家银行或数家银行牵头，多家银行与非银行金融机构参加而组成的银行集团，采用同一贷款协议，按商定的期限和条件向同一借款人提供融资的方式。一般来说，银团贷款金额大、期限长，贷款条件较优惠，既能保障项目资金的及时到位又能降低建设单位的融资成本，是重大基础设施或大型工业项目建设融资的主要方式。

委托信托贷款是由信托公司引入定向资金，与资金需求方在贷款期限、贷款利率达成一致后草拟双方的借款合同。资金提供方为降低委托信托贷款风险，要求由银行提供委托信托贷款担保。银行为降低担保风险将要求资金需求方的上级公司提供反担保。

本章小结

1. 资金需求量的预测方法有定性预测方法和定量预测方法，定量预测法中重点介绍了销售百分比法和资金习性预测法。
2. 股权融资的方式主要包括：上市前的股权融资方式——私募股权融资，上市及上市后的股权融资方式，包括IPO、增发以及配股。债权融资的方式有长期借款、发行债券、融资租赁。
3. 长期借款的主要偿还方式及优势比较。
4. 融资租赁与长期借款购买资产的选择决策。
5. 其他方式融资介绍了发行认股权证、发行可转换债券、资产证券化等。

思考题：

1. 企业资金需求量预测的方法有哪些？
2. 私募股权融资的优缺点是什么？
3. 借款融资的优缺点是什么？
4. 发行债券融资的优缺点是什么？
5. 融资租赁与借款融资相比的优缺点是什么？

第七章 项目投资管理

 学习目标

1. 掌握项目投资的概念及特点。
2. 掌握项目投资现金流量的概念及内容。
3. 掌握时间性评价指标的内容及特点。
4. 掌握价值性评价指标的内容及特点。
5. 掌握比率性指标的内容及特点。
6. 了解敏感性分析的方法。

第一节 项目投资概述

一、项目投资的相关概念

项目投资是以特定项目为对象直接与新建项目或更新改造项目有关的长期投资行为,从性质上看,它是企业直接的、生产性的对内投资。其目的是为了保证企业的再生产和扩大再生产项目。投资是企业发展战略的重要组成部分,直接关系到企业未来的发展方向、发展速度和增长潜力,也直接影响企业今后的经营行为、资产运作和市场竞争能力。

(一) 项目投资的特点

一般来说,项目投资作为一种长期投资行为,具有以下几个特点:

(1) 投资数额大,影响时间长。项目投资,特别是新建项目、扩建项目的投资,数额很大,投资后对企业的影响时间也比较长。投资成功,可以使企业在未来很长一段时间内受益;投资失误,也会在很长一段时间内造成企业资金周转不畅,阻碍企业的正常发展。

（2）建设期长，回收速度慢，项目投资一般要数年才能完成，特大的项目工程，如大型钢铁公司、大型石化公司、大型水电站的建设期则更长。项目投资的回收是由项目投产经营后产生的净现金流量来实现的，需要较长时期才能全部回收投资，对资本密集型项目和技术密集型项目尤其如此。

（3）投资具有不可逆转性，项目投资的资金一旦投出，收回或改变一般无法实现或者代价太大。比如，购入大型设备，无论退货还是闲置，都将给企业带来损失。投资涉及的期限长，各种可能影响投资的因素在不断变化，所以，项目投资的风险高。

（二）项目投资的分类

1. 先决投资和后决投资

按投资时间的顺序，项目投资可分为先决投资和后决投资。先决投资是只有先投资该项资产后，才能进行以后的投资；后决投资是只有先投资其他资产以后，才能够投资该项资产。

2. 战术性投资和战略性投资

按对企业的影响，项目投资可分为战术性投资和战略性投资。战术性投资一般是指，不涉及企业前途和命运的投资，对企业经营规模和生产能力影响不大，投资金额较小；战略性投资是指，影响企业的生产经营活动甚至企业前途命运的投资，这种投资有时还可能影响全社会的综合平衡，所需投资巨大，同时风险也很大。

3. 独立投资、互斥投资和互补投资

按投资项目之间的相互关系，项目投资可分为独立投资、互斥投资和互补投资。独立投资也称互不相关投资，是指某投资项目实施与否与其他投资项目不相关，其收入和成本也不会因为其他项目投资的采纳与否而受到影响。互斥投资也称互不相容投资，是指某一投资项目采纳与否受其他投资项目的影响或会影响其他投资项目，其成本和收入也会受到其他项目的影响或会影响其他投资项目。互补投资是可同时进行、相互配合的各项目。如港口和码头、油田和油管都属于互补投资项目。

4. 初创投资和后续投资

按投资在生产过程中的作用，项目投资可分为初创投资和后续投资。初创投资是指，建立新企业时所进行的各种投资，其特点是投入的资金通过建设形成企业的原始资产，为企业的生产、经营和服务创造必备条件。后续投资是指，为巩固和发展企业在生产过程中所进行的各种投资，包括为维持企业简单再生产所进行的更新投资，为实现扩大再生产所进行的追加投资，为调整生产经营方式所进行的转移性投资等。

（三）项目投资的意义

项目投资作为企业资金使用的重要内容而被企业高度重视，企业项目投资对企业的生存和发展具有非常重要的意义：

（1）项目投资是企业价值增值的基本前提，企业财务管理的目标是不断提高企业价值，为此就要采取各种措施增加利润、降低风险。企业想要获得利润，必须拥有一定数量的资金；同时，还要把这些资金投放到企业生产经营的各个环节，形成企业的各种资产，企业利用这些资产进行生产经营，取得利润。

（2）项目投资是企业维持简单再生产的必要手段，也是扩大生产经营规模，增强竞争实力的重要条件，在市场竞争激烈的环境中，企业的规模、生产技术水平、劳动者的素质、产品的科技含量等都是影响企业生存和竞争实力的重要因素。而这些重要因素的提高和改进主要靠企业的投资，即通过投资来充分实现企业实力的提升。企业为不断提高价值，增强其竞争力，需要适当扩大其生产经营规模。为此，企业需要扩大厂房，增添机器设备，运用更先进的设备来更新已有设备，这些都需要企业进行项目投资。

（3）项目投资是降低企业风险的重要手段，企业在生产经营的一些环节，尤其是影响全局或影响企业经济效益的关键环节中，需要集中必要的财力、加强投资力度。这样能够提高企业的综合能力，降低企业的经营风险。同时，通过项目投资，实行多元化经营，可以增加企业销售和盈余的稳定性，降低企业的经营风险。

二、项目投资的程序及内容

投资决策程序就是投资项目在决策中所要遵循的先后顺序。人们对客观事物的认识总有一个过程，对一切事物的认识都要先经过调查研究和论证分析，然后，才能逐步把握以至全面地了解客观事物。要了解和把握一个投资项目，选择是上还是不上，以及怎样上，同样要先经过调查研究进行论证分析，然后才能作出决策。发达国家的一些企业之所以能够取得较好的投资效果，其原因就在于这些国家中的企业十分重视对市场需求和投资信息的调查预测，重视决策前对投资项目进行充分论证和经济分析，他们往往委托专门的咨询机构进行投资项目的可行性研究。

我们将投资决策程序划分为四个阶段：投资机会研究、初步可行性研究、可行性研究、项目评价和决策。

一般说来，各个阶段研究的内容由浅入深，项目投资和成本估算的精确度要求由粗到细，研究工作量由小到大，研究的目标和作用逐步提高，因而研究工作的时间和费用也逐渐增加。这种循序渐进的工作程序，是符合对投资项目研究的客观规律的，同时又能够节省人力、时间和费用，从而达到取得良好投资效果的目的。因为在任何一个阶段，只要得出"不可行"的结论就可立即刹车，不再继续进行下一步研究；如果认为可行，则转入下一阶段的工作，并可根据项目的规模、性质、要求和复杂程度的不同进行适当调整和精简。例如，对于规模较小和工艺技术成熟或不太复杂的投资项目，就可直接进行可行性研究；有的项目经过初步可行性研究，认为有把握就可以据此作出投资决策。

（一）投资机会研究及其内容

投资机会研究是指，企业在一定的地区和部门内，根据资源情况和市场需求调查、预测资料，寻找最有利的投资机会和可能的投资方向。投资机会研究可分为：一般机会研究（如地区、行业或部门、资源机会研究）和项目机会研究。

1. 一般机会研究

一般机会研究是指，对某个指定的地区、行业或部门鉴别各种投资机会，或是识别各种用某种自然资源、农产品或工业产品为基础的机会研究。

这项研究，一般是由国家机构和公共机构进行，以作为制订经济发展计划的基础。企业可以根据国家和有关部门制定的国民经济和社会发展的长远规划和行业、地区规划、经济建设方针、建设任务和技术经济政策作出判断。在对这些投资机会研究做出最初鉴别之后，再进行项目机会研究。

2. 项目机会研究

项目机会研究是指，在一般机会研究的基础上，将项目设想转变为战略的投资建议。在机会研究过程中，企业为了鉴别投资机会或项目设想，应对下列各方面进行调查预测和分析（机会研究的内容）：

（1）自然资源情况和社会地理条件；

（2）项目在国民经济发展中与现有生产力布局的关系；

（3）政府对该类项目发展的有关法令、政策，如产业政策、技术经济政策、技术装备政策等；

（4）对于以农产品为基础的加工工业，应考虑现有的农业格局、现有农业经济结构及其发展趋势；

（5）类似项目的建设在发展水平、经济和自然条件与我国大致相似的国家中的成功经验或失败教训；

（6）项目建设与国内外其他工业部门之间可能的相互影响关系；

（7）现有工业企业的潜力，如通过技术改造、改扩建等办法来扩大生产能力、实现规模经济的可能性以及实行多种经营的可能性；

（8）关于人口增长、购买力增长以及消费品需求变化预测；

（9）拟建项目的产品在国内外市场的需求量及其大致前景，其中，包括取代进口产品的可能性和出口的可能性等；

（10）生产要素的成本。

机会研究一般比较粗略，主要依靠笼统地估计而不是依靠详细地分析。这一阶段所估算的投资费用和生产成本的精确度大致为±30%，所需研究费用约占投资总额的0.2%~1.0%。如果机会研究证明投资项目是可行的，那么，就可以进行更深一步的可行性研究。

（二）初步可行性阶段研究及其内容

初步可行性研究也称之为预可行性研究，在机会研究的基础上，进一步对拟定项目的可能性和潜在效益进行技术经济分析，判断投资机会是否有价值，项目是否具有生命力，以便对项目作出初步选择。

初步可行性研究阶段需要对以下内容进行粗略分析评价：市场需求和工厂生产能力；原辅材料和燃料动力的供应状况；建厂地区和厂址选择；项目设计；管理费用；人力资源情况；项目进度；项目财务效益分析。

初步可行性研究对建设投资和生产成本的估算精确度一般要求控制在±20%以内。所需费用约占投资总额的0.25%~1.25%，在初步可行性研究通过后，即可对项目进行详细可行性研究。

（三）可行性研究及其内容

1. 可行性研究的内容

可行性研究是我国于20世纪70年代末由国外引进的一种新的理论和方法。它是在投资决策前，对拟建项目有关的市场、资源、工程技术进行系统深入的技术经济分析、论证的科学方法或选择最佳投资方案的一项工作。

详细可行性研究亦称为最终可行性研究，它是投资决策的重要阶段。在该阶段，要全面分析项目的全部组成部分和可能遇到的各种问题，并最终形成可行性的书面成果——《可行性研究报告》。

可行性研究报告和编写格式随项目的不同而有所差异。联合国工业发展组织（UNIDO）编写的《工业可行性研究编制手册》（最新修订版）提供了一般工业项目可行性研究的内容和报告的编写格式，主要包括以下几个方面：

（1）实施纲要，简要描述可行性研究的结论，并归纳出研究报告的各个关键性问题。实施纲要的结构与可行性研究的正文相一致。归纳的关键性包括：有关商业环境的数据及可靠程度；项目的投入物和产出物；对市场、供应和工艺技术趋势所作出预测的误差（不确定性风险）幅度和范围以及项目的设计等。

（2）项目的背景和基本设想，主要考察项目的设想是如何适合于有关国家总的经济情况的基本结构以及工业发展情况，对项目要详细地加以叙述，对项目发起人（投资者）及他们对项目感兴趣的理由都要加以审定。

（3）市场分析与销售设想，这一部分是可行性研究的重点之一。要求对项目的市场供求量进行预测和分析，判断项目产品是否有市场潜力，然后确定销售产品的规划和设想，为实现预期利润奠定基础。

（4）原材料和供应品，叙述并确定工厂生产所需的不同投入物，分析并叙述各种投入物的来源和供应情况，以及估算最终生产成本的方法，为进行财务基础数据估算打好基础。

（5）建厂地区、厂址和环境，确定项目建厂地区、厂址的分析方法和选择方法，并就项目对环境的影响进行深入分析和评价。

（6）工程设计和工艺，工程设计的任务是设计工厂生产规定的产品所必需的功能布置图和各单项工程的布置图。工艺选择及技术的取得，也是工程设计的一个必要组成部分。在工艺选择和技术取得中，涉及工业产权问题。工程设计和工艺选择要考虑整个建筑工程的布置和设计，生产能力的确定、工艺的遴选，设备的选型和安装及各项投资支出和生产运营支出的估算。

（7）组织和管理费用，设计管理和控制工厂整体运行所需组织和管理的发展与设计，以及相关的费用支出。

（8）人力资源，论述制订人力资源计划，涉及项目对人力资源的质量和数量要求，以及人员来源和培训的需要，工资、与其他有关的费用及培训成本的估算。

（9）实施计划和预算，论述项目实施计划和预算的目标，叙述主要的实施工作的特点和主要的限制因素，并介绍编制实施计划的技术。

（10）财务分析与投资评估，主要是在上述投资估算和有关财务基础数据（如销售收入、生产运营成本等）的基础上编制一系列带有汇总性质的表格，并计算相应的指标，进行项目的财务效益分析和国民经济效益分析以及各层面的不确定分析。

根据详细可行性研究得出的投资额误差一般约为±10%，研究费用一般占总投资额的1.0%~3.0%（小项目）或0.2%~1.0%（大项目）。

此外，对于某些特定的大型复杂项目而言，还要进行辅助研究。辅助研究亦称功能研究，是指对项目某一个方面或几个方面的关键问题进行专门研究。辅助研究一般包括以下几类：产品市场研究；原材料和其他投入物研究；实验室和中间试验研究；厂址选择研究；规模经济研究；设备选择研究等。

2. 可行性研究的作用

可行性研究的最终成果是可行性研究报告，它是投资者在投资前期准备工作阶段的纲领性文件，是进行其他各项投资准备工作的依据。对于投资者而言，可行性研究有如下作用：

（1）为投资者进行投资决策提供依据，进行可行性研究是投资者在投资前期的重要工作，投资者需要在多方论证的基础上，编制可行性研究报告，其结论是投资者进行投资决策的依据。

（2）为投资者申请项目贷款提供依据，无论是国外的还是我国的银行和其他金融机构在受理项目贷款申请时，先要求申请者提供可行性研究报告，然后对其进行全面细致地审查和分析论证，在此基础上编制项目评估报告，评估报告的结论是银行确定贷款与否的重要依据。世界银行等国际金融机构也都将提交可行性研究报告作为申请项目的先决条件。

（3）为商务谈判和签订有关合同或协议提供依据，有些项目可能需要引进技术和进口设备，如与外商谈判时要以可行性研究报告的有关内容（如设备选型、生产能力、技术先进程度等）为依据。

（四）项目的评估和决策

项目评估就是在可行性研究的基础上，根据国家有关部门颁布的政策、法规、方法、参数和条例等，从项目（或企业）、国民经济和社会的角度，由有关部门（包括银行、中介咨询机构）会同有关专家对拟建投资项目建设的必要性、建设条件、生产条件、产品市场需求、工程技术、财务效益、经济效益和社会效益等全面分析论证，并就该项目是否可行提出职业判断，在此基础上就可以进行最终决策了。

项目评估的目标，是为投资决策提供科学的依据。投资项目的类型很多，其规模、性质和复杂程度各不相同，因而其评估的内容与侧重点也有一定差异，但其基本内容大同小异。因此，评估的基本内容包括以下几个方面：

1. 项目与企业概况评估

项目与企业概况评估，首先，对项目实施的背景进行简要分析；其次，对各类项目的基本概况进行简要分析。对于基本建设项目，主要评估项目的投资者、建设性质、建设内容、产品方案、项目隶属关系以及项目得以成立的依据（如立项批复文件、选址意见书等）。对于更新改造项目，除上述内容外，还要评估现有企业的基本概况、历史沿革、组织机构、技术经济水平、自信程度、经济效益等。对于中外合资项目，则还要分别评估合资各方的基本概况。

2. 项目建设必要性评估

项目建设必要性评估，主要从宏观角度和微观角度论述项目建设的必要性，如项目的建设是否符合国家的产业政策，是否符合国民经济发展规划与地区发展规划，是否有助于优化城市总体布局等。

3. 项目市场需求分析

项目市场需求分析，主要分析项目所生产的产品（或所提供的服务）的市场现状、未来发展趋势以及产品（或服务）在市场上的竞争能力等。

4. 项目生产规模确定

项目生产规模确定指，在必要性评估与市场需求分析的基础上，结合项目的具体情况（如厂址情况、资金筹措能力、技术管理水平、规模经济等），确定项目的最佳生产规模。

5. 项目建设生产条件评估

项目建设生产条件评估，主要评估项目的建设施工条件能否满足项目正常实施需要，项目的生产条件能否满足正常生产经营活动的需要。

6. 项目工程与技术评估

项目工程与技术评估指，主要评估项目工程设计是否合理，项目所采用的工艺技术是否具备先进性、经济性、合理性和安全性。

7. 投资估算与资金筹措

投资估算与资金筹措指，主要估算项目总投资额（包括建设投资、垫资的流动资金与建设期利息等），并制订相应的资金筹措方案和资金使用计划。

8. 财务效益分析

财务效益分析指，从企业或项目的角度出发，根据收集和估算出来的财务数据，以财务价格为基础编制有关表格，计算相应的技术经济指标，据此判断项目的财务盈利能力、投资回收能力和清偿能力。

9. 国民经济效益分析

国民经济效益分析指，从国民经济的角度出发，根据收集和估算出的经济数据，计算相应的技术经济指标，据此判断项目对国民经济的贡献。

10. 社会效益分析

社会效益分析指，从社会的角度出发，编制社会评价表格，计算相应的技术经济指标，据此判断项目对实现社会发展目标的贡献。

11. 不确定分析

不确定分析指，通过运用有关方法，计算有关指标，考察项目抵御风险的能力。

12. 项目总评估及项目的最终决策

项目总评估及项目的最终决策指，在上述各项评估的基础上，得出项目评估的结论并提出相应的问题和建议，针对问题和提出的建议，再对有关方面进行调查分析论证，在此基础上可以进行项目的最终决策。

第二节　项目现金流量的构成及其确定

（一）项目计算期

1. 项目计算期的含义

在分析和计算投资项目的现金流量时，必须弄清项目计算期的内涵。项目计算期也称项目经济寿命期，是指对拟建项目进行现金流量分析时所确定的项目服务年限。项目计算期与项目投资价值的估算密切相关。对于不同的投资项目，其现金流量分布、资金的回收安排往往会有差异。有些项目与投资有关的收益可能更多地出现在项目寿命期的前期，有些项目由投资产生的收益可能主要出现在项目寿命期的后半期。因此，若项目的计算期确定得不合理或太短，就有可能在决定项目取舍或投资方案比较和选择时，错过一些具有更大潜在盈利机会的投资项目。这就要求我们在投资项目的经济分析和投资决策过程中应合理地确定项目计算期。

项目计算期包括拟建项目的建设期和生产期两个部分。项目的建设期指，项目从开始施工到全部建成投产所需要的时间。

项目建设期的长短与投资项目规模大小、行业性质和建设方式有关，应根据实际需要加以确定。近些年，我国的许多项目的建设期偏长，这并非正常现象。项目建设期延长，一方面，会提高项目投资成本、降低固定资产形成率，使完成同样固定资产实物量所需的、以货币计量的固定资产投资额大大增加；另一方面，会推迟项目产生投资效益的时间和获利机会，致使项目难以取得预期的投资效果。所以，在确保投资项目工程建设质量的前提下，项目建设期越短对企业越有利。

项目生产期指，项目从建成投产到主要固定资产报废为止所经历的时间。它又分为，投产期（投产后未达到100%设计能力）和达产期（达到设计生产能力100%的时期）。一般对工业投资项目来说，项目生产期主要是指，固定资产综合折旧寿命期。一项投资所形成的固定资产，主要由厂房等建筑物和机器设备两大部分组成。尽管厂房等建筑物比机器设备有更长的使用年限，但一般来说，固定资产的综合折旧寿命关键取决于机器设备的使用年限。

2. 设备寿命的种类

设备寿命是指，设备从投入生产使用开始，经过有形磨损和无形磨损，直至在技术上或经济上不宜继续使用，需要进行更新所经历的时间。通常设备寿命可分为四种：

（1）设备物理寿命指，设备从投入使用到不能修理、修复而报废为止所经历的时间。影响物理设备寿命的因素有：设备本身的质量状况、加工对象、生产类型、工作班次、设备维修保养状况等。随着科学技术的进步以及制造设备的新技术、新工艺、新材料的采用，设备物理寿命具有延长的趋势。

（2）设备技术寿命指，设备从投入使用到因无形损耗而被淘汰所经历的时间。由于科学技术的迅速发展，不断出现技术上更先进、经济上更合理、性能上更完善的新设备，致使原有设备显得陈旧、落后，因而不得不在其物理寿命尚未结束、仍可使用的情况下被提前淘汰。设备技术寿命的长短，受到许多因素的制约和影响，如技术进步和科学技术发展水平、技术装备政策、技术市场的竞争机制，等等。总之，科学技术发展越快，竞争越激烈，设备技术寿命越短。

（3）设备经济寿命通常称之为设备最佳经济使用寿命，指设备从投入使用到因继续使用已不经济所经历的时间。在设备物理寿命后期，尽管设备在技术上仍可使用，但由于设备老化，需要支付过多的维修费用来维持设备继续运行，这在经济上是不合理的，应该及时更新。一般说来，设备经济寿命小于设备技术寿命。

（4）设备折旧寿命指，按现行财税制度的要求所规定的关于设备的最短折旧年限，或是按所允许的最大折旧率，将设备原值扣除残值后的余额，折旧到接近于零时所经历的时间。

固定资产综合折旧寿命并不简单地等同于上述四种设备寿命期中的任何一种，这需要综合考虑才能确定。与此同时，项目生产期还需要充分考虑拟建项目所生产的产品的寿命期对其可能带来的影响。如某企业，虽然固定资产还能继续使用，但该项目生产出的产品已属于市场的夕阳产品，即将淘汰，这也会由于产品寿命的结束而缩短项目生产期。

3. 项目计算期的计算确定

基于上述分析，项目计算期的确定主要考虑以下几个因素：
（1）投资项目的建设规模和建设方式；
（2）科学技术进步对关键设备无形磨损的影响；
（3）项目生产期最大值一般不能超过企业固定资产综合折旧寿命；
（4）产品市场需求期与产品本身的生命周期；
（5）项目的行业特点。

一般来说，计算期不宜定得过长。这是因为：一方面，计算期越长，经济情况发生变化的可能性越大，对未来预测的准确性越差，所引起的计算误差也越大；另一方面，从贴现现金流量方法来看，费用和收益所发生的时期越远，其贴现值越小，因而对项目投资价值所产生的影响也就越小。例如，当贴现率为10%时，第7年末所发生的现金流量的现值，只有原值的一半略多一点；第12年末所发生的现金流量的现值，已不足其原值的1/3；而当贴现率为15%时，现金流量现值的"半分期"还不到5年，即第5年末所发生的现金流量的现值还不到其原值的一半。

因此，综合考虑以上各方面的因素，项目计算期一般不超过20年为宜，其中，项目建设期可根据实际需要加以确定；项目生产期可定为15～20年左右。

项目计算期一般把项目建设开始年定为基准年，基准年的年初作为项目计算期的第0年，年末作为项目计算期的第1年。

（二）现金流量的构成

现金流量是指，计算期内各年流出的费用支出和流入的现金支出。它由现金流入量和现金流出量两部分构成。在项目投资中，通常是要计算项目计算期内各年的净现金流量。净现金流量是指，现金流入量与现金流出量之差。在项目的生产经营期内的年净现金流量，也表现为年净现金效益量或年净收益。

1. 现金流入量的构成

现金流入是投资项目经济效益的主要来源。投资项目的现金流入一般包括：

（1）销售收入，是项目建成投产后在某一期间通过销售产品或提供服务而形成的现金流入的增加。项目的年销售收入 = 项目的设计生产能力 × 预期开工率 × 产品的预期售价。

在测算销售收入时，应注意两点：

①要考虑到产品生命周期对销售收入的影响。

表 7-1　　　　　　　　　产品生命周期各阶段的特点

项目	萌芽期	成长期	成熟期	饱和期	衰退期
生产企业	很少	比较多	多	很多	锐减
竞争状况	不存在	有序竞争	竞争白热化	恶性竞争	竞争萧条
消费者	高消费、高收入及求新者	中等收入或知识阶层	大众	大众	低收入及不赶时髦者
商品普及率	0%～5%	5%～50%	50%～90%	达到极限	
销售额	少、增速低	高速增长	增速较快	销售达到高峰，开始下降	迅速下降
利润额	亏损或微利	高速增长	利润达高峰，开始下降	迅速下降	微利或亏损

在项目投产初期，由于生产和管理经验不足，产品知名度不高，市场需求量

较低,开工率一般较低,因而销售收入通常也较少。随着产品进入成长期和成熟期,生产和管理经验逐渐积累起来,产品知名度日益提高,销售收入也随之增多。当产品进入饱和期后,由于竞争加剧导致恶性竞争,或出现替代产品,销售收入便日趋下降。可以说"两头小,中间多"是多数投资项目所创造的销售收入的基本变动模式。所以,在分析销售收入这一现金流入项目时,应分阶段测算。

②外销产品如有商业折扣和销售退让及折让,在测算销售收入时应考虑。

外销产品在进行销售时,依照国际惯例,往往要向顾客提供一定数量的商业折扣,并允许顾客在一定时期内将所买的不合格产品退回。商业折扣又称数量折扣,是企业为了鼓励顾客多买产品而向大宗买主提供的一种价格优惠。销售退回及折让,主要是由于产品质量或品种规格不符合顾客要求引起的。从现金流量的角度看,应在销售收入中扣除商业折扣、销售退回及折让,即以销售净收入表示。

$$销售净收入 = 销售毛收入 - 商业折扣 - 销售退回及折让$$

(2) 投资项目终结时收回的流动资金。长期投资项目除了在项目初期发生大量的固定资产投资支出外,通常在投产后还将垫支一部分资金在现金、应收款和存货等流动资产上,这些资金伴随着项目运作周而复始地循环使用,直到项目结束,这些垫支的流动资金便可收回。但流动资金在数量上不可能全数回收,因为在项目运作期间,有可能发生一部分呆账,或出现产品积压无法出售或降价出售,也会使企业收回的资金少于当初投入的资金。因此,在测算收回的流动资金时应予以预测,即在测算这部分现金流量上,打上一定的折扣(5%~10%),而不能按投入流动资金的100%计算。

(3) 固定资产报废时的残值收入及报废前的变价收入。固定资产投资是投资项目最主要的投资支出,其价值补偿方式是通过定期计提折旧计入产品成本,并从实现的销售收入中收回。除此之外,固定资产尤其是房屋楼宇和通用机器设备,在报废时往往还有一定价值,通过变卖,也可得到一部分现金收入。

在投资项目终结时,有些固定资产可能完全失去使用效能,而其他固定资产则仍可继续使用。对于尚未报废的固定资产,企业可将其作价转让,从而得到一笔现金收入。这部分变价收入和残值收入一样,也构成投资项目现金流入的一部分。

(4) 其他形式的现金流入。以上三种形式是构成投资项目现金流入的基本形式,有些投资项目,尤其涉及企业的更新改造和技术改造的投资项目,往往还会给企业带来其他形式的现金流入。其中,主要包括成本降低额以及税金节约额。

①成本降低额。长期投资项目投产一个时期后，原先的固定资产可能发生严重损耗，企业需更新固定资产。新机器设备投入使用后，可提高原有生产效率，降低单位产品成本，从而增强了市场竞争力。在这种更新设备的投资决策中，要考虑的现金流入量是新设备带来的成本降低额以及由竞争能力带来的增量销售收入。成本的降低通常意味着可以减少现金流出，从这个意义上讲，可视为现金流入。

②税金节约额。对于一般长期投资项目而言，项目投产后按规定提取的折旧费可以作为应税收入的正常扣减项目，因此，由折旧费所带来的税金节约额最终将减少所得税支出，这时可视作现金流入。也就是说，这种情况下的税金节约额自动地体现在企业所得税支出这一现金流出项目的分析中。

在更新改造投资项目的决策中，是更换旧设备还是保留旧设备，应该采用差额分析法，单独计算新旧设备的折旧差异对企业所得税产生的影响，并将新设备所带来的税金节约额正式确认为一项现金流入量。

2. 现金流出量的构成

投资项目的现金流出，包括投资支出（固定资产投资、流动资金投资）和生产经营支出。

（1）固定资产投资，往往是投资项目（尤其是资本密集型项目）最重要的一项现金流出。固定资产投资是反映项目拟建规模、产品方案和建设内容进行建设所需要的费用，它包括建筑工程费、设备购置费、安装工程费、工程建设其他费用和预备费用（包括基本预备费，即不可预见费和涨价预备费）。

此外，预测固定资产投资，还应包括没有计入上述建设工程费用和其他费用之中的其他实际发生的费用支出，如在建设期发生的利息、在投产前一次性支付的技术转让费、正常生产经营所必需的无形资产投资、固定资产投资方向调节税、开办费等。

（2）流动资金投资，流动资金指，项目建成后企业为维持生产以货币购买生产资料和支付工资等所垫付的那部分资金。流动资金从投资项目建成投产后，便占用在生产经营中，直至项目终结时才能收回这部分垫支的资金。

对流动资金量的估算，可采用扩大指标估算法和分项详细估算法。

扩大指标估算法一般可参照同类生产企业流动资金占用销售收入、经营成本、固定资产投资的比例，以及单位占用流动资金的数量来确定。

分项详细估算法则需要分项详细估算，可采用下列公式估算：

$$流动资金 = 流动资产 - 流动负债$$

其中：
$$流动资产 = 应收账款 + 存货 + 现金$$

$$流动负债 = 应付账款$$
$$流动资金本年增加额 = 本年流动资金 - 上年流动资金$$

流动资金和流动负债各项的计算公式如下:

①$周转次数 = \dfrac{360}{最低周转天数}$,最低周转天数按实际情况并考虑保险系数分项确定。

②$应收账款 = \dfrac{年经营成本}{周转次数}$

③存货 = 外购原材料、燃料 + 在产品 + 产成品

$外购原材料、燃料 = \dfrac{年外购原材料、燃料费}{周转次数}$

$在产品 = \dfrac{年外购原材料、燃料及动力费 + 年工资及福利费 + 年修理费 + 年其他制造费用}{周转次数}$

$产成品 = \dfrac{年经营成本}{周转次数}$

④$现金 = \dfrac{年工资及福利费 + 年其他费用}{周转次数}$

年其他费用 = 制造费用 + 管理费用 + 财务费用 + 销售费用 -
(工资及福利费 + 折旧费 + 维修费 +
摊销费 + 修理费 + 利息支出)

上式中,括号内项目是指,制造费用、管理费用、财务费用及销售费用的有关非现金项目。

⑤$应付账款 = \dfrac{年外购原材料、燃料及动力费用}{周转次数}$

(3) 生产经营活动中的现金流出——经营成本。

①构成企业生产成本的经营性现金流出。这部分现金流出主要包括,直接材料采购费用、直接工资、制造费用(不含折旧费)、销售费用、财务费用和管理费用。

②税金支出的现金流量。在企业经营中,主要涉及以下两项税收:

一是销售税金及附加。销售税金指,以销售收入作为纳税基数的税金,如增值税、营业税、消费税等。附加是以销售税金作为纳税基数的,目前,主要有城市维护建设税、教育费附加等。各种税金及附加按现行税法规定的税目、税率和计税依据进行计算。

二是所得税。所得税是对企业的生产经营所得和其他所得征收的一种直接税。对于生产企业来说,所得税的纳税基数,即所得额为企业的销售收入减去销售成本(等于生产成本加销售费用)和销售税金及附加以后的差额。

适用税率为33%，有些投资项目可根据国家规定获得一定期限内的所得税减免优惠。

在测算生产经营活动中的现金流出时，还应当注意以下几个成本项目不属于现金流出：

①固定资产折旧。固定资产折旧是固定资产投资支出的定期摊销，在提取折旧时，企业并没有发生现金支出，而固定资产投资支出已经在发生时作为拟建项目的一项现金流出，如果再将折旧作为现金流出，会出现重复计算。所以，在分析现金流量时，应从制造费用或管理费中剔除折旧费。

②开办费摊销。开办费是指，投资项目筹建期间所发生的费用（不包括应计入固定资产总投资的费用支出）。开办费在发生时立即形成了拟建项目的现金流出，但按照财务制度的规定，开办费形成的递延资产必须在不少于5年的时期内分期摊销，即每年的摊销额不能超过20%。因此，项目投产后定期计入生产成本的开办费摊销实际上是对已发生费用的定期摊销，不应当再计作现金流出。

③无形资产摊销。无形资产是指，企业长期使用但是没有实物形态的资产，包括专利权、商标权、著作权、土地使用权、非专利技术、商誉等。

无形资产可以作为投资投入，也可以通过支付货币从外部购买。无论其来源如何，它在形成时均应以投资各方协定的金额或评估价格或实际支付的货币价格作为计价基础，并在形成时视为拟建项目的一项现金流出。

无形资产从开始使用之日起，按照规定期限分期摊销；没有规定期限的，按照预计使用期限或不少于10年的期限分期摊销。这种摊销同样不是现金流出项目。

（三）现金流量表

现金流量表是指，能够直观、清楚地反映项目整个计算期内各年的现金收支（现金流入和流出）情况的一种表格。通过它可以计算各项动态评价指标和静态评价指标，进行项目盈利能力分析。

按投资计算基础的不同，现金流量表一般可以分为全部投资现金流量表和自有资金现金流量表。

1. 全部投资现金流量表

全部投资现金流量表，不分投资资金来源，以全部投资作为计算基础，见表7-2。可用以计算全部投资所得税前及所得税后的内部收益率、净现值和投资回收期等评价指标，考察项目全部投资的盈利能力，为各个投资方案（无论其资金来源及利息多少）进行比较提供共同的基础。

表 7-2　　　　　　　　　　　现金流量表（全部投资）

序号	项目	建设期			投产期和达产期					合计
		0	1	2	3	4	5	6	... n	
1 1.1 1.2 1.3 2 2.1 2.2 2.3 2.4 2.5 3 4	生产负荷（%） 现金流入（万元） 销售收入（万元） 回收固定资产余值（万元） 回收流动资金（万元） 现金流出（万元） 固定资产投资（万元） 流动资金（万元） 经营成本（万元） 销售税金及附加（万元） 企业所得税（万元） 税后净现金流量（万元） 累计税后净现金流量（万元）									

计算指标：
　　　　　财务内部收益率　　　　　　　　所得税前　　　　　　所得税后
　　　　　财务净现值
　　　　　投资回收期（静态）
　　　　　投资回收期（动态）

2. 自有资金现金流量表

自有资金现金流量表，从投资者（企业）角度出发，以投资者的出资额作为现金流出，用以计算自有资金的内部收益率、净现值等评价指标，考察项目自有资金的盈利能力，见表 7-3。

表 7-3　　　　　　　　　　　自有资金现金流量表

序号	项目	建设期			投产期和达产期					合计
		0	1	2	3	4	5	6	... n	
1 1.1 1.2 1.3 2 2.1 2.2 2.3 2.4 2.5 2.6	生产负荷（%） 现金流入（万元） 销售收入（万元） 回收固定资产余值（万元） 回收流动资金（万元） 现金流出（万元） 自有资金（万元） 借款本金偿还（万元） 借款利息支付（万元） 经营成本（万元） 销售税金及附加（万元） 企业所得税（万元）									

续表

序号	项目	建设期			投产期和达产期					合计
		0	1	2	3	4	5	6	… n	
3	税后净现金流量（万元）									
4	累计税后净现金流量（万元）									

计算指标：　　　　　　　　所得税前　　　　　　　所得税后
　　　　财务内部收益率
　　　　财务净现值

第三节　项目投资决策方法

对投资项目进行分析时，除了计算项目的现金流量，还需要综合考虑投资回收速度和资金时间价值等要素，利用定量方法评价投资项目。按不同的分类标准，项目投资决策方法有：

（1）按是否考虑资金时间价值，分为静态指标评价法和动态指标评价法两类。

静态评价指标不考虑资金时间价值，不用贴现方法计算，常用指标有静态投资回收期、投资收益率；动态评价指标考虑资金时间价值，用贴现方法计算，常用指标有净现值（净现值率）、内部收益率、动态投资回收期等。

（2）按项目分析评价层次，分为财务分析指标和经济分析指标两类。财务分析指标，从微观角度评价，指标有财务净现值、财务内部收益率、投资回收期；经济分析指标，是从宏观角度评价，指标有经济净现值、经济内部收益率等。

（3）按指标的经济性质（同时也是针对现金流量分析分类）分为时间性指标、价值性指标、比率性指标三类。时间性指标有投资回收期（静态、动态），价值性指标有净现值、净年值等；比率性指标有内部收益率、净现值率、效益费用比率等。

下面，从时间性指标、价值性指标、比率性指标三个方面介绍项目投资决策方法。

一、时间性指标

（一）静态投资回收期法

静态投资回收期法，是投资项目经济分析中最简单、最常用的方法之一。静态投资回收期指，以项目的净收益抵偿全部投资所需要的时间。

静态投资回收期的计算可分为两种情况：

（1）若由投资所产生的净收益（净现金流量）每年都相同，则投资回收期可由下列公式计算：

$$静态投资回收期 = \frac{项目全部投资}{每年净现金流量}$$

（2）若各年的净收益不相同，则投资回收期由逐年累计的净收益与项目初始投资相等时的年份加以确定。这时，投资回收期可根据全部投资的现金流量表中累计净现金流量计算求得。

$$静态投资回收期 = \left[\begin{array}{c}累计净现金流量开始\\出现正值年份数\end{array}\right] - 1 + \frac{上年累计净现金流量的绝对值}{当年净现金流量}$$

【例7-1】某项目在计算期内现金流量情况，如表7-4所示。

表7-4　　　　　　　　　现金流量表　　　　　　　　　单位：万元

项目	第1年初	第2年初	第3年初	第4年初	第5年初	第6年初	第7年初
净现金流量	-100 000	-50 000	40 000	70 000	100 000	50 000	30 000
累计净现金流量	-100 000	-150 000	-110 000	-40 000	60 000	110 000	140 000

计算该项目的静态投资回收期。

$$静态投资回收期 = 5 - 1 + \frac{|-40\,000|}{100\,000} = 4.4（年）$$

静态投资回收期是对一个投资项目回收其全部投资所需时间的粗略估算，它是考察项目在财务上的投资回收能力的主要静态评价指标。通常情况下，企业可以预先设定一个最大投资回收期标准，不同类型的投资项目需要确定不同的标准。

拟建项目的静态投资回收期 < 预先设定的最大投资回收期标准时，该项目可行。

拟建项目的静态投资回收期 > 预先设定的最大投资回收期标准时，拒绝接受该项目。

企业也可以用国家有关部门（行业）规定的基准投资回收期或部门（行业）的平均投资回收期作为参考。如果拟建投资项目的静态投资回收期小于标准投资回收期或行业平均投资回收期，则认为该项目是可以考虑接受的，否则是不可行的。一般来说，在其他条件相同时，投资回收期越短，投资项目的风险越小，因而也越有利。

静态投资回收期的计算简便、容易理解，考虑了现金收回与投入资金的关系，但没有考虑回收期满后的现金流量状况，使投资期相等的项目之间无法比较优劣,也未考虑资金的时间价值。

(二) 动态投资回收期法

动态投资回收期法在考虑了资金时间价值的条件下,以项目的净收益抵偿全部投资所需要的时间。其计算公式为:

$$动态投资回收期 = \left[\begin{array}{c}累计净现金流量现值\\开始出现正值的年份数\end{array}\right] - 1 + \frac{上年累计净现金流量现值的绝对值}{当年净现金流量的现值}$$

【例 7 - 2】承〖例 7 - 1〗中的现金流量资料,计算该项目的动态投资回收期,见表 7 - 5。

表 7 - 5   现金流量及现值表   单位:万元

项目	第1年初	第2年初	第3年初	第4年初	第5年初	第6年初	第7年初
净现金流量	-100 000	-50 000	40 000	70 000	100 000	50 000	30 000
净现金流量现值 $i = 10\%$	-100 000	-45 450	33 040	52 570	68 300	31 050	16 920
累计现值	-100 000	-145 450	-112 410	-59 840	8 460	39 510	56 430

$$动态投资回收期 = 5 - 1 + \frac{|-59\ 840|}{68\ 300} = 4.876\ (年)$$

可见,同样的现金流量,但动态投资回收期比静态投资回收期多了 0.476 年,原因就在于考虑了资金的时间价值。

如果企业的最大投资回收期标准为 4.5 年,而静态投资回收期为 4.4 年,项目就是可行的;可根据动态投资回收期衡量,项目就是不可行的。

动态投资回收期法作为静态投资回收期法的改进,它除了考虑资金时间价值外,仍具有与静态投资回收期法相同的特征,也只宜用作投资决策的辅助性方法。

二、价值性指标

(一) 净现值

净现值是指,在项目计算期 N 期内,按设定折现率或基准收益率计算的各年现金流量现值的代数和。其计算公式为:

$$NPV = \sum_{t=0}^{n} \frac{I_t}{(1+i)^t} - \sum_{t=0}^{n} \frac{O_t}{(1+i)^t}$$

式中:NPV——净现值;

n——投资涉及年限;

I_t——第 t 年的现金流入量;

O_t——第 t 年的现金流出量;

i——预定的折现率。

当净现值>0时,说明投资项目本身的报酬率大于预定的折现率,投资项目可行;当净现值=0时,说明投资项目本身的报酬率等于预定的折现率,投资项目也可行;当净现值<0时,说明投资项目本身的报酬率小于预定的折现率,收益不能抵补成本,投资项目不可行。在决策时,选择净现值最大的项目进行投资。

【例7-3】某项目建设期为3年,在3年内每年年初均匀投资1 800万元,从第4年开始进入正式生产,生产期为8年,第4年年末净现金流量为1 200万元,之后连续7年的各年年末净现金流量为1 500万元,如果该行业的基准收益率是10%,试问这个项目是否可行?

根据现金流量图中各年净现金流量,按10%的折现率求出该项目的净现值:

$NPV = -1\,800 - 1\,800\,(P/A,10\%,2) + 1\,200\,(P/F,10\%,4)$

$\qquad + 1\,500\,(P/A,10\%,7)\,(P/F,10\%,4)$

$\qquad = -1\,800 - 1\,800 \times 1.735\,5 + 1\,200 \times 0.683\,0 + 1\,500 \times 4.868\,4 \times 0.683\,0$

$\qquad = 883.38\,(万元)$

$NPV = 883.38$ 万元>0,说明这个项目不仅能够达到本行业的基准收益率(最低期望收益率)10%,而且能盈利883.38万元,在经济上是可行的,可以接受的。

净现值是一种可靠的评价方法,其优点是:

(1) 能明确地和一个期望的投资收益率联系起来;考虑了资金的时间价值,即是一种贴现现金流量方法;

(2) 数据收集好了以后,计算较为方便;

(3) 能直接说明投资额与资金成本的关系。

但净现值这种评价方法也有它的不足:

(1) 需要大量的有关投资项目的数据(要收集现金流量资料,包括销售收入、经营成本、初始投资等很多资料);

(2) 为了确定贴现率,需要事先估算出投资所用资金的成本;

(3) 不能直接说明每年的经营成果;

(4) 不能求得"真正"的投资收益率,仅仅只能说明所得的收益率是大于还是小于事先设定的收益率。

(二) 净年值 (NAV)

当比较的几个方案其计算期不一致,用净现值作为比较和选择的依据,显然所得出的结论不可靠,这时就需要用净年值。

净年值就是将净现值年金化,即:
$$NAV = NPV(A/P, i, n)$$
$$= NPV/(P/A, i, n)$$

(三) 费用现值

适用于不同方案在计算期内的收入相同,就直接比较各方案的费用现值,费用现值最小的方案就是最优方案。费用现值就是各年费用按基准收益率折现的现值之和。

【例7-4】 某盐业公司拟将地下采取的部分矿盐(卤水),以30万立方米/年的量输送到100公里外的化工厂作烧碱原料。有三种输送方案,一为火车槽罐运输;二为管道运输;三为船运。假设三种方式的运输距离相等,铁路运输每立方米运价6元;管道运输方案期初投资1 100万元铺设管道,当年建成投入运行,年经营费用及维护费45万元,设备残值率3%,寿命期10年;船运方案则需要购买5条船,即880万元,年经营费用及维护费95万元,返程时可保证的货运年收入预计40万元,需要流动资金190万元,船舶残值率为5%,寿命期也是10年,基准收益率为8%,该公司应该采用哪种运输方案?

解:由于各个方案的收益都是相同的,因此,只需要比较10年寿命期内的费用现值。据题意:

(1) 火车运输方案。

年费用30×6 = 180(万元/年),则10年寿命期内的费用现值:
$$费用现值 = 180 (P/A, 8\%, 10)$$
$$= 180 \times 6.710\ 1 = 1\ 207.82\ (万元)$$

(2) 管道运输方案。

管道运输方案的费用现金流量图,见图7-1。

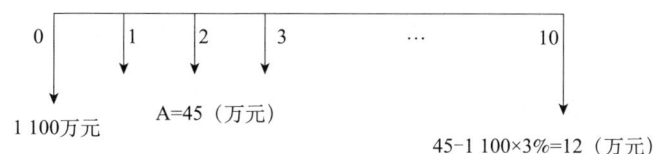

图7-1 管道运输方案费用现金流量

费用现值 = 1 100 + 45 (P/A, 8%, 9) + 12 (P/F, 8%, 10)
 = 1 100 + 45 × 6.246 9 + 12 × 0.463 2
 = 1 386.67 (万元)

(3) 船运方案。

船运方案的费用现金流量图,见图7-2。

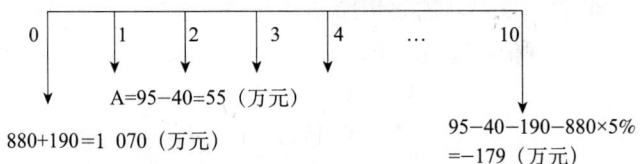

图7-2 船运方案的费用现金流量

$$费用现值 = 1\,070 + 55\,(P/A, 8\%, 9) - 179\,(P/F, 8\%, 10)$$
$$= 1\,070 + 55 \times 6.246\,9 - 179 \times 0.463\,2$$
$$= 1\,070 + 343.579\,5 - 82.912\,8 = 1\,330.67\,(万元)$$

通过计算可知,火车方案的费用现值最低,应该选择火车运输。

(四)等额年费用(费用年金化)

等额年费用就是将项目计算期内的费用现值年金化,表明计算期内平均每年发生的费用现值。这个指标适用于寿命期不同方案的费用比较,解决时间不可比的问题。其表达式为:

$$等额年费用 = \sum_{t=1}^{n}(年费用 \times 现值系数) \times 资本回收系数$$

或者:

$$等额年费用 = \frac{\sum_{t=1}^{n}(年费用 \times 现值系数)}{年金现值系数}$$

方案的判别原则:以等额年费用小的方案为最优。

【例7-5】某企业拟上一小发电项目,以缓和用电矛盾。现提出两个方案,发电能力相同,一是柴油机发电,需一次性投资400万元,流动资金50万元,每年经营费用75万元,寿命期8年,净残值率4%;二是利用附近的小瀑布进行水力发电,但须投资800万元,年操作费用15万元,寿命期12年,净残值率5%,假设电力系统资金综合成本为10%,该企业应选择哪种方案?

解:该案例因各方案的寿命期不同,不符合时间可比的原则,因此,需要做修正。方法是采用等额年费用法,分别计算两个方案的费用年值:

柴油机发电方案的费用年值为:

$$AC_{柴} = [(400 + 50) + 75(P/A, 10\%, 8) + (-50 - 400 \\ \times 4\%)(P/F, 10, 8)](A/P, 10\%, 8)$$
$$= 148.62\,(万元/年)$$

水力发电方案的费用年值为:

$$AC_{水} = [800 + 15(P/A, 10\%, 12) + (-800 \\ \times 5\%)(P/F, 10\%, 12)](A/P, 10\%, 12)$$
$$= 130.57\,(万元/年)$$

通过计算知道，水力发电的年费用现值低于柴油机发电，所以，应选择水力发电。

三、比率性指标

（一）会计收益率

会计收益率是一种会计形式的投资收益率指标，根据对投资理解或范围不同，一般有几种表达方式，下面分别介绍。

1. 投资利润率

投资利润率表示项目达到设计生产能力后的一个正常年份所得的年利润总额或生产期年平均利润总额（当项目在生产期内各年的利润总额变化幅度较大时）与项目总投资的比率。投资利润率的计算公式为：

$$投资利润率 = \frac{年利润总额}{总投资} \times 100\%$$

其中，总投资＝固定资产投资＋投资方向调节税＋建设期利息＋流动资金。

利润总额可依据预测损益表的有关分析得到。在用这个指标评价项目时，根据计算的投资利润率与行业平均投资利润率相比，以判别项目单位投资盈利能力能否达到本行业的平均水平。若项目的投资利润率≥行业的平均投资利润率，项目可接受；否则，项目被拒绝。

2. 投资利税率

投资利税率是指，项目达到设计生产能力后的一个正常生产年份年利税总额与项目总投资的比率，表明单位投资所创的年利税额。若生产期内各年的利税总额变化幅度较大时，可计算项目是达产期内年平均利税总额与总投资的比率。投资利税率的计算公式为：

$$投资利税率 = \frac{年利税总额}{总投资} \times 100\%$$

其中，年利税总额＝年产品销售收入－年总成本费用。

在用这个指标评价投资项目时，将根据计算的投资利税率与行业的平均投资利税率相比，以判别项目单位投资利税能力是否达到本行业的平均水平。若项目的投资利税率≥行业的平均投资利税率，项目可接受；否则项目被拒绝。

3. 投资收益率

投资收益率是使用较普遍的一个指标，指项目达到设计生产能力后的一个正常生产年份的收益与项目投资总额的比率。若生产期内各年的收益变化幅度较大时，可计算项目生产期内年平均收益与投资总额的比率。投资收益率的计算公式为：

$$投资收益率 = \frac{年收益额}{总投资} \times 100\%$$

其中，年收益额 = 年利润总额 + 折旧费 + 摊销费 + 利息。

在投资项目的评价中，根据计算的投资收益率与行业的基准投资收益率相比，以判别项目单位投资收益能力是否达到本行业的平均水平。若项目的投资收益率≥行业的平均投资投益率，项目可接受；否则，项目被拒绝。

4. 资本金利润率

资本金利润率指，项目达到设计生产能力后的一个正常生产年份的年利润总额或项目生产期内的年平均利润总额与资本金的比率，它反映投资项目的资本金的盈利能力。其计算公式为：

$$资本金利润率 = \frac{年利润总额}{资本金} \times 100\%$$

$$税后资本金利润率 = \frac{年税后利润}{资本金} \times 100\%$$

上述四个以百分比表示的投资效率指标的优点是直观、计算简单、易于理解，便于对企业的经营情况作横向比较和纵向比较；缺点是没有考虑资金的时间价值，没有反映项目经营期全过程的经营情况，评价项目投资方案时，行业的平均指标有时难以确定。权衡会计收益率法的利弊，应当说会计收益率指标不是一个十分理想的投资决策标准，它一般只用于项目的机会研究或初步可行性研究，或者用于投资规模较小的短期项目的投资决策。

（二）净现值率

净现值率（NPVR）是指，投资项目的净现值占原始投资现值总和的比率，亦可将其理解为单位原始投资的现值所创造的净现值。净现值率的计算公式为：

$$净现值率 = \frac{项目净现金流入量的现值的和}{原始投资额现值的和} \times 100\%$$

净现值率指标与净现值指标的意义类似，当净现值率≥0，说明投资项目可行；当净现值率<0，说明投资项目不可行。

净现值率指标考虑了原始投资额与产生的现金流量的现值的关系，适合对投资额不同的项目进行比较，其缺点是不能计算出该项目的真实收益率。

【例7-6】 某项目有两个投资方案，第一个方案净现值为200万元，总投资现值为1 500万元；第二个方案净现值为180万元，总投资现值为1 000万元，试选择最佳投资方案。

解： 如果单纯考察净现值，可以看出：

$NPV_1 > NPV_2 > 0$，似乎应该选择第一个方案。但如果考虑到投资因素，则有：

$$NPVR_1 = \frac{NPV_1}{I_{P_1}} \times 100\% = \frac{200}{1\,500} \times 100\% = 13.3\%$$

$$NPVR_2 = \frac{NPV_2}{I_{P_2}} \times 100\% = \frac{180}{1\,000} \times 100\% = 18\%$$

可见，$NVR_2 > NVR_1$，应选第二个方案。实际上，第二个方案是真正的最优方案。因为虽然第一个方案的净现值高出第二个方案 20 万元，但这 20 万元是实际增加 500 万元的投资代价取得的。从这两者的比值来看，500 万元投资的利用率仅有 4%，如果基准收益率是 10%，显然，这部分增量投资没有达到基准收益水平，属于低效率投资。如果单纯考虑净现值，必然会造成错误的决策。

上述案例表明，净现值大的方案，净现值率不一定也大。在项目评价时，应针对具体决策类型和条件，选择适当的评价指标权衡利弊进行综合分析。

（三）获利指数

获利指数（PI）是指，投产后按基准收益率或设定折现率折算的各年净现金流量的现值合计与原始投资的现值合计之比。获利指数指标的计算公式为：

$$获利指数 = \frac{投产后各年净现金流量的现值合计}{原始投资额的现值合计} \times 100\%$$

当获利指数>1 时，说明现金流入量的现值大于现金流出量的现值，投资方案可行；当获利指数=1 时，说明现金流入量的现值等于现金流出量的现值，投资方案可行；当获利指数<1 时，说明现金流入量的现值小于现金流出量的现值，投资方案不可行。在投资决策时，选择获利指数最大的方案。

获利指数法与净现值法的原理基本相同，区别在于获利指数法克服了净现值法在投资规模不等、寿命期不同的方案之间不能比较的缺点。但是，该方法不能反映项目的实际收益率。

（四）内部收益率

内部收益率（IRR）是指，项目投资实际可望达到的收益率。实质上，它是能使项目的净现值等于零的折现率，即：

$$\sum_{t=0}^{n} \frac{NCF_t}{(1+IRR)^t} = 0$$

式中：NCF_t——第 t 期的净现金流入量；

n——项目计算期。

根据上式计算出内部收益率 IRR，然后与预期的收益率进行比较：当内部收益率大于或等于预期收益率时，方案可行；当内部收益率小于预期收益率时，方案不可行。在投资决策时，选择内部收益率超过预期收益率或资本成本最多的项目。

【例 7-7】 某项目初始投资为 123 370 元,第 1 年末可得净收益 100 000 元,第 2 年末可得净收益 50 000 元,寿命期为 2 年,试计算其内部收益率。若最低期望收益率为 12%,则按内部收益率指标判断该项目是否可行。

解: 用线性插值法来计算内部收益率:

$$当\ i_1 = 10\%, NPV_1 = 8\ 830(元)$$
$$i_2 = 20\%, NPV_2 = -5\ 320(元)$$

代入插值法的公式中得到:

$$IRR = i_1 + \frac{NPV_1}{NPV_1 + |NPV_2|}(i_2 - i_1)$$
$$= 10\% + \frac{8\ 830}{8\ 830 + |-5\ 320|} \times (20\% - 10\%)$$
$$= 16.24\%$$

由于内部收益率 $IRR = 16.24\% >$ 最低期望收益率 12%,所以,该项目可接受。

内部收益率法考虑了资金的时间价值,反映了投资项目的真正报酬率,评价中减少了主观性,但计算过程较为复杂。

四、影响项目投资决策的因素

项目投资所涉及的周期长、金额大,对企业未来的生存和发展有重大影响。所以,投资者必须考虑一些相关的重要因素。影响项目投资决策的因素除了决策方法以外,主要还包括资金的时间价值、项目的现金流量、资金成本、投资风险及所得税等。

(一) 资金的时间价值

资金之所以具有时间价值,是因为资金可以用来投资,通过投资机会进入生产过程和流通过程,从而创造更多的价值,获取相应的投资报酬。资金的时间价值可以用没有风险、没有通货膨胀条件下的社会平均资金利润率来表示。理论上,由于竞争的充分性,各行业、各部门的资金利润率会趋于一致,这个一致的平均资金利润率可以看作是企业资金的机会成本,是评价投资项目经济效益的基本标准。一般来说,由于银行存款利率和利息最为常见,而且易于计算,所以,通常将它们作为衡量投资报酬的基本标准,即资金时间价值的表现形式。

(二) 项目的现金流量

项目投资决策中所用的现金流量,是使项目现金收入和现金支出增加的数量。现金收入的增加额为现金流入量;现金支出的增加额为现金流出量;现金流入量与现金流出量之间的差额是现金净流量。

计算投资项目的现金流量时,应该注意只有与该项目相关的现金流量才能包括在内,是由该项目引起的整个企业的增量现金流量。这里的增量现金流量是由于某一个投资项目使整个企业增加的现金流入量或现金流出量,而不仅仅是该项目现金流入或现金流出的数量。与相关现金流量相对应的是无关现金流量,它是与该投资项目无关的现金流量,主要表现为沉没成本,亦称沉淀成本,是已经发生的成本,沉没成本不影响对投资项目的判断。

(三) 资金成本

资金成本是企业为取得资金和使用资金而付出的代价。企业的资金来源可以是借入资金,也可以是自有资金。但是,资金的使用权并不是无偿得到的,必须付出代价,使用借入资金企业要支付利息,使用股东的资金则需支付股利。

由于资金具有时间价值,在评价不同备选投资项目时,先将各项目所引起的各年现金流量按照一个确定的贴现率换算为现值,使各个项目的经济效益有一个可比的时间基础。企业对投资报酬率的期望不同,换算时所采用的贴现率也就有所不同。资金成本率可以为企业确定项目取舍提供一个最基本的依据,如果以资金成本率作为贴现率计算出的项目现金流量净现值为负值,说明其投资报酬率低于企业的资金成本率,投资于该项目所得到的收益根本无法补偿占用资金所需付出的成本,因此该投资项目是不可取的。所以,资金成本率是企业要求投资项目达到的最低报酬率。

(四) 投资风险

风险是在一定条件下和一定时期内可能发生的各种结果的不确定性。进行长期投资决策时,很多判断都是基于对未来事件的预测分析,但未来的变化并不能够被准确地预知,因此,长期投资的结果必然会包含这个风险因素。投资者承担投资风险是希望获取相应的报酬,承担的风险越大,他们要求的报酬率就越高。投资者由于承担风险而要求得到超过资金时间价值的报酬,这部分报酬就称为投资的风险价值或风险报酬。

长期投资存在风险是一个无法改变的客观事实,投资者可以判断某一投资项目的风险水平,并根据自己承担风险的能力,确定是否可以接受该投资项目。

(五) 所得税

长期投资会对企业利润产生影响,因此,所得税因素就影响企业的投资决策。某项投资所引起的所得税支出作为企业的一项现金流出,是该项投资的相关现金流量，它又会反过来影响企业长期投资的现金流量。因此，在评价长期投资方案时，所得税的影响不容忽视。所得税的影响主要体现在以下几个方面：

（1）税后现金流量，考虑所得税的影响后，分析长期投资项目时，应确定其产生的税后现金流量，即扣除了所得税影响后的预期现金流量。税后现金流量＝现金流量×（1－所得税税率）。

（2）折旧，企业发生费用并非总是伴随着现金的实际支出，最典型的例子就是折旧费用。企业按期提取折旧费用计入当期成本，使企业的当期利润减少，所得税支出降低，从而使现金流量增加。

（3）固定资产处置损益，企业处理固定资产时一般会发生固定资产处置利得或固定资产处置损失。如果变卖净收入大于该资产的账面净值，应将超出部分记为固定资产处置利得，反之记为固定资产处置损失，它们会增加或减少当期损益，因此也会影响缴纳的所得税，从而影响现金流出量。

第四节　项目投资的敏感性及风险分析

一、项目投资的敏感性分析

（一）敏感性及敏感性分析的概念

敏感性（sensitivity）是指，影响投资项目结果的某个相关因素的变动对投资决策指标的影响程度。如果某个相关因素发生较小的变动就会对投资决策指标产生较大的影响，说明投资项目对该因素的敏感性较强；反之，则说明投资项目对该因素的敏感性较弱。另外，如果投资项目可以在某一相关因素的较大变动范围之内均能保持其可接受性（或最优地位），就说明投资项目对该因素敏感性较弱；反之，则说明投资项目对该因素敏感性较强。

敏感性分析（sensitivity analysis）是指，测算判断投资项目对各相关因素的敏感性的过程。通过对投资项目的敏感性分析，投资者可以了解什么因素会对投资项目的结果产生显著影响，从而在决策过程中有针对性地对这些因素进行更细致的调查和分析，以提高决策的科学性，减少决策失误。

（二）敏感性分析的内容

在投资决策中，敏感性分析主要是计算投资方案的现金流入量、固定资产使用寿命等各相关因素的变动对该方案的可行性的影响程度；或者是在确保原方案的可行性（比如，净现值为正或内部收益率大于资金成本）的条件下，各相关因素可以在多大幅度内变动。即长期投资的敏感性分析包括两个方面：一是确定投资项目的决策指标对各相关因素的敏感性；二是确定保持原决策结论不变的条件下各相关因素的可变动范围。

1. 确定投资项目决策指标对各相关因素的敏感性

分析投资项目决策指标对某一个相关因素的敏感性时，应保持其他相关变量的取值不变，假设所测算的因素发生一定程度的不利变动，计算变动后投资项目的决策指标值，观察决策指标值发生变动后是否改变了该项目的可接受性（或原来的最优地位）。

决策者既可以对投资项目的每个相关因素分别进行敏感性测试，又可以对全部相关因素均发生不利变动时决策指标值的变化情况进行测算。影响长期投资项目经济效益的主要因素，包括项目的净现金流量和项目寿命，敏感性分析主要针对这两个因素进行。

【例7-8】某公司现有A、B两个投资项目，A项目投资额为120 000元，预测项目寿命为5年，每年现金净流量为40 000元；B项目的净现值为10 000元。该公司适用的贴现率为12%。

A项目净现值计算如下：

$$NPV_A = 40\,000 \times (P/A, 12\%, 5) - 120\,000$$
$$= 40\,000 \times 3.6048 - 120\,000$$
$$= 24\,192（元）$$

A项目的净现值（24 192元）大于零，大于B项目的净现值（10 000元），说明该项目可以被接受，并且是最佳选择。

由于投资项目的年现金净流量和寿命均是决策者经过预测分析后估计得出的数值，与实际情况可能不完全相符，因此，应进行敏感性分析。假定分析预测的结果表明年现金净流量也可能只有30 000元，或者项目寿命可能只有4年，那么，A项目净现值对年现金净流量和项目寿命的敏感性分析如下：

（1）当年现金净流量为30 000元时，A项目的净现值为：

$$NPV_A = 30\,000 \times (P/A, 12\%, 5) - 120\,000$$
$$= 30\,000 \times 3.6048 - 120\,000$$
$$= -11\,856（元）$$

此时，A项目净现值小于零，说明该项目不可以被接受，B项目是最优方案。

（2）当项目寿命为4年时，A项目的净现值为：

$$NPV_A = 40\,000 \times (P/A, 12\%, 4) - 120\,000$$
$$= 40\,000 \times 3.0373 - 120\,000$$
$$= 1\,492（元）$$

此时，A 项目净现值大于零，但小于 B 项目的净现值，因此，A 项目可接受，但不再是最优选择，B 项目是最优选择。

（3）当年现金净流量为 30 000 元、项目寿命为 4 年时，A 项目的净现值为：

$$NPV_A = 30\,000 \times (P/A, 12\%, 4) - 120\,000$$
$$= 30\,000 \times 3.0373 - 120\,000$$
$$= -28\,881（元）$$

此时，净现值小于零，说明 A 项目不可被接受。

从上述计算结果可以看出，A 项目对年现金净流量的变动较为敏感。当年现金净流量发生变动后，A 项目不可取，失去最优地位；相对而言，A 项目对项目寿命的敏感性较小。

2. 确定保持原决策结论不变时各相关因素的可变动范围

保持原决策结论不变时，各相关因素的可变动范围是指，投资项目保持其可被接受性（或最优地位）不变时，允许各相关因素发生变动的最大幅度。仍根据〖例 7-8〗中的资料，相关因素变动范围的计算过程如下：

（1）项目年现金净流量下限的计算。

假设保持 A 项目可被接受的年现金净流量下限为 NCF_1，保持 A 项目最优地位的年现金净流量下限为 NCF_2，则有：

$$NPV_1 = NCF_1 \times (P/A, 12\%, 5) - 120\,000 = 0$$
$$NPV_2 = NCF_2 \times (P/A, 12\%, 5) - 120\,000 = 10\,000$$

解得：$NCF_1 = 33\,288.95$（元）；$NCF_2 = 36\,063.03$（元）

计算结果表明，在项目寿命为 5 年的条件下，年现金净流量不低于 33 288.95 元时，A 项目均可被接受；而年现金净流量不低于 36 063.03 元时，A 项目优于 B 项目。

（2）项目寿命下限的计算。

设保持 A 项目可接受性的项目寿命下限为 n_1，则有：

$$NPV_1 = 40\,000 \times (P/A, 12\%, n_1) - 120\,000 = 0$$

解得：$(P/A, 12\%, n_1) = 3$。查表得：$(P/A, 12\%, 3) = 2.4018$，$(P/A, 12\%, 4) = 3.0373$。利用内插法可计算出：$n_1 = 3 + (4-3) \times (3 - 2.4018)/(3.0373 - 2.4018) = 3.94$（年）

同理，设保持 A 项目最优地位的项目寿命下限为 n_2，则有：

$$NPV_1 = 40\,000 \times (P/A, 12\%, n_2) - 120\,000 = 10\,000$$

解得：$(P/A, 12\%, n_2) = 3.25$。查表得：$(P/A, 12\%, 4) = 3.0373$，$(P/A, 12\%, 5) = 3.6048$。

利用内插法可计算出：

$$n_2 = 4 + (5-4) \times (3.25 - 3.0373)/(3.6048 - 3.0373) = 4.37（年）$$

计算结果表明，在项目年现金净流量为 40 000 元的条件下，A 项目寿命超过 3.6048 年时，该项目均可被接受；寿命超过 4.37 年时，该项目为最优。

二、项目投资的风险分析

公司在投资时会遇到投资风险，主要包括政策风险、经济风险、汇率风险以及通货膨胀风险等。在有风险的条件下，项目的现金流量会出现不确定性，这时，采用项目投资评价方法会出现差异，需要对原方法进行调整。投资风险分析方法主要有调整风险贴现率、肯定当量法、缩短投资回收期和调整期望现金流量等方法。

（一）调整风险贴现率

投资风险分析最常用的方法，是调整风险贴现率法。这种方法的基本思想是对高风险的项目采用较高的贴现率计算净现值，然后，根据净现值的规则来选择投资方案。这一方法的关键，在于根据风险大小调整风险贴现率。计算公式如下：

$$k = i + b \times V$$

式中：k——调整后的风险贴现率；

i——无风险贴现率；

b——风险报酬系数；

V——标准离差率。

调整风险贴现率法应用较为广泛，也容易理解。但是由于根据这种方法，随着时间的推移贴现率会不断加大，有时与事实不符。

（二）肯定当量法

为了克服调整风险贴现率法的缺点，可以采取肯定当量法。这种方法的原理是用一个系数把含有不同风险的现金流量调节为相同风险的现金流量，然后用适用的贴现率计算净现值。肯定当量法的计算公式如下：

$$NPV = \sum_{t=0}^{n} \frac{CFAT_t \times a_t}{(1+i)^t}$$

式中：$CFAT_t$——t 年税后的现金流量；

i——适用贴现率；

a_t——t 年的现金流量的肯定当量系数。a_t = 肯定的现金流量/不肯定的现金流量，其值在 0~1 之间。

肯定当量系数是指，不肯定的 1 元现金流量相当于使投资者满意的肯定的金额，它可以把不肯定的现金流量换算成肯定的现金流量。因为不确定的 1 元现金不如确定的 1 元现金受欢迎，不确定的 1 元钱往往只相当于不足 1 元的金额。这二者的差异取决于不确定程度的高低，如果以变化系数表示现金流量的不确定性程度，则变化系数与肯定当量系数的经验关系有唯一对应的关系。

肯定当量法可以与内部收益率方法结合使用，即先用肯定当量系数调整各年的现金流量，然后计算其内部收益率，最后与企业要求的最低收益率比较进行判断。

（三）缩短投资回收期

投资回收期是衡量项目在多长时间内能够收回投资的指标。通常回收期是非贴现性的投资评价指标，尽管在资本预算中往往不作为主要指标使用，但是，如果一个项目的回收期越长，那么，这个项目受到不确定性因素的影响就越大。从这种角度考虑，缩短回收期的方法能够较好地消除风险的影响。该方法计算比较简便，缺点是对于回收期特别长，并只有经历了较长的投资期后才会有比较大且稳定的现金流入的项目不适用。

（四）调整期望现金流量

调整期望现金流量是指，投资者对将来各年的现金流量进行各种不同情况的估计，对每一种情况给定一个概率后，求出各种不同情况下现金流量的期望，以该期望值作为评价项目是否可行的现金流量。例如，预计在正常情况下，公司每年产生的现金流为 800 万元，估计可能的现金流量与可能出现的概率，如表 7 - 6 所示。

表 7 - 6　　　　　　　　可能的现金流量及其概率

第 n 年可能的现金流量（万元）	对应的可能出现的概率（%）
800	20
700	40
600	40

这样，第 n 年的期望现金流量为 680 万元（= 800 × 20% + 700 × 40% + 600 × 40%）。这种方法调整现金流量而不改变贴现率，所隐含的假设是系统性风险不变，即假设企业外部的宏观经济环境没有太大的变化。

本章小结

1. 项目投资是以特定项目为对象，直接与新建项目或更新改造项目有关的长期投资行为。项目投资具有以下特点：投资数额大，影响时间长，建设期长，回收速度慢；投资具有不可逆转性。项目投资的意义有：项目投资是企业价值增值的基本前提；项目投资是企业维持简单再生产的必要手段，也是扩大生产经营规模,增强竞争实力的重要条件;项目投资是降低企业风险的重要手段。

2. 项目投资决策需要用到现金流量,现金流量是指,在项目投资中引起的现金流出和现金流入的总称。任何一个项目投资都会引起现金流量的变化,现金流入是该项目引起的现金收入增加的数量,现金流出是该项目引起的现金支出增加的数量,现金流入与现金流出的差额称为净现金流量。项目投资的现金流量是由初始现金流量、营业现金流量和终结现金流量构成的。

3. 对投资项目进行分析时,除了计算项目的现金流量,还需要综合考虑投资回收速度和资金时间价值等要素,利用定量方法评价投资项目。评价投资项目的方法,本章从时间性指标、价值性指标、比率性指标三个方面分别介绍。时间性指标有静态投资回收期和动态投资回收期,价值性指标有净现值、净年值、费用现值;比率性指标有会计收益率、净现值率、内部收益率等指标。项目投资所涉及的周期长、金额大,对企业未来的生存和发展有重大影响。所以,投资者必须考虑一些相关的重要因素。影响项目投资决策的因素除了决策方法以外,还有资金的时间价值、项目的现金流量、资金成本、投资风险以及所得税等。

4. 项目投资的敏感性分析是指,测算判断投资项目对各相关因素的敏感性的过程。通过对投资项目的敏感性分析,投资者可以了解什么因素会对投资项目的结果产生显著影响,从而在决策过程中有针对性地对这些因素进行更细致的调查和分析,以提高决策的科学性,减少决策失误。项目投资的风险分析方法主要有,调整风险贴现率、肯定当量法、缩短投资回收期、调整期望现金流量和计算机模拟法等方法。

思考与练习

1. 简述项目投资的概念与特点。
2. 项目投资的意义是什么?
3. 简述现金流量的概念及内容。
4. 项目投资的影响因素有哪些?
5. 项目投资决策的时间性评价方法有哪些?各自的优缺点是什么?
6. 项目投资决策的价值性评价方法有哪些?各自的优缺点是什么?
7. 项目投资决策的评价比率方法有哪些?各自的优缺点是什么?
8. 如何进行项目投资的敏感性分析?

第八章　营运资金管理

学习目标

1. 掌握营运资金的概念及特点。
2. 了解现金管理的内容及办法。
3. 掌握应收账款的管理。
4. 掌握存货的管理。
5. 了解流动负债的管理。

第一节　营运资金管理概述

一、营运资金的概念及特点

（一）营运资金的概念

营运资金是企业在生产经营过程中，以流动资产方式占用的资金。营运资金有广义与狭义之分，广义营运资金包括流动资产与流动负债的总体；狭义营运资金是流动资产减去流动负债后的余额，也称净营运资金。

如果流动资产等于流动负债，则占用在流动资产上的资金全部由流动负债提供；如果流动资产大于流动负债，则"净营运资金"要以长期负债或所有者权益为其来源；如果流动资产小于流动负债，则企业用短期方式筹集的资金除了满足流动资产的使用外，还可以用于长期投资。因此，营运资金管理既包括流动资产管理，又包括流动负债管理，还包括如何将短期筹集的资金用于长期使用。企业用短期方式筹集的资金除了满足流动资产的使用外，还可以用于长期投资。因此，营运资金管理既包括流动资产管理，又包括流动负债管理，还包括如何将短期筹集的资金用于长期使用。

（二）营运资金的特点

1. 营运资金的周转具有短期性

企业占用在流动资产上的资金，周转一次所需时间较短，通常会在一年或一个营业周期内收回，对企业影响的时间比较短。根据这一特点，营运资金可以用商业信用、银行短期借款等短期筹资方式来满足。

2. 营运资金的实物形态具有易变现性

资产一般具有较强的变现能力，在生产过程中原材料经过加工成为产品的组成部分；而流动负债也有很多种形态。

3. 营运资金的数量具有波动性

流动资产的数量会随企业的生产过程而变化，有时占用在流动资产上的资金较多，有时则较少；流动负债也是随生产和销售而发生变化。

4. 营运资金的来源具有灵活多样性

企业筹集长期资金的方式一般只有较少的几种，而营运资金的来源非常灵活。既可以用短期筹资方式，如银行短期借款、短期融资券、商业信用，也可以用长期筹资方式，还可以通过加强营运资金管理的方式来获得。

二、营运资金管理的意义和原则

（一）营运资金管理的意义

营运资金管理对企业具有重要意义：

（1）企业资产中有相当大的比例为流动资产，占用在流动资产上的资金总额通常很大；与之类似，流动负债在负债总额中也占有相当大的比重。因此，营运资金管理占有重要地位。

（2）企业涉及营运资金管理的业务很多，企业财务人员每天都要处理大量与流动资产和流动负债相关的经济业务，日常工作的大部分业务都与营运资金有关。

（3）营运资金管理涉及企业供、产、销等重要环节，管理好企业的营运资金对于实现企业长期发展战略目标，提高企业经济效益、加速资金周转，实现财务目标具有极其重要的意义。

（4）管理好企业的营运资金可以避免发生支付危机，加强企业的流动资产和流动负债的管理，可以提高短期偿债能力，改善企业现金流，防范发生支付危机的可能性。

（二）营运资金管理原则

（1）正确预测营运资金的需求量，企业营运资金的需求量和企业生产经营的规模成正比,与资金的周转速度成反比。财务人员应该经常分析企业生产经营情况和资金的周转情况,合理预测营运资金的需求量,为企业及时筹措和供应营运资金提供必要信息,以避免发生不必要的资金闲置或资金短缺。

(2) 合理筹集所需的流动资金,企业在筹集流动资产所需要的资金时,应该通过分析选择合适的筹资渠道和方式,计算所需资金的成本及其对损益的影响,以增加企业价值。

(3) 加速营运资金的周转,提高资金的使用效率,在日常资金的管理工作中,应建立有效的管理系统和控制系统,在保证生产经营活动需要的前提下,科学控制流动资产的占用数量,提高企业的经济效益。

(4) 保持一定数量的营运资金,确保短期偿债能力,一定数量的营运资金是衡量企业短期偿债能力高低的重要标志,也是衡量企业抵抗风险大小的标志。企业营运资金越多,说明企业违约的可能性越小,偿债能力也越强。另外,企业的营运资金越多,表明占用在流动资产上的资金越多,降低了企业的收益。因此,应该合理安排流动资产和流动负债的比例,既节约资金又能够保证企业有较强的短期偿债能力。

三、营运资金的管理策略

营运资金的管理策略是指,安排流动资产和流动负债以及二者关系的方针。营运资金管理策略既涉及资产组合策略,又涉及营运资产的筹资策略。

(一) 资产组合策略

1. 资产组合

营运资金的重要内容是流动资产,其数量随企业业务量的变化而变化,业务量越大,所需的流动资产越多。但是,它们之间并非呈线性关系,由于规模经济、使用效率等方面的原因,流动资产占用额以递减的比率随业务量增长。较高的营运资金持有量,意味着在固定资产、流动负债和业务量一定的情况下,流动资产占用额较高,即企业拥有较多的现金、有价证券和较高保险储备量的存货。企业有较大把握按时支付到期债务,及时供应生产用材料和准时向客户提供产品,从而保证经营活动平稳进行,风险性较小。但是,由于流动资产的收益性低于固定资产,较高的流动资产比重会降低企业的收益性。因此,企业应权衡收益与风险,合理确定流动资产的数量。

另外,企业的流动资产又分为季节性流动资产(临时性流动资产)和永久性流动资产。季节性流动资产是指,受季节性、周期性规律影响的资产,如由于生产、销售的淡旺季引起的应收账款金额的波动;永久性流动资产是指,企业不随经营季节的变动，而需要经常占用的最低的产品和原材料的储备等流动资产。企业在确定流动资产的数量之后，还应权衡收益与风险，合理确定季节性流动资产与永久性流动资产之间的比例。这样，在一定的生产规模条件下，企业投资于流动资产以及其内部各项目的比例就是资产组合。

2. 资产组合策略的类型

企业持有一定数量的流动资产，是企业维持正常生产经营的前提条件。在维持企业正常生产经营的前提下，保持最低水平的流动资产是营运资金管理的最佳状态。根据流动资产是否留有保险储备量以及留有多少保险储备量，可以将资产组合策略分成以下几种：

（1）适中型投资策略，假设企业根据以往经验，流动资产的正常需要量占销售额的30%，为应付不确定因素，企业留有占销售额10%的流动资产的保险储备量。企业按照这种方法确定流动资产，采用的就是适中型投资策略。

（2）保守型投资策略，在上面的假设中，如果企业增加额外的流动资产保险储备，则采用的就是保守型投资策略。采用这一策略，企业违约风险较小，偿债能力较强；但是，过多的流动资产不能为企业带来较高的收益，同时还有资金成本，因此会降低企业的收益。

（3）冒险型投资策略，在上面的假设中，如果企业不安排作为保险储备的流动资产，则采用的就是冒险型投资策略。企业如果只安排正常生产经营对流动资产的需要量，不安排或很少安排为应付意外情况的流动资产保险储备量，在不发生意外的情况下，可以提高企业的收益水平；但是，也会由于减少流动资产而影响企业经营和销售。

3. 影响资产组合的因素

通过分析可以看出，适中型投资策略对企业是最佳的。然而，却难以量化流动资产的持有量，这是因为流动资产数量是多种因素共同作用的结果，包括销售水平、存货和应收账款周转速度等。所以，企业应当根据自身的具体情况确定适当的资产组合策略。对企业而言，选择哪种类型的资产组合策略，需要考虑以下因素：

（1）营业周期的长短，营业周期越长，企业在产品、半成品及应收账款等项目上占用的资金越多，因而不适宜采用冒险型投资策略。

（2）销售收入和现金流量的波动性，销售收入和现金流量的波动较大，则对流动资产的需求相对较大。

（3）偿债能力比率的行业标准，不同行业的偿债能力比率往往有较大差异，若企业所在行业的偿债能力比率标准较低，则可以减少流动资产的投资数量。

（4）存货政策，采用较高存货保险储备量的企业，需要较多的流动资产。

（5）信用政策，采用较为宽松的信用政策会导致较多的应收账款，因此，需要更多的流动资产。

（6）流动资产管理效率，若企业流动资产管理效率较高，可以减少流动资产的占用。

（7）管理者对风险的态度，激进的管理者一般会选择冒险型投资策略，而保守的管理者则通常选择保守型投资策略。

（二）营运资金的筹资策略

1. 营运资金筹资策略的类型

（1）适中型筹资策略，其特点是，对于季节性流动资产用流动负债来满足；对于永久性流动资产和固定资产（通称为永久性资产）用长期负债和权益资本来满足。

适中型筹资策略要求企业对流动负债严格管理，实现现金流动与预期安排相一致。在季节性低谷时，企业除了自发性负债外没有其他流动负债；只有在临时性流动资产的需求高峰期时，企业才举借各种临时性负债。

这种筹资策略的基本思路是：将资产与负债的期间相配合，以降低企业不能偿还到期债务的风险和尽可能降低债务的资金成本。事实上，由于资产使用寿命的不确定性，往往达不到资产与负债的完全匹配。一旦企业的销售不理想，未能取得销售现金收入，便会难于偿还到期负债。因此，适中型筹资策略是一种理想的、对企业有较高资金使用要求的营运资金筹资策略。

（2）激进型筹资策略，其特点是：临时性负债不但满足临时性流动资产的资金需要，还要解决部分永久性流动资产的资金需要。企业实行激进型筹资策略是由于临时性负债（如短期银行借款）的资本成本低于长期负债和权益资本的资本成本。在激进型筹资策略下，临时性负债所占的比重较大，企业的资本成本较低；但是，为了满足永久性流动资产的长期资金需要，企业必然要在临时性负债到期后重新举债或申请债务展期，这样企业会经常进行举债和还债，加大筹资困难和风险，另外，还可能面临由于短期负债利率的变动而增加企业资本成本的风险。所以，激进型筹资策略是一种收益性和风险性均较高的营运资金筹资策略。

（3）稳健型筹资策略，其特点是，临时性负债只满足部分临时性流动资产的资金需要，另一部分临时性流动资产和永久性流动资产则由长期负债和权益资本作为资金来源。与适中型筹资策略相比，稳健型筹资策略中临时性负债占企业全部资金来源的比例较小，由于临时性负债所占比重较小，企业偿还到期债务的压力小，遭受短期利率变动损失的风险也较低。然而，因为长期负债资本成本高于临时性负债的资本成本，在经营淡季时需负担长期负债利息，从而会降低企业的收益。所以，稳健型筹资策略是一种风险性和收益性均较低的营运资金筹资策略。一般而言，如果企业能够驾驭资金的使用，采用收益和风险配合的适中型筹资策略是较为有利的。

2. 影响筹资策略的因素

企业在决定筹资策略时，要考虑以下因素：

（1）利率的期限结构，管理者在决定借款期限时，应考虑利率的期限结构，若未来利率上升，则以短期浮动利率或长期固定利率负债为宜；若未来利率下降，则应避免借入固定利率的长期借款。

（2）企业的资本结构，报表分析者在考虑企业资产负债率指标时，常常是用长期负债资金来计算，因此，企业保持较低的资产负债率。当资金出现短缺时，可能会利用短期负债资金来满足资金需求，从而形成激进型的筹资策略。因此，管理人员注意到企业有部分短期负债持续用于支持长期性资产项目时，应考虑资产负债率的计算方法是否合适。

（3）企业取得长期资金的难易程度，一般来说，信用级别高的大企业更易获得权益资本、长期债券等长期资金；小企业则较难获得这些来源的资金，因此，对小企业而言，银行短期贷款可能是较为现实的筹资渠道。

（4）企业管理层对待风险的态度。保守的管理者自然倾向于选择稳健型的营运资金筹资策略；相反，具有冒险精神的管理者，则倾向于选择激进型的营运资金筹资策略。

第二节 流动资产管理

一、流动资产的含义及种类

流动资产是指，可以在一年或者超过一年的一个营业周期内变现或使用的资产，包括现金、短期投资、应收账款以及预付账款、存货等。

（1）现金，是可以立即用来购买物品、支付各项费用或用来偿还债务的交换媒介或支付手段，主要包括库存现金和银行活期存款。现金具有较强的偿债能力，但不会带来报酬或只有极低报酬。所以，企业不会保留过多的现金。

（2）短期投资，是指各种准备随时变现的有价证券以及不超过一年的其他投资，主要指有价证券投资。有价证券，一方面，能给企业带来收益；另一方面，还可以存放暂时不用的现金。

（3）应收款项及预付款项，是企业生产经营过程中形成的应收而未收的或预先支付的款项，包括应收账款、应收票据、其他应收款和预付货款。企业拥有一定数量的应收账款及预付账款是不可避免的，应力求加快账款的回收速度，减少坏账损失。

（4）存货，账款是企业为生产和销售而储存的各种物资，包括商品、半成品、在产品、原材料等。存货在流动资产中占的比重较大。要加强存货管理，使存货数量保持在最优水平。流动资产的特点是流动性大、周转期短。流动资产具有较强的变现能力，是企业价值补偿与价值增值实现的主体来源。

二、现金管理

现金是流动性最强的资产，是企业重要的支付手段，可以满足企业生产经营的各种开支需要。拥有足够的现金对降低企业财务风险、增强企业资金的流动性具有十分重要的意义。

有价证券可以作为企业现金的一种替代品，其变现能力强，可以随时兑换成现金，企业一般将现金和有价证券一起管理。企业有多余现金时，可将现金兑换成有价证券；待现金流出量大于流入量需要补充现金时，再出让有价证券换回现金。

（一）企业持有现金的动机

企业持有现金的动机主要有下述几种。

1. 支付动机

支付动机是指，持有现金以便满足日常支付的需要。企业每天同时发生现金收入和现金支出，保留一定的现金余额可使企业在现金支出大于现金收入时，不致中断交易。支付动机需要现金的数量，取决于企业的销售水平。

2. 预防动机

预防动机是持有现金以应付意外事件对现金的需求。意外事件会影响企业现金的收入与支出。持有较多的现金，可使企业更好地应付意外事件的发生，预防动机所需要的现金数量取决于以下因素：

（1）现金收支预测的可靠程度；

（2）企业临时借款能力；

（3）企业愿意承担的风险程度。

3. 投机的动机

企业一般是将现金和有价证券一起管理的，多余的现金可用于购买证券，而在企业需要现金时，则将有价证券变现为现金。投机动机是指，企业在购买有价证券时，由于利率等条件的变化，可能使证券价格剧烈波动，当预期利率上升、有价证券的价格将要下跌时，企业宁可持有现金，直到利率停止上升为止。

4. 补偿性的动机

银行为了预防企业出现支付困难，要求企业保留补偿性余额，作为偿还利息及本金的保障,这也是企业持有现金的原因之一。企业在确定现金余额时,应综合考虑各方面的持有动机。须注意的是,由于各种动机所需的现金可以调剂使用,企业持有的现金总额并不等于各种动机所需现金余额的简单相加,前者通常小于后者。另外,各种动机所需的现金,并不要求必须是货币形态,可以是能够随时变现的有价证券等其他形态。

(二) 现金管理的目的

现金管理的目的,是在保证企业生产经营所需现金的同时,节约使用资金,并从暂时闲置的现金中获得收入。企业的库存现金没有收益,银行存款利率也较低。现金结余过多,会降低企业的收益;但现金太少,又可能会出现现金短缺,影响生产经营活动。现金管理应力求做到既保证企业交易所需资金,降低风险又不使企业有过多的闲置现金,以增加收益。

(三) 最佳现金持有量的确定

管理现金是对现金余额的管理,如果期末现金余额大于理想现金余额,说明现金有多余,应设法进行投资或归还债务,或将多余的现金购买有价证券;如果期末现金余额小于理想现金余额,则说明现金短缺,应出售有价证券或进行筹资予以补足。确定现金持有量有以下几种常用的方法。

1. 成本分析模型

成本分析模型是通过分析持有现金的总成本,确定使企业持有现金总成本最低的现金余额。现金持有总成本具体包括:

(1) 机会成本,是由于企业持有现金而丧失其他投资机会所发生的损失。

(2) 管理成本,企业持有现金会发生管理费用,如管理人员的工资、现金管理的安全措施等,这些费用是现金的管理成本。

(3) 短缺成本,是因缺乏必要的现金,不能应付业务开支使企业蒙受损失并为此付出的代价。现金的短缺成本随现金持有量的增加而下降,随现金持有量的减少而上升。

使上述三项成本之和最小的现金持有量,就是最佳现金持有量。成本分析模型,如图8-1所示,其中,机会成本线向右上方倾斜,短缺成本线向右下方倾斜,管理成本线为平行于横轴的平行线,总成本线便是一条抛物线,该抛物线的最低点即为持有现金的最低总成本。超过这一点,机会成本上升的代价又会大于短缺成本下降的好处;在这一点之前,短缺成本上升的代价,又会大于机会成本下降的好处。

2. 存货模型

存货模型又称鲍曼模型,是美国经济学家威廉·鲍曼(William Baumol)于

1952年首次提出来的。鲍曼注意到,现金余额与存货库存量有许多相似之处,所以,他用存货经济订货批量模型来确定最佳现金持有量。存货模型,如图8-2所示。

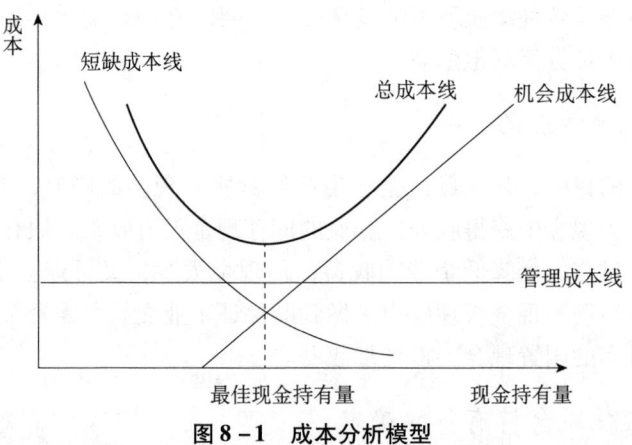

图8-1 成本分析模型

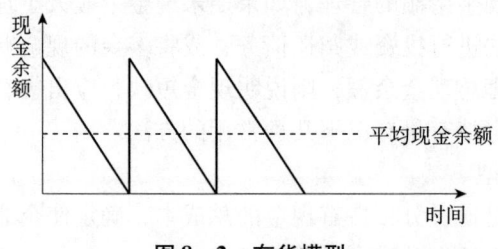

图8-2 存货模型

在存货模型下,现金持有的总成本包括两部分:一是持有成本,即现金的机会成本;二是转换成本,即证券变现的交易成本。最佳现金余额就是使现金持有成本与现金转换成本之和最低的余额。总成本(TC)与现金余额(M)之间的关系可表示为:

$$TC = K \times (M/2) + F \times (T/M)$$

式中:K——持有现金的机会成本(等于有价证券的收益率或借款利率);

T——某一时期企业现金总需要量;

F——每次出售有价证券的固定交易成本。

在持有现金的总成本中,持有成本与转换成本是反向变动的,即现金持有量越大,持有成本就越高,一定时期内证券变动的次数减少,相应转换成本也较小;反之,持有成本小而转换成本大。因此,使TC为最小的现金持有量即为最佳现金持有量,当企业达到最佳现金持有量时,其转换成本和持有成本相等。将上式对M求导,并令导数等于零即得最佳现金持有量(M^*)的计算公式:

$$M^* = \sqrt{\frac{2TF}{K}}$$

对应的最低持有现金的总成本（TC^*）为：

$$TC^* = \sqrt{2TFK}$$

应当指出的是，该方法也适用于当现金余额降至零时通过借款或发行债券来补充现金余额的情形。存货模型是一种简单、直观的确定最佳现金持有量的模型；其缺点是假定现金的流出量稳定不变。

【例 8-1】 某公司预计全年需要现金 200 万元，现金需求均匀，现金与有价证券的转换成本为每次 250 元，有价证券年平均收益率为 10%。则其最佳现金持有量为：

$$M^* = \sqrt{\frac{2TF}{K}} = \sqrt{\frac{2 \times 2\,000\,000 \times 250}{10\%}} = 100\,000(元)$$

最低持有现金总成本为：

$$TC^* = \sqrt{2TFK} = \sqrt{2 \times 2\,000\,000 \times 250 \times 10\%} = 10\,000(元)$$

3. 现金周转模型

现金周转模型是通过现金周转天数确定最佳现金持有量的方法。现金周转天数是指，从现金投入生产经营开始，到产成品出售再转化为现金的整个过程所经历的天数。现金周转天数的长短取决于存货周转天数、应收账款周转天数及应付账款周转天数，它们之间的关系，如图 8-3 所示。

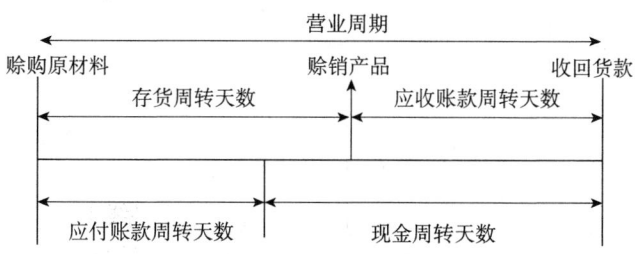

图 8-3 现金周转模型

由图 8-3 可以看到，企业营业周期的长度（天数）等于存货周转天数加上应收账款周转天数，而一个营业周期所经历的天数减去应付账款周转天数才是现金周转天数，因此可得：

$$\frac{现金}{周转天数} = \frac{存货}{周转天数} + \frac{应收账款}{周转天数} - \frac{应付账款}{周转天数}$$

假定企业在一定时期（如一年）内的现金需求已知，且企业经营是持续的，即存货、应收账款与应付账款的周转速度保持稳定，则该企业的最佳现金持有量可通过下式求得：

$$\text{最佳现金持有量} = \text{年现金总需求量}/360 \times \text{现金周转天数}$$

【例 8-2】已知某企业能够持续稳定经营。该企业存货周转天数为 90 天,应收账款周转天数为 45 天,应付账款周转天数为 30 天,全年需要现金 6 300 万元。则该企业的最佳现金持有量是多少?

根据现金周转模型,该企业的最佳现金持有量计算如下:

现金周转天数 = 90 + 45 - 30 = 105(天)

最佳现金持有量 = 6 300 ÷ 360 × 105 = 1 837.5(万元)

4. 随机模型

随机模型,又称为米勒-奥尔(Miller-Orr)模型,是在现金需求量难以预知的情况下进行现金持有量控制的方法。企业根据历史经验和现实需要,测算出一个现金持有的控制范围,制定出现金持有量的上限和下限,将现金持有量控制在上下限的区域内。当现金持有量达到该区域上限时,以现金购入有价证券从而使现金持有量下降;当现金持有量降至该区域下限时,抛售有价证券换回现金从而使现金持有量回升。若现金持有量在上下限之内,则不必进行现金与有价证券的转换。随机模型,如图 8-4 所示。

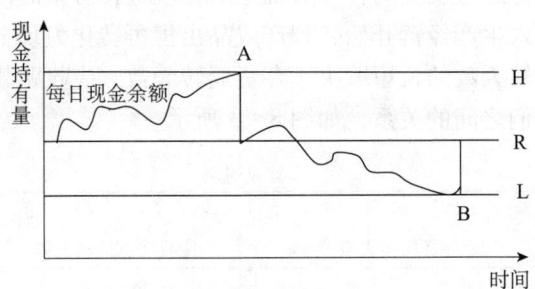

图 8-4 随机模型

在图 8-4 中,直线 H 为现金持有量的上限,直线 L 为现金持有量的下限,直线 R 为最优现金返回线。从图中可以看到,企业的现金持有量(表现为每日现金余额)是随机波动的,当其达到 A 点时,即达到现金持有量的控制上限,企业应用多余的现金购买有价证券,使现金持有量回落至最优现金返回线(R 线,表现为最优现金余额)的水平;当现金持有量降至 B 点时,即达到现金持有量的控制下限,企业应转让有价证券换回现金,使现金持有量回升至最优现金返回线的水平。现金持有量在上下限之间的波动属于控制区域内的合理变化,可不予理会。上下限的确定,可以利用米勒-奥尔模型。米勒-奥尔模型的上限 H、最优现金返回线 R 可按下列公式计算:

$$R = \sqrt[3]{\frac{3F\delta^2}{4i}} + L$$

$$H = 3R - 2L$$

式中：F——有价证券每次转换的固定成本；

i——有价证券的日利息率；

δ——现金余额变化的标准差（根据历史资料测算）。

而下限 L 的确定，则受到企业每日最低现金需要及管理者对风险的态度等因素的影响。

【例 8-3】 某企业财务人员记录了上月 22 个工作日的每日现金余额数值，经计算得到每日现金余额变化的标准差为 1 500 元。另外，已知有价证券的年利率为 12%，有价证券每次转换的固定成本为 80 元，且该财务人员认为企业的最低现金余额为 6 000 元。根据上述资料确定最优现金返回线 R 和现金持有量上限 H。

最优现金返回线和现金持有量上限计算如下：

$$R = \sqrt[3]{\frac{3F\delta^2}{4i}} + L = \sqrt[3]{\frac{3 \times 80 \times 1\,500^2}{4 \times 12\% \div 360}} + 6\,000 = 13\,398.64(元)$$

$$H = 3R - 2L = 3 \times 13\,398.64 - 2 \times 6\,000 = 28\,195.92(元)$$

计算结果表明，该企业的最优现金余额为 13 398.64 元，现金余额将控制在 6 000～13 398.64 元之间。当现金余额降至 6 000 元时，企业卖出 7 398.64（13 398.64 - 6 000）元的有价证券，使现金余额回升为 13 398.64 元；当现金余额升至 28 195.92 元时，企业应购买 14 797.28（28 195.92 - 13 398.64）元的有价证券，使现金余额降至 13 398.64 元。随机模型建立在企业的未来现金需求总量和收支不可预测的前提下，因此，计算出来的现金持有量比较保守。

（四）现金管理策略

现金的日常管理工作的重点在于加强现金的收支管理，其目的在于提高现金的使用效率。

1. 力争现金流量同步

从理论上讲，企业使现金流入与现金流出发生的时间、数量一致，可以使其交易现金余额为零。当然，现实生活中企业不可能完全做到这一点，应有意识地使现金流量达到同步，为此，要进行现金盈亏平衡分析。现金盈亏平衡分析是确定现金盈亏平衡点，即现金流入量与现金流出量相等时的产销量。现金盈亏平衡点的计算公式为：

$$现金盈亏平衡点 = \frac{固定成本 - 折旧}{单价 - 单位变动成本}$$

当企业的销售量达到现金盈亏平衡点时，现金收入与现金支出处于平衡状态；若销量低于现金盈亏平衡点，则会发生现金短缺；若销量高于现金盈亏平衡点，则将产生现金剩余。

2. 合理使用现金浮游量

从企业开出支票，收票人收到支票并存入银行，至银行将款项划出企业账户，这中间需要一段时间。这段时间内，在企业账面上资金已经支付，但是，在银行账户上该笔资金仍在，企业依然可以使用，这笔资金称为现金浮游量（float）。合理利用现金浮游量对提高资金的利用效率，降低资金占用量有很大帮助。但是，应加强管理，否则会造成银行存款透支。

3. 加速收款

加速收款的目的在于缩短应收账款的收款时间，提高现金使用效率，加速现金周转。企业应在不影响未来销售的情况下，尽可能加快应收账款的收回。常用的方法有：

（1）锁箱法，企业先在某些客户集中的地区租用专业邮政信箱；然后，通知客户将款项就近汇至指定的邮政信箱；企业授权当地银行（即代理银行）每天定点开启信箱，在收取客户寄到的支票后立即进行结算，并通过电汇将款项及时划拨至企业所在地银行。

（2）银行业务集中法，企业选择收款额较集中的地区设立若干个收款中心，并指定一个主要开户行（通常是总部所在地）为集中银行。客户收到账单后，直接将款项汇至当地收款中心，收款中心及时将款项存入当地银行，然后，各当地银行将所收到的款项及时集中划拨至银行。

4. 推迟应付款的支付

推迟应付款的支付是指，在不影响企业信誉的前提下，尽可能地推迟应付款的支付期，充分运用供货方所提供的信用条件。当企业急需现金时，甚至可以放弃供货方的折扣优惠，在信用期的最后一天支付款项。

三、应收账款管理

应收账款是因为企业对外销售产品、材料、供货劳务及其他原因，应向购货单位或接受劳务的单位收取的款项，包括应收账款、其他应收款、应收票据等。随着市场经济的发展、商业信用的推行，应收账款管理已成为流动资产管理中一个日益重要的问题。

（一）应收账款产生的原因

企业在销售商品时，由于商品销售数量的巨大以及地域的广泛，使销售和收款存在时间差。商品成交的时间和收到货款的时间经常不一致，导致了应收账款的存在。虽然现实经济生活中的现金销售方式很普遍，如零售业，但对大多数批发企业和生产企业而言，发货时间和收到货款的时间往往不同，因而这些企业常常存在较多的应收账款。

1. 主观原因

主观原因是发生应收账款的主要原因。市场中的激烈竞争，迫使企业以各种手段扩大销售。除了依靠产品质量、价格、售后服务、广告外，赊销也是扩大销售的手段之一。对于同等的产品价格、类似的质量水平、同样的售后服务，如果实行赊销，将扩大商品的销售额，于是产生了应收账款。

2. 客观原因

客观原因造成的应收账款不属于商业信用，也不是应收账款管理的主要内容。在此，仅讨论属于商业信用的应收账款的管理。

（二）应收账款的成本

应收账款的存在，会使企业付出一定的代价。应收账款的成本有下述几种：

1. 机会成本

企业如果不投资于应收票据款项，便可将资金用于其他投资并获得收益，这种因投放于应收账款而放弃的其他收入，即应收账款的机会成本。机会成本一般按有价证券的利息率计算。

2. 管理成本

应收账款的管理成本主要包括：调查顾客信用情况的费用；收集各种信息的费用；账款的记录费用；收账费用；其他费用。

3. 坏账成本

应收账款因故不能收回而发生的损失，就是坏账成本，此项成本一般与应收账款发生的数量成正比。坏账成本一般以坏账损失率表示，它是应收账款管理的核心。

（三）信用政策

应收账款政策又称为信用政策，是企业对应收账款进行管理而制定的基本原则和行为规范，信用标准是企业财务政策的一个重要组成部分。信用政策主要包括信用标准、信用条件和收账政策三部分。

1. 信用标准

信用标准是指，顾客获得企业交易信用所应具备的条件。如果顾客达不到信用标准，便不能享受企业的信用或只能够享受较低的信用优惠。如果企业的信用标准较严，只对信誉很好、坏账损失率很低的顾客给予赊销，会减少坏账损失，减少应收账款的机会成本，但这样做可能不利于扩大销售量，甚至使销售量减少；反之，如果信用标准较宽，虽然会增加产品销售，但会相应增加坏账损失，增加应收账款的机会成本。

企业在确定信用标准时应考虑以下因素：

（1）同行业的竞争状况，若对手实力很强，企业欲取得或保持竞争优势，就需采取较低的（相对竞争对手而言）信用标准；反之，可采取较高的信用标准。

（2）企业承担违约风险的能力，企业具有较强的违约风险承担能力时，可以用较低的信用标准提高竞争力，争取客户，扩大销售；反之，若企业承担违约风险的能力较弱，则只能选择较高的信用标准以尽可能地降低违约风险水平。

（3）客户的资信程度，企业在制定信用标准时，需要对客户的资信状况进行调查、分析，然后，根据客户的资信程度决定是否向客户提供信用。

2. 信用条件

信用条件是企业要求顾客支付赊销款项的条件，包括信用期限、折扣期限和现金折扣。信用期限是企业为顾客规定的最长付款时间，折扣期限是为顾客规定的可享受现金折扣的付款时间，现金折扣是在顾客提前付款时给予的优惠。信用条件通常以"2/10，n/30"的形式表示，其中，30天为信用期限，10天为折扣期限，2%为现金折扣率，即，若客户在10天内付款，可享受2%的现金折扣；若未能在10天内付款，则全部款项应在30天内付清。提供比较优惠的信用条件能增加销售量，但也会带来额外的负担，如会增加应收账款的机会成本、坏账成本、现金折扣成本等。

（1）信用期限，延长信用期限有利于企业扩大销售，增加收入；同时，也会增加企业应收账款的资金占用，从而增加机会成本；相应地，坏账损失和收账费用也增加。若缩短信用期限，虽然可使机会成本、坏账损失、收账费用等信用成本减少，但不利于扩大销售，甚至可能使销售减少。因此，信用期限的确定，是在这些收益与成本之间进行利弊权衡的结果。

（2）现金折扣和折扣期限，现金折扣是企业为鼓励客户尽早付款而给予的价格优惠。为加速资金周转，降低信用成本，企业通常给客户提供一个折扣条件，促使客户提早付款。现金折扣实际上是销售收入的抵减，若折扣率较高，则会使企业收入增加而盈利下降，但信用成本也会相应减少。因此，确定折扣率时要对提供折扣后的收益与提供折扣的成本加以权衡。折扣期限是指，企业允许客户享受现金折扣的付款期限。超过这个期限付款，客户将不能获得现金折扣的好处。由于不同时间的折扣期限所带来的收益和成本不同，企业同样需要对折扣期限所引起的收益和成本进行权衡。

3. 收账政策

收账政策是当客户违反信用条件，拖欠款项或故意赖账时，企业所采取的收账策略与措施。企业如果采用较积极的收账政策，可能会减少应收账款，降低坏账损失，但要增加收账成本；如果采用较消极的收账政策，则可能会增加应收款，增加坏账损失，但会减少收账费用。收账政策的内容包括两方面：一是选择收账费用的投入量；二是制定收账程序。

（1）收账费用投入量的选择，一般而言，收账费用支出越多，坏账损失越少，但这两者并不一定存在线性关系。通常情况是，开始花费一些收账费用，应收账款和坏账损失有小部分降低；继续增加收账费用，应收账款和坏账损失明显减少；当收账费用达到某一限度以后，应收账款和坏账损失的减少就不再明显了，这个限度称为饱和点。收账费用投入量的选择，就是要寻找这个饱和点。

（2）收账程序的制定，企业应根据具体情况制定收账程序。当发现某些客户到期仍未支付款项时，企业可根据预先制定好的收账程序有条不紊地加以催收。顾客拖欠货款的原因可以概括为两类：无力偿付和故意拖欠。对无力偿付的顾客要具体分析，如果顾客遇到暂时困难，企业可以延期收款；如果顾客遇到严重困难，已达破产界限，应及时向法院起诉，以期在破产清算时得到债权的部分清偿。对故意拖欠的顾客，需要确定合理的讨债方法，尽快收回账款。

（四）信用风险的防范与控制

信用管理的主要任务是指导和帮助销售部门管理信用风险，并协助财务部门管理应收账款。信用风险产生的原因很多，最具代表性的有四种：客户信用记录不全；不实的信用资料；对客户信息判断有误；未能建立信用标准等。防范信用风险，应从做好应收账款的日常管理工作入手，具体可围绕以下方面进行。

1. 调查客户信用

对客户进行信用调查，是信用部门的日常管理工作且可通过企业内部和外部收集客户的信息资料，获得客户的概况、历史背景、组织管理、经营状况、信用记录、财务状况、行业状况等信息。信用调查的具体内容包括：

（1）企业背景及历史，包括成立时间、经营范围和业务变迁、经营方针、注册资本与变更、企业性质、名称及商标、股东构成等。

（2）经营者情况，包括经营者的品格、态度、能力、知识、体质等。

（3）劳务状况，主要指员工总数、员工的结构、员工的出勤情况和劳动态度等。

（4）经营条件，包括自然条件、社会条件、厂房条件、设备条件、技术条件等。

（5）关系企业，主要指与企业在人员、物资、资金上有密切关系的企业。

（6）经营管理，主要调查所有与经营有关的活动，如进货、生产、销售以及进行计划、组织、统计的管理方法。

（7）银行往来，调查了解企业与银行交往的疏密程度、存款、贷款状况。

（8）行业情况，根据企业所属行业的过去、现状，推测行业的整体前景，分析企业在同行业中的地位、特色和动向，以推测其成长状态和发展趋势。

（9）营业状况，包括企业的生产状况和销售状况，这是资信调查的关键一环。

2. 评估客户信用

搜集客户的信用资料后，需要对资料进行分析，并对客户的信用状况进行评估。信用评估的方法主要有以下几种：

（1）5C 评估法，是从五个影响客户信用的方面分析客户信用状况。这五个方面分别是品德（character）、能力（capacity）、资本（capital）、抵押品（collateral）和状况（conditions）。品德是指，顾客履行其付款义务的可能性，道德因素在信用评估中是最重要的因素。能力是指，顾客偿还货款的能力，顾客的流动资产越多，其转换为现金支付款项的能力越强；同时，还要注意客户流动资产的质量。资本是指，客户的财务实力和财务状况，表明客户偿还债务的实力。抵押品是指，顾客拒付款项或无力支付款项时，能被作为抵押的资产。状况是指，可能影响顾客付款能力的经济环境，通过了解客户在过去困难时期的付款历史，来分析外部环境的变化对客户偿债能力的影响以及客户是否具有较强的应变能力。

（2）6C 评估法，是在 5C 评估法的基础上，增加了保险。通过第三方的"保证"取得信用，比"担保品"更能体现现代经济贸易发展的特点，因此其运用更加广泛。

（3）信用评分法，是通过选取一系列有代表性的财务比率进行评分，然后进行加权平均，得出客户综合信用指数，并以此对客户进行信用评估的方法。进行信用评分的基本公式如下：

$$Y = \alpha_1 x_1 + \alpha_2 x_2 + \cdots + \alpha_i x_i + \cdots + \alpha_n x_n$$

式中：Y——客户的信用得分；

α_i——第 i 个指标的权数；

x_i——第 i 个信用指标。

对客户进行信用评估时，可以根据客户的信用情况确定不同的信用等级，将客户分为低风险客户、一般风险客户、高风险客户和最高风险客户四级，针对不同信用风险等级的客户采取不同的信用政策，包括拒绝或接受客户信用订单，以及给予不同的信用优惠条件或附加某些限制条款等。

3. 建立客户信用档案

高效的信用管理必须有健全的客户信用档案，客户信用档案应包括所有与企业发生业务往来的有关信息资料，具体内容有：

（1）客户的基本信息，如客户所有的银行往来账户、法人代表和实际负责人、客户的不动产资料以及不动产抵押状况、客户的动产资料及其他投资和转投资情况的资料。

（2）客户与本单位有关的往来信息，如订单的数量、每月的采购金额、采购产品的类别，以及客户的付款记录，等等。

（3）客户的信用信息，如客户的信用申请表、信用信息咨询函、授信额度表、授信额度通知函、往来信函、与客户通话记录等。

4. 制定信用额度

信用额度包括两方面内容，即企业授给客户群的整体信用额度和单个客户的信用额度。

（1）整体信用额度，在一定程度上代表企业的销货水平、资金控制能力以及对客户承担的机会成本和坏账风险的承受力。因此，企业在制定整体信用额度时，需要考虑坏账风险的整体比例、能够承担的总体信用额度、现有债务的状况、平均目标信用期限、国家风险和行业风险等因素的影响。

（2）单个客户信用额度，是无须其他信用保障措施，允许一个客户的总欠款额。单个客户信用额度的确定，取决于以下因素：赊销企业经营者遵守信用的诚意与意愿；经营者经营管理、资金运营、信用调度的能力；企业担保品的种类、性质和变现性；以及政治、经济、社会、市场、竞争、环境等因素的变化。

5. 监控应收账款

随着环境的变化，信用政策也会出现与环境不适应的情况，一个好的信用政策必须随环境的变化而变化，需要监控系统为信用政策的不断完善提供反馈信息。

（1）单个客户应收账款水平的监控，应通过账龄分析表、平均收账期和客户的付款记录进行监控，以此判断客户的重要程度、赊销额是否在信用额度内、客户付款的主动性和收账政策的有效性、平均收账期是否超过信用期限，进而判断客户是否存在账款拖欠问题。

（2）应收账款总额的监控，对应收账款总额利用平均收账期、拒付的百分比、应收账款实际占用天数、应收账款的账龄分析表等指标，衡量企业信用控制程序的效率，了解应收账款的变现能力，正确估量应收账款投资的价值及风险，以便及时发现应收账款控制中存在的问题，采取有效措施加以解决。

6. 建立信用报告制度

企业应定期召开不同层次的信用报告会议，主要包括：

（1）由最高财务主管或管理当局参加的报告会议，一般应每月召开一次。

（2）由信用管理部门和业务单位联席召开的信用控制会议，以每月两次为佳。

（3）由信用管理部门组织的内部会议，一般应两周一次。

除正式会议外,信用管理部门也应不定期地和业务部门相互沟通,以便及时掌握情况,将信用风险降至最低。

四、存货管理

(一)存货的含义和种类

存货是指,企业在生产经营过程中为销售或耗用而储备的物资,包括材料、燃料、低值易耗品、在产品、半成品、协作件、商品等。存货基本上可分为以下三类:

(1)为生产耗用需要而准备的物资,主要包括各种原材料、燃料和低值易耗品等;

(2)自制半成品和尚未加工完成的在产品;

(3)已加工完成但未销售的产品以及外购产品。

(二)存货的成本

存货的成本,包括取得成本、储存成本和缺货成本。

1. 取得成本

取得成本(TC_1),是为取得某种存货而支出的成本。具体又可分为订货成本和购置成本。订货成本是企业为组织进货而发生的费用,计算公式为:

$$订货成本 = F_1 + \frac{D}{Q}K_1$$

式中:F_1——订货固定成本;

D——存货的年需要量;

Q——每次订货量;

K_1——每次订货的变动成本。

购置成本(DU)是存货本身的价值,等于存货数量与单价的乘积。因此,可得到取得成本的计算公式为:

$$TC_1 = F_1 + \frac{D}{Q}K_1 + DU$$

2. 储存成本

储存成本(TC_2)是为持有存货而发生的成本,包括存货占用的资金的机会成本、仓储费用、保险费用、存货损耗等。储存成本的计算公式为:

$$TC_2 = F_2 + \frac{Q}{2}K_2$$

式中:F_2——存储的固定成本;

K_2——存储的单位成本。

3. 缺货成本

缺货成本（TC_3）是指，因为存货不足给企业造成的损失，包括材料供应中断造成的停工损失，产成品库存缺货造成的拖欠发货损失和丧失销售机会的损失，以及可能的商誉损失。如果企业紧急采购代替材料以解决库存供应中断的话，那么，缺货成本表现为紧急外购成本。由此得到存货成本的计算公式为：

$$TC = TC_1 + TC_2 + TC_3$$
$$= F_1 + \frac{D}{Q}K_1 + DU + F_2 + \frac{Q}{2}K_2 + TC_3$$

（三）存货管理决策

存货管理的目标，是使存货的总成本保持最低水平。经济订货量是使存货总成本最低的进货批量，根据经济订货量可以找出合适的进货时间。

1. 最佳经济订货量的确定

根据存货成本的计算公式（此处不考虑缺货成本）：

$$TC = F_1 + \frac{D}{Q}K_1 + DU + F_2 + \frac{Q}{2}K_2$$

将上式对 Q 进行求导，并令导数为零，则推出最佳经济订货量（Q^*）的计算公式为：

$$Q^* = \sqrt{\frac{2K_1 D}{K_2}}$$

每年最佳订货次数（N^*）的计算公式为：

$$N^* = \sqrt{\frac{K_2 D}{2K_1}}$$

最低存货总成本（TC）的计算公式为：

$$TC^* = \sqrt{2K_1 D K_2}$$

2. 经济订货量的扩展

（1）订货提前期，企业在存货还有一定量的时候去订下一批存货，企业再次发出订单时的存货量称为再订货点，用 R 来表示。计算公式为：

$$R = L \times d$$

式中：L——交货时间；

d——每日平均需用量。

（2）存货陆续供应和使用，存货是陆续供应和使用的，存货量的变化，如图 8-5 所示。存量的增加不再是一条垂直的直线，而是一条斜线，斜线的斜率取决于送货期的长短,即每批存货全部送达所需天数。

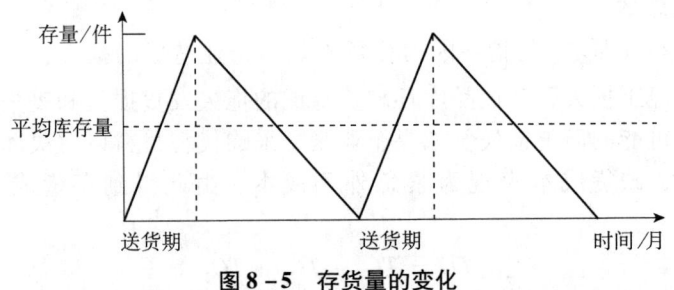

图 8-5 存货量的变化

设每批订货数量为 Q,每日送货量为 P,则送货期为 $\frac{Q}{P}$;设存货每日耗用量为 d,则送货期内的全部耗用量为 $\frac{Q}{P} \times d$;由于存货边送边用,所以,每批送完时,最高库存量为 $Q - \frac{Q}{P} \times d$,平均库存量为 $\frac{Q - \frac{Q}{P} \times d}{2}$。这样,与批量有关的总成本为:

$$TC(Q) = \frac{D}{Q} \times K_1 + \frac{Q - \frac{Q}{P} \times d}{2} \times K_2$$

$$= \frac{D}{Q} \times K_1 + \frac{Q(1 - \frac{d}{P})}{2} \times K_2$$

对 $TC(Q)$ 求导,并令其导数为零,得出订货量的计算公式为:

$$Q^* = \sqrt{\frac{2K_1 D}{K_2} \times \frac{P}{P - d}}$$

第三节 流动负债管理

一、流动负债概述

流动负债是需要在一年或者超过一年的一个营业周期内偿还的债务。流动负债属于短期融资,主要包括短期借款和商业信用。流动负债的特点包括:筹资速度快且容易取得;弹性较大,可从时间、数额方面根据经营状况调整借款额;资金成本较低;现金支付压力大。流动负债按应付金额是否确定,分为确定的流动负债和不确定的流动负债;按形成情况分为自然性流动负债和人为性流动负债;

按包括的内容分为银行短期借款、商业信用、应付短期债券。

二、短期借款管理

(一) 短期借款的含义

短期借款是企业向银行或非银行金融机构借入的期限在一年以内的借款,也称流动资金借款,是筹集短期资金的重要方式。短期借款便于企业灵活使用,取得手续较为简便;其突出缺点是短期内要归还,而且带有诸多附加条件。

(二) 短期借款的信用条件

银行发放短期借款的信用条件包括:

(1) 信贷限额,是银行对借款人规定的无担保贷款的最高限额,有效期限通常为一年。

(2) 周转信贷协定,是银行具有法律义务地承诺提供不超过某一最高限额的贷款协定,在协定有效期内,只要企业的借款总额未超过最高限额,银行必须满足企业任何时候提出的借款要求。

(3) 补偿性余额,是银行要求借款企业在银行中保持按贷款限额或实际借用额一定百分比的最低存款余额。从银行角度讲,补偿性余额可降低贷款风险,补偿可能遭受的贷款损失。对于借款企业来讲,补偿性余额则提高了借款的实际利率。

(4) 借款抵押,银行向财务风险较大的企业发放贷款时,要求企业以抵押品担保,抵押借款会导致企业实际的资金成本上升。

(5) 偿还条件,偿还贷款有一次性偿还和在贷款期内定期(按月、季)等额偿还两种方式,后一种偿还方式会提高借款的实际利率。

(6) 其他承诺,银行有时还要求企业为取得贷款而做出其他承诺,如及时提供财务报表、保持适当的财务比率等。

(三) 短期借款的利率及利息支付方式

1. 借款利率

短期借款利率,包括优惠利率、浮动优惠利率和非优惠利率。优惠利率是银行向资信好的企业贷款时的名义利率,为贷款利率的最低限额;浮动优惠利率是一种随市场利率而随时调整的利率。非优惠利率是银行贷款给企业时收取的高于优惠利率的利率。由于短期借款协议的信用条件各不相同,不同借款的利息支付方式亦不同。因此,短期借款的实际利率,往往并不等于名义利率。实际利率的计算公式为:

$$\text{实际利率} = \frac{\text{年度利息费用}}{\text{年均实际使用资金量}}$$

2. 利息的支付方式

（1）收款法，是在借款到期时支付利息的方法。

（2）贴现法，是银行发放贷款时，先从本金中扣除利息部分，到期只要偿还贷款本金的支付利息的方法。

（3）加息法，是在分期等额偿还贷款时，将根据名义利率计算的利息加到贷款本金上，计算出贷款的本利和的支付利息的方法。

（四）企业对银行的选择

企业在选择贷款银行时，要考虑借款种类、借款成本和借款条件是否适宜；此外，还应关注下列因素：

（1）银行对贷款风险的政策，银行对其贷款风险通常有不同的政策，有的趋于保守，只愿承担较小的贷款风险；有的富于开拓精神，敢于承担较大的贷款风险。

（2）银行对企业的态度，不同银行对企业的态度不同，有的银行会积极地为企业提供建议，帮助企业分析潜在的财务问题；有的银行则很少提供咨询服务，当企业遇到困难时，只会一味地对企业施加还贷压力。

（3）贷款的专业化程度，一些大银行设有不同的专业部门，分别处理不同类型、行业的贷款，企业与这些拥有丰富专业化贷款经验的银行合作，受益更多。

（4）银行的稳定性，稳定的银行可以保证企业的借款不致中途发生变故。银行的稳定性取决于资本规模、存款水平波动程度和存款结构。一般说来，资本雄厚、存款水平波动小、定期存款比重大的银行稳定性好，反之，则稳定性差。

三、商业信用融资管理

商业信用是在商品交易中由于延期付款或预收货款所形成的企业间的借贷关系。商业信用产生于商品交换之中，是自发性负债，在短期负债融资中占相当大的比重。商业信用的具体形式，有应付账款、应付票据、预收账款等。商业信用融资最大的优点在于容易取得，无须正式办理融资手续；若没有现金折扣或使用不带息票据，商业信用融资不负担成本。其缺陷在于期限较短，而展期商业信用会给企业的未来经营带来负面影响；另外，若放弃现金折扣，则所付出的成本较高。

（一）应付账款管理

应付账款是企业购买货物暂未付款而欠对方的款项。通常情况下，为促使买方按期付款或尽快付款,卖方往往规定一些信用条件,如信用期限、现金折扣和折扣期限,信用条件不同,买方使用资金的数量和期限也不同。应付账款可以分为免费信用、有代价信用和展期信用。免费信用是指,买方在规定的折扣期内享受折扣而获得的信用;有代价信用是指,买方放弃折扣而获得的信用(即选择按发票全额付款,放弃的折扣相当于为此而付出的代价);展期信用是指,买方超过规定的信用期推迟付款而强制获得的信用。在有现金折扣的条件下,若买方放弃现金折扣而继续使用资金,其成本会很高。放弃现金折扣的成本为:

$$放弃现金折扣成本 = \frac{折扣百分比}{1-折扣百分比} \times \frac{360}{信用期-折扣期}$$

可以看出,放弃现金折扣的成本与折扣百分比的大小、折扣期的长短同方向变化,与信用期的长短反方向变化。

(二)应付票据管理

应付票据是企业进行延期付款商品交易时,开具的反映债权债务关系的票据。根据承兑人的不同,应付票据分为商业承兑汇票和银行承兑汇票两种,一般支付期最长不超过 6 个月;应付票据可以带息,也可以不带息。应付票据的利率一般比银行借款的利率低,不用保持相应的补偿性余额和支付承诺费,其筹资成本低于银行借款成本。应付票据到期必须归还,如延期则要交付罚金,因而其风险较应付账款大。

(三)预收账款管理

预收账款是卖方在交付货物之前向买方预先收取部分货款或全部货款的信用形式。对于卖方来说,预收账款相当于向买方借用资金后用货物抵偿。预收账款一般用于生产周期长、资金需要量大的货物销售。此外,企业往往还存在一些在非商品交易中产生但也属于自发性负债的应付费用,如应付工资、应交税金、其他应付款等。应付费用使企业收益在前,费用支付在后,相当于享用了收款方的借款,在一定程度上缓解了企业的资金需要。应付费用的期限具有强制性,不能由企业自由斟酌使用,但通常无须花费代价。

本章小结

1. 营运资金是企业再生产经营过程中,以流动资产方式所占用的资金,广义营运资金包括流动资产和流动负债的总体;狭义营运资金是流动资产减去流动负债后的余额,也称净营运资金。营运资金的管理策略指,安排流动资产和流动负债以及二者关系的方针。营运资金管理策略既涉及资产组合策略,又涉及营运资金筹资策略。

2. 流动资产是指,可以在一年或者超过一年的一个营业周期内变现或使用的资产，包括现金、短期投资、应收以及预付款项和存款等。流动资产的特点是流动性大、周转期短。流动资产具有较强的变现能力，是企业价值补偿与价值增值实现的主体来源。

3. 流动负债是需要在一年或者超过一年的一个营业周期内偿还的债务。流动负债属于短期融资，主要包括短期借款和商业信用。流动负债的特点包括，集资速度快且容易取得；弹性较大，可从时间、数额方面根据经营状况调整借款额；资金成本较低，但现金支付压力大。

思考与练习

1. 营运资金筹资策略主要有几种类型？
2. 如何确定最佳现金持有量？
3. 影响企业信用政策选择的因素是什么？
4. 用于存货管理的主要方法有哪些？如何运用？
5. 流动负债的特点有哪些？
6. 某公司预计销售额将从300万元增长到400万元，公司需为此增加50万元流动资金。该公司可以向银行以10%的利率借款，也可以通过放弃折扣增加应付账款来获得所需资金。该公司的购货条件是"1/10，n/30"，但公司拖延30天付款不会缴纳罚金。请问该公司应采取何种筹资方式？在进行决策时还需考虑哪些因素？

第九章 分配管理

 学习目标

1. 了解净利润分配程序。
2. 了解上市公司股利分配支付程序及支付方式。
3. 了解股利分配理论。
4. 掌握股利分配政策。
5. 了解杠杆收购。

第一节 净利润分配概述

企业净利润是指,企业利润总额减去企业所得税后的金额。企业在未计算交纳所得税之前的利润总额属于税前利润。税前利润扣除企业应交纳的所得税以后的余额称为税后利润,亦称净利润。企业是继续保留净利润以扩大净资产还是将净利润作为股利全部或部分分配给股东,就涉及财务分配问题。

一、净利润分配程序

企业净利润的分配程序,体现了国家的有关法律规定。按照《企业财务通则》和《工业企业财务制度》的要求,企业对当年实现的净利润进行分配,应当按照如下分配程序进行:

(一)支付各项税收滞纳金、政府罚款等

企业各项税收滞纳金、政府罚款,不应当作为企业的费用列支。凡是发生这类支出,应当列入利润分配的支付项目。但是,在实际会计工作中,多数企业已经将这类支出列入企业的管理费用或营业外支出,这就需要在计算企业所得税时,将此类支出从相关费用中扣除,重新确定税法意义上的应纳税所得额,再按照应纳税所得额计算所得税,从而造成应纳税所得额与企业账面利润总额的不一致。值得指出的是,只有政府执法部门的罚款才需要在利润分配程序中体现;而企业与企业之间经济往来所形成的违约罚款,一般可以正常列入"营业外支出",不需要在利润分配程序中体现。

(二) 弥补以前年度亏损

按照税法的规定,企业作为纳税人,如果发生年度亏损的,可以用下一纳税年度的所得弥补,即用所得税前的利润弥补亏损;下一纳税年度的所得不足弥补的,可以逐年延续弥补,但免税延续弥补的最长时间不得超过 5 年。

(三) 可供分配的利润及其分配

企业本年实现的净利润,加上年初未分配利润(或减去年初未弥补的亏损)和其他转入(指企业按规定用盈余公积弥补亏损而转入的数额),为可供分配的利润。可供分配的利润如果为负数,表示累计亏损,则不能进行后续的分配;可供分配的利润如果为正数,表示累计盈利,可以进行后续的分配。企业可供分配的利润,按下列顺序进行分配:

1. 提取法定盈余公积金

在企业以前年度累计盈利的情况下,法定盈余公积金的提取比例,一般为当年实现净利润的 10%;在企业以前年度累计亏损的情况下,按抵减年初累计亏损后的净利润的 10% 计提法定盈余公积金。企业不能在没有累计盈余的情况下提取法定盈余公积金,但以前年度累积的法定盈余公积金达到注册资本的 50% 时,可以不再提取。

2. 提取法定公益金

企业应按照和计提法定盈余公积金相同的基数计提法定公益金。法定公益金的提取比例一般为净利润的 5% ~ 10%,这项基金专门用于职工集体福利设施建设。

(四) 可供投资者分配的利润及其分配

可供分配的利润减去应提取的法定盈余公积、法定公益金等之后,为可供投资者分配的利润。可供投资者分配的利润,按下列顺序分配:

(1) 应付优先股股利,即企业按照利润分配方案分配给优先股股东的现金股利。当企业发行的股票既有优先股又有普通股时,应先支付优先股股利。

(2) 提取任意盈余公积金,即企业在从税后利润中提取法定公积金之后,按照规定提取的盈余公积。任意盈余公积金的提取比例由股东大会讨论决定。

（3）应付普通股股利，即企业按照利润分配方案分配给普通股股东的现金股利，以及企业分配给投资者的利润。在保证优先股股利支付的前提下，企业在提取一定的任意盈余公积金之后，本着同股同权、同股同利的原则，向普通股股东支付股利。

（4）转作资本（或股本）的普通股股利，即企业按照利润分配方案以分派股票股利的形式转作的资本（或股本），以及企业以利润转增的资本。

（五）未分配利润

可供投资者分配的利润，经过上述分配后，为未分配利润（或未弥补亏损）。未分配利润可留待以后年度进行分配。企业如发生亏损，可以按规定由以后年度利润进行弥补。企业净利润中留存于内部的积累，分为盈余公积和未分配利润，通常称为留存收益。未分配利润是指，未作分配的净利润，这部分净利润没有指定用途。

二、股利分配原则

净利润分配是决定投资者当前利益和长远利益关系的财务活动，而股利分配则是向股东分派股利或向投资者分配利润的活动，也必然涉及企业与个人的利益关系。为保护投资者的合法权益，协调企业和各利益相关者的关系，企业在进行股利分配时，应遵循以下原则：

（一）依法分配原则

为规范企业的财务分配活动，在《中华人民共和国公司法》《中华人民共和国证券法》《企业会计制度》《企业财务通则》及分行业的《企业财务制度》等相关法规中，制定和颁布了企业利润分配的基本要求、一般程序、分配项目和重大比例，企业应严格遵守国家法律、法规，依据法定的程序和要求进行股利分配。依法分配股利是保证利润分配活动合法进行的前提条件，是企业正确处理财务关系的准绳。

（二）资本保全原则

资本保全是指，企业在持续经营期间，对投资者投入的注册资本，除依法转让以外，不得抽回的规定，从而以投资者的出资额来承担风险和履行企业责任。这就表明，股利分配应是对投资者投入资本增值部分的分配，这种资本保全措施的效果在于：①有利于企业承担风险和履行责任；②有利于企业有稳定的资本来持续经营和发展。

(三) 产权明晰原则

在市场经济环境下，明晰而规范的产权关系是现代企业的特征，是企业正常运行的根本保证。产权的基础是财产所有权，即财产所有者对其财产行使占有、使用、收益和处分的权利。因此，只有产权明晰，才能进行正常、公平、合理的股利分配。

(四) 利益兼顾原则

企业主权资本投资者依法享有剩余索取权，是公司制企业的基本制度，也是主权资本投资者承担投资风险的回报。职工和经营者作为利润的直接创造者，除了获得工资及奖金等劳动报酬以外，还要以适当方式参与净利润的分配，以形成激励机制。法律规定，按照净利润的一定比例提取法定公益金，就是为了用于职工集体福利设施的支出。由此可见，企业进行股利分配时，不能只考虑投资者的单边利益，还应当照顾其他利益相关者的合法权益，以构筑企业内部和谐的财务关系。

(五) 分配与积累并重原则

在收益既定的情况下，分配与积累是矛盾的统一体。企业除按规定向投资者进行利润分配以外，可适当留存一部分利润作为积累，这样不仅为企业再生产筹措了资金，增强了企业抵抗风险的能力，同时，也有利于增加投资者的回报。但积累过多，就会影响投资者的现时利益，使企业形象受损，降低投资者信心。因此，股利分配应坚持分配与积累并重原则，适当安排好分配与积累的比例，协调好企业近期目标与长远发展的关系。

第二节 上市公司的股利支付程序及支付方式

一、上市公司股利支付程序

上市公司在弥补亏损、提取法定盈余公积金、法定公益金后的净利润中确定分配给股东的股利总额，并要遵循法定的程序，先由董事会根据公司盈利水平提出分配预案，然后提交股东大会决议；股东大会决议通过分配预案之后，向股东宣布发放股利的方案，并确定股权登记日、除息日和股利支付日等。

(一) 股利宣告日

股利宣告日是指，上市公司宣告发放股利的日期。在股利宣告日，上市公司将公告利润分配方案,同时宣告每股支付的股利、股权登记日、除息日及股利发放日等。

(二) 股权登记日

股权登记日是指,有权领取上市公司股利的股东的资格截止日期。股权登记日之所以必要,就在于它界定了哪些股东有资格参与公司本年度的股利分配。只有在股权登记日前在公司股东名册上登记的股东,才有资格分享本期股利。因此,如果市场投资者要得到享有本期股利分配权的股票,应当先知道这家上市公司的股权登记日,以避免在股权登记日之后购买股票,丧失本期股利分配的机会。

(三) 除息日

除息日是指,领取股利的权利与股票相互分离的日期。在除息日前,股利权从属于股票,持有股票者享有领取股利的权利;从除息日开始,股利权与股票相分离,新购入股票的股东不能分享股利。股权登记日后的第一个交易日就是除权日或除息日,这一天或以后购入该公司股票的股东,不再享有公司此次股利分配权。一般来讲,除息日当天的股票价格相对于之前的股价会有所下降,下降的程度视上市公司宣告股利发放的金额而定,通常是除息日前一天的收盘价减去每股股息后的价格。

(四) 股利支付日

股利支付日是指,上市公司向股东发放股利的日期。在股利支付日,上市公司将会把股利发放到股权登记日的股票持有人。上市公司可以通过各种渠道发放股利,但由于股东人数众多,股利通常委托券商代为支付。

二、上市公司股利支付方式

(一) 上市公司股利支付的基本方式

上市公司股利支付的基本方式,主要有现金股利和股票股利。
1. 现金股利
现金股利是指,以现金的形式发放给股东的股利。这种方式增加了企业现金流出量,形成企业支付巨额现金的压力。因此,采用现金股利支付方式的企业必须具备两个基本条件:一是企业要有足够的未指明用途的留存收益,即未分配利润;二是企业要有足够的现金。

中国的有关法律规定,上市公司应当将其利润分配办法载明于公司章程。对于在报告期内盈利但董事会未做出现金利润分配预案的,应当在定期报告中详细披露原因,同时说明公司未分配利润的用途和使用计划,独立董事应当对此发表独立意见;上市公司最近三年未进行现金股利分配的,不得向社会公众增发新股、发行可转换公司债券或向原有股东配售股份。

2. 股票股利

股票股利是指,上市公司以股东股份的一定比例增发股票作为股利的支付方式。股票股利使得上市公司的未分配利润转化为新的股本和资本公积,涉及股东权益内部结构的调整。

(二) 上市公司股利支付的其他方式

1. 财产股利

财产股利是用现金以外的资产支付的股利,主要是以公司所拥有的其他企业的有价证券,如债券、股票,作为股利支付给股东。

2. 负债股利

负债股利是公司以负债支付的股利,通常以公司的应付票据支付给股东,在公司已宣布并必须立即发放股利而货币资金不足的情况下不得已而采用的一种权宜之计。

(三) 与股利支付作用相近的财务举措

1. 股票分割

股票分割虽然不属于股利分配,但股票分割所产生的效果与发放股票股利却很相似。股票分割是指,将高面值的股票交换成数量更多的低面值股票。股票分割作为公司财务的一项重大举措,所带来的变化因素有:①增加了发行在外的股数;②降低了每股面值;③相应减少了每股收益。

股票分割后,不发生变化的因素有:①在理论上,发行公司的市场价值不变;②股东的权益总额不变;③股东权益之间的相互比例关系不变。

2. 股票回购

股票回购是指,发行公司出资购回公司所发行的流通在外的股票。股票回购使公司现金减少,并使流通在外的股票因公司出资购买退出流通领域而转化为库藏股或者注销。股票回购的财务动机:

(1) 使股东避免高税率,以获取相对的纳税利益。当公司支付现金股利时,必须为股东代扣代缴个人所得税,造成股东利益的相对损失。

(2) 公司回购本公司股票而拥有库藏股之后,可以用它交换被兼并企业的股票,保证兼并方案的顺利实施;当公司发行的认股权证或可转换债券到期时,可以用库藏股兑换。

（3）可以在调整资本结构的过程中，利用发行债券的所获资金购回普通股，扩大负债比例，争取财务杠杆利益。

（4）为避免获利较多的年份多发放现金股利，采取股票回购手段，以维持公司稳定的股利政策。

（5）采取库藏股的"现金储备形式"，以追求现金的保值增值。

（6）采取库藏股的形式，遏制二级市场上的敌意收购以防止公司控制权旁落。

第三节　股利分配理论及股利分配政策

一、股利分配基本理论

（一）股利无关论

股利无关论，也称 MM 理论，是由美国经济学家弗兰科·莫迪利安尼（Franco Modigliani）和财务学家默顿·米勒（Merton Miller）于 1961 年提出的。股利无关论认为，股利分配对公司的市场价值（或股票价格）不会产生影响。具体如下：

（1）投资者并不关心公司股利的分配，若公司留存较多的利润用于再投资，会导致公司股票价格上升；此时尽管股利较低，但需用现金的投资者可以出售股票换取现金。若公司发放较多的股利，投资者又可以用现金再买入一些股票以扩大投资。也就是说，投资者对股利和资本利得并无偏好。

（2）股利的支付比率不影响公司的价值，既然投资者不关心股利的分配，公司的价值就完全由其投资的获利能力所决定，公司的盈余在股利和保留盈余之间的分配并不影响公司的价值。

默顿·米勒立足于完善的资本市场，从不确定性角度提出了股利政策和企业价值不相关理论。这是因为公司的盈利和价值的增加与否完全视其投资政策而定，企业市场价值与它的资本结构无关，而是取决于它所在行业的平均资本成本及其未来的期望报酬，在公司投资政策给定的条件下，股利政策不会对企业价值产生任何影响。进而得出企业的权益资本成本为其资本结构的线性递增函数的结论。

其假设条件为：
①公司的投资政策已确定并且已经为投资者所理解；
②不存在股票的发行和交易费用；

③不存在个人所得税或公司所得税；
④不存在信息不对称；
⑤经理与外部投资者之间不存在代理成本。

上述假定描述的是一种完美无缺的市场，因而股利无关论又被称为完全市场理论。

股利无关论的结论是，投资者并不关心公司股利的分配；股利的支付比率不影响公司的价值。

（二）股利相关理论

股利相关理论认为，企业的股利政策会影响股票价格。主要观点包括以下两种：

1. 税差理论

税差理论认为，如果不考虑股票交易成本，分配股利的比率越高，股东的股利收益纳税负担会明显高于资本利得纳税负担，企业应采取低现金股利比率的分配政策，以提高留存收益再投资的比率，使股东在实现未来的资本利得中享有税收的节约。税差理论说明，当股利收益税率与资本利得税率存在差异时，将使股东在继续持有股票以期取得预期资本利得与立即实现的股利收益之间进行权衡。

如果存在股票的交易成本，甚至当资本利得税与交易成本之和大于股利收益税时，偏好取得定期现金股利收益的股东自然会倾向于公司采用高现金股利支付率政策。

2. 客户效应理论

客户效应理论认为，投资者不仅是对资本利得和股利收入有偏好，即使是投资者本身，因其税收类别不同，对公司股利政策的偏好也是不同的。边际税率较高的投资者（如富有的投资者），偏好低股利支付率的股票。边际税率较低的投资者（如养老基金），喜欢高股利支付率的股票。因此，公司在制定或调整股利政策时，不应该忽视股东对股利政策的需求；公司应该根据投资者的不同需求，对投资者分门别类地制定股利政策：对低收入阶层和风险厌恶投资者，公司应该实施高现金分红比例的股利政策；对高收入阶层和风险偏好投资者，公司应该实施低现金分红比例，甚至不分红的股利政策。

3. "一鸟在手"理论

"一鸟在手"理论，由美国经济学者戈登和林特纳（Gordon，Lintner）提出。股东的收入有：一是股利；二是资本收益。由于股利收入要比留存盈利所带来的未来资本收益更为可靠，而且"今天的一元钱比明天的一元钱值钱"，股东更为偏好股利。如果不发股利，而让股东去赚取资本收益，无异于"双鸟在林"。"一鸟在手，强于双鸟在林"——大部分投资者更偏向于现金股利，而不是资本利得收益，倾向于选择股利支付率高的股票。因此，应维持高股利的股利政策，以消除投资者的不安定感。

4. 代理理论

代理理论最初是由简森和梅克林（Jensen，Meckling，1976）提出的，其主要涉及企业资源的提供者与资源的使用者之间的契约关系。

简森和梅克林将代理成本区分为监督成本、守约成本和剩余损失。其中，监督成本是指，外部股东为了监督管理者的过度消费或自我放松（"磨洋工"）而耗费的支出；代理人为了取得外部股东信任而发生的自我约束支出（如定期向委托人报告经营情况、聘请外部独立审计等），称为守约成本；由于委托人和代理人的利益不一致导致的其他损失，就是剩余损失。

代理理论还认为，代理人拥有的信息比委托人多，并且，这种信息不对称会逆向影响委托人有效地监控代理人是否适当地为委托人的利益服务。它还假定委托人和代理人都是理性的，他们将利用签订代理契约的过程，最大化各自的财富。而代理人出于自我寻利的动机，将会利用各种可能的机会增加自己的财富。其中，一些行为可能会损害所有者的利益，因而产生冲突，具体冲突如下：

（1）股东与债权人之间的代理冲突，债权人为保护自身利益，希望企业采取低股利支付率，通过多留存、少分配的股利政策以保证有较为充裕的现金留在企业以防发生债务支付困难。

（2）经理人员与股东之间的代理冲突，实施高股利支付率的股利政策有利于降低因经理人员与股东之间的代理冲突而引发的自由现金流的代理成本。

（3）控股股东与中小股东之间的代理冲突，对处于外部投资者保护程度较弱环境的中小股东，希望企业采用多分配、少留存的股利政策，以防控股股东的利益侵害。

5. 信号理论

信号理论认为，股利向市场传递企业信息可以表现为两种作用：一种是股利增长的信号作用，即如果企业支付股利率增加，被认为是经理人员对企业发展前景做出良好预期的结果，表明企业未来业绩将大幅度增长，通过增长发放股利的方式向股东与投资者传递了这一信号。此时，随着股利支付增加，企业股票价格应该是上升的；另一种是股利减少的信号作用，即如果企业股利支付率下降，股东与投资者会感受到这是企业经理人员对未来发展前景预期到了衰退的结果。显然，随着股利支付率下降，企业股票价格应该是下降的。

股利相关论的影响如下：

由于现实生活中存在着市场不完善和政府税收，即存在交易成本股利政策对企业价值或股票价格将产生较大的影响表现在以下方面：

（1）信息传递的影响，股票的市价是由企业的经营状况和盈利能力确定的，虽然企业的财务报表可以反映其盈利情况，但报表受人为因素的影响较大，容易形成粉饰甚至假象，因此，从长远的观点看，实际发放的股利能增强和提高投资者对企业的信心。企业的股利是以盈利为基础的，是实际盈利的最终体现。这是无法通过对财务报表的粉饰来达到的，因此，股利能替代财务信息将企业的经营状况和盈利能力传播给投资者。一般而言，保持股利的稳定并根据收益的状况增加股利发放可使投资者提高对企业的信任，有利于提高企业的财务形象，从而使股价上升，反之，则股价下跌，股利政策将影响企业价值。

（2）交易成本的影响，投资者的收益有两种：即股利收入和出售股票所获得的资本利得收益（买卖差价收益），交易成本影响投资者对股利和资本利得收益的选择，原因是投资者买卖股票需向经纪人或有关的代理机构缴纳交易费用，交易数额越大，这种交易成本就越高。同时，买卖股票还需要收集大量的信息、花费大量的时间，因此，由企业定期发放股利代替买卖股票获取的资本利得收益，可以节约交易成本，这对以领取股票股利为主要投资目的的投资者更是如此。

二、股利分配政策

股利分配政策包括以下要素：股利支付形式、股利支付率、股利政策的类型、股利支付程序。

（一）剩余股利政策

剩余股利政策是指，在公司有良好的投资机会时，根据目标资本结构，算出投资所需的权益资本，先从盈余中留用，然后将剩余的盈余用于股利分配。在实施剩余股利政策时的步骤如下：

（1）设定目标资本结构；
（2）确定目标资本结构下所需的股东权益数额；
（3）用保留盈余满足资金需要；
（4）将剩余盈余作为股利发放。

剩余股利政策需要注意的问题是：

1. 财务限制

（1）财务限制主要指资本结构限制，资本结构是长期有息负债和所有者权益的比率，不是指全部资产的负债比率；

（2）保持目标资本结构，不是指一年中始终保持同样的资本结构，是指利润分配后形成的资本结构符合目标，而无论后续经营造成资本结构如何变化；

（3）投资需要的资金是指资金来源上需要的金额，不是指资产增加的金额。

2. 经济限制

出于经济上有利的原则，筹资资金要在确定目标结构的前提下，首先，使用留用利润补充资金；其次，使用长期借款，最后，使用增发股份。

3. 法律限制

（1）当公司决定留用利润数额较大时，法律规定提取的公积金数额对留用的利润没有构成实际限制；

（2）法律规定的是对本年利润"留存"数额的限制，不是对股利分配的限制；

（3）限制动用以前年度未分配利润的原因，来自于财务限制和采用的股利分配政策。

（二）固定股利政策或持续增长股利政策

该股利政策是将每年发放的股利固定在某一稳定水平上并在较长的时期内不变，只有当公司认为未来盈余会显著地、不可逆转地增长时，才提高年度的股利发放额。采用理由：（1）向市场传递公司正常发展的信息，有利于稳定公司股票价格；（2）有利于投资者安排收入与支出，特别是对那些对股利有着很高依赖性的股东；（3）可能会不符合剩余股利政策，但为了将股利维持在稳定的水平上，比降低股利或降低股利增长率有利。

固定股利政策或持续增长股利政策在实施中的缺点包括：（1）造成股利的支付与盈余脱节；（2）不能像剩余股利政策那样保持较低的资本成本。

（三）固定股利支付率政策

该股利政策是公司确定一个股利占盈余的比率，长期按此比率支付股利的政策。采用理由能使股利与公司盈余紧密配合，以体现多盈多分、少盈少分、无盈不分的原则。该股利政策的缺点是股利变动较大，极易造成公司不稳定的感觉，对稳定股票价格不利。

（四）低正常股利加额外股利政策

该股利政策是公司一般情况下每年只支付一个固定的、数额较低的股利；在盈余较多的年份，再根据实际情况向股东发放额外股利，但额外股利并不固定化。采用理由：（1）具有较大的灵活性；（2）使那些依靠股利度日的股东每年至少可以得到虽然较低但比较稳定的股利收入，从而吸引并留住这部分股东。

本章小结

1. 利润分配原则包括，依法原则、资本保全、产权明晰、利益兼顾、分配与积累并重原则。

2. 股东发放程序中注意几个时间点，股利宣告日、股权登记日、除息日、股利支付日。

3. 上市公司股利支付的基本方式主要有现金股利和股票股利，还包括，财产股利、负债股利、股票分割、股票回购等多种形式。

4. 股利政策主要有，剩余股利政策、固定或持续增长股利政策、固定股利支付率政策、低正常股利加额外股利政策。

讨论思考题：

1. 企业的期末净利润如何进行分配？
2. 股利理论有哪几种？
3. 常用的股利政策有哪些？企业如何进行选择？

参考文献

[1] 汤谷良,韩慧博. 高级财务管理学. 清华大学出版社,2010.

[2] 陈亚民,王天东. 战略财务管理. 中国财政经济出版社,2013.

[3] 陆正飞,朱凯,童判. 高级财务管理. 北京大学出版社,2013.

[4] 袁蕴. 财务管理. 西南财经大学出版社,2015.

[5] 中国注册会计师协会. 公司战略与风险管理. 经济科学出版社,2014.

[6] 李秉成,吴杰,柏东海. 财务管理案例教程. 中国财政经济出版社,2009.

[7] 陈文浩. 高级财务管理. 高等教育出版社,2012.

[8] 汤谷良,王佩. 高级财务管理学. 清华大学出版社,2017.

[9] 苏益. 投资项目评估. 清华大学出版社,2011.

[10] 张先治,池国华. 企业价值评估. 东北财经大学出版社,2013.

[11] 刘淑莲. 高级财务管理理论与实务. 东北财经大学出版社,2012.

[12] 杨雄胜. 高级财务管理理论与案例. 东北财经大学出版社,2014.

[13] 王化成. 高级财务管理学. 中国人民大学出版社,2007.

[14] 王化成. 高级财务管理学. 中国人民大学出版社,2014.

[15] 伍中信. 高级财务管理理论. 立信会计出版社,2002.

[16] 左和平,李雨青. 高级财务管理. 高等教育出版社,2013.

[17] 苗润生. 高级财务管理学. 中国人民大学出版社,2007.

[18] 汤谷良,韩慧博,祝继高. 财务管理案例. 北京大学出版社,2017.

[19] 杨东云. 财务管理案例教程. 科学出版社,2012.

[20] 吴大军,王立国. 项目评估学. 东北财经大学出版社,2003.

[21] 徐莉,赖一飞,程鸿群. 项目管理. 武汉大学出版社,2003.

[22] 张长胜. 企业全面预算管理. 北京大学出版社,2007.

[23] 李明. 全面预算管理. 中信出版社,2011.

[24] 刘钧. 风险管理概论. 中国金融出版社,2005.

[25] 许谨良. 风险管理. 中国金融出版社,2006.

[26] 周飞宝,杜卫民. 流动资金运作. 知识出版社,1995.

[27] 叶弟豪. 财务风险规避. 知识出版社,1996.

[28] [英]理查德·布莱克,菲利普·赖特,约翰·戴维斯. 追寻股东价值. 经济管理出版社,2005.

[29] 陈琦伟. 投资银行学. 东北财经大学出版社, 2002.

[30] [美] 加布里埃尔·哈瓦维尼, 克劳里·维埃里. 高级经理财务管理——创造价值的过程. 机械工业出版社, 2003.

[31] [英] 理查德·巴克尔. 价值决定——估价模型与财务信息披露. 经济管理出版社, 2005.

[32] 李连发, 李波. 私募股权投资基金. 中国发展出版社, 2008.

[33] 刘志远. 企业资源配置. 东北财经大学出版社, 1997.

[34] [美] 罗杰·英林, 谢丽·杰瑞尔. 公司价值. 企业管理出版社, 2002.

[35] [美] 钱德勒. 战略与结构——美国工业企业历史的篇章. 云南人民出版社, 2002.

[36] [美] 乔治·斯坦纳. 战略规划. 华夏出版社, 2001.

[37] [美] 斯蒂芬·A. 罗斯, 伦道夫·W. 威斯特菲尔德和杰弗利·F. 杰富. 公司理财. 机械工业出版社, 2000.

[38] 汤谷良. VBM 框架下财务管理理论体系重构. 中国财政经济出版社, 2007.

[39] [美] 詹姆斯·A. 奈特. 基于价值的经营. 云南人民出版社, 2002.

[40] 邹菁. 私募股权基金的募集与运作: 法律实务与案例. 法律出版社, 2009.

[41] 周炜. 解读私募股权基金. 机械工业出版社, 2008.

[42] 张志强. 期权理论与公司理财. 华夏出版社, 2000.

[43] 黄本尧. 期权与企业财务风险管理研究. 中国财政经济出版社, 2003.

[44] 夏乐书. 国际财务管理. 中国财政经济出版社, 1990.

[45] 陈力农. 公司价值评估. 上海财经大学出版社, 2012.

[46] 徐莉, 赖一飞, 程鸿群. 项目管理. 武汉大学出版社. 2003.

[47] 马钧, 毛瑛. 投资项目决策. 中国经济出版社, 1998.

[48] 建设项目经济评价方法与参数（第二版）. 中国计划出版社, 2006.

[49] 孙元欣. 投资项目评价实务与案例. 上海科学技术出版社, 1998.

[50] 全国注册资产评估考试辅导教材编写组. 资产评估学. 经济科学出版社, 1997.

[51] 姚长辉, 金萍. 投资项目评估. 企业管理出版社, 1994.

[52] 何俊德. 项目评估——理论与方法. 华中科技大学出版社, 2000.

[53] 许常新. 利用外资项目经济分析. 中国水利水电出版社, 1998.

[54] 邹欣, 邹一峰. 中外投资项目评价. 南京大学出版社, 1998.

[55] 刘小峰. 实务期权评估模型中波动率的计算及其敏感性分析. 中国资产评估, 2013 (4): 16–19.

[56] 刘爽，王军辉，刘玉锁. 轻资产企业价值评估的探讨. 会计之友，2014（20）：48-52。

[57] 刘小峰，毛彦宇. 基于 B-S 模型的无形资产分成率计算. 中国资产评估，2015（1）：35-39.

[58] 姜楠. 对无形资产评估价值决定理论的重新认识. 东北财经大学学报，2004（6）：52-55。